111 GRÜNDE, KLASSISCHE MUSIK ZU LIEBEN

1. Grund (statt eines Vorworts)

Weil es 1000 gute Gründe gibt

Klassische Musik: Das ist doch diese versteifte, elitäre Nische, die immer kleiner wird. Das hören alte Leute zur Entspannung. Weit gefehlt. Noch nie gab es so viel – und so viel spannende – klassische Musik wie heute. Das Publikum wird sogar jünger! Wie sollte es auch anders sein? Gibt es doch so viele hervorragend ausgebildete Musiker wie noch nie zuvor, immer noch riesige, ungehobene Notenschätze in den Bibliotheken, eine unfassbare Fülle von sensationellen Konzertmitschnitten in den Rundfunkarchiven und immer wieder neue Ideen und Wege, »alte Meister« wiederzubeleben. Dann sprechen sie plötzlich mit uns auf Augenhöhe und als unsere Zeitgenossen und haben dabei Dinge zu sagen, die uns im Innersten treffen.

Aus Hörer- und Musikersicht, aus Perspektive von Veranstalter, Forscher und Notenschreiber fand ich 111 Gründe für eine Liebeserklärung an die klassische Musik – aber nicht nur an deren große Meister, bekannte Orchester und renommierte Häuser, sondern auch an verkannte Komponistengenies, eiskalte Konzertkirchen, emsige Archivmäuse und ungezügelte »Bühnentiere«. Manche Namen dürfen natürlich trotzdem nicht fehlen. Um Bach, Mozart und Beethoven komme ich nicht herum. Manche kennen vielleicht sogar auch noch Otto Nicolai, Louis Spohr und Antonio Salieri. Aber haben Sie schon mal von den Komponisten Franz Xaver Richter oder Domenec Terradellas gehört? Ich spreche natürlich auch über Bühnenstars mit großen Namen wie Maria Callas und Herbert von Karajan … und werfe Rolando Panerai ins Rennen.

Glauben Sie mir bitte vor allem erst mal eines: Eigentlich muss ich Ihnen gar keine guten Gründe mehr liefern; wir alle verstehen viel mehr von klassischer Musik, als wir glauben – sind wir doch ständig von ihr umgeben. Man muss gar nicht ins Sinfoniekonzert gehen. Allein in Werbung, Fahrstuhl und Kino kann man sich ihr nicht entziehen. Doch wann gelingt es der klassischen Musik, über Unterhaltung und Hintergrundberieselung hinauszugehen? Wie schafft es die Pianistin, dass man in einer Sonate einen ganzen Roman zu erleben meint? Zwischen Madrigal und »Neuer Musik«, zwischen Gregorianik und Progressive Rock erstreckt sich ein riesiges Reich, in dem ich die großen Sehenswürdigkeiten und die vielleicht noch größeren Geheimtipps zeigen möchte, Typisches, Abwegiges und nur scheinbar Nebensächliches.

Bei allem Lob und allem Prunk, der sie umweht, kann man von der klassischen Musik vielleicht vor allem eines sagen: Sie wird trotzdem noch unterschätzt. In Qualität und Quantität. Sie ist viel mehr und kann viel mehr. Klassische Musik nur ihrer »entspannenden« Wirkung wegen zu hören, kommt mir manchmal so vor, als würde man sagen, man lese die gesamte Literatur der letzten 500 Jahre nur, weil man so gerne über Witze lacht, in denen Metzger und italienische Friseure vorkommen. Ja, die kommen auch vor. Gewiss ein berechtigter Grund. Es sind bestimmt auch gute darunter. Na ja: Sie verstehen. Da bin ich wie ein Elternteil, dessen Tochter immer nur wegen ihrer schönen Haare gelobt wird.

Ich hatte einem wichtigen und netten Menschen versprochen, nur sparsam auf Oper einzugehen. Ganz habe ich mich leider nicht zurückhalten können, denn ohne die Oper wäre die klassische Musik kaum denkbar und hätte sich insgesamt auch außerhalb der Oper anders entwickelt. Aber ich habe versucht, mich zurückzuhalten! Und das war auch gut so, denn sonst hätte ich mich in diesem Buch ausschließlich über Opern ausgelassen, wahrscheinlich sogar nur über eine einzige. Allein da reichen keine 111 Gründe aus. Bei 111 Tönen soll ja auch die Mischung stimmen, denn sonst kann so ein Akkord auch ganz schön schräg klingen. Aber wie das so ist im großen klassischen Orchester mit Herden aus Streichern, Solobläsern, mit Pauken und Trompeten: Wenn man sich vorher abspricht, wenn man die Töne gut verteilt und gewichtet, kann es auch klingen und Sinn ergeben. So weit muss ich aber gar nicht gehen. Sie müssen das Buch nicht am Stück lesen. Lesen und hören Sie einfach mal hier und da rein! Ich freue mich, wenn ich Sie zu dem einen oder anderen neuen Stück anregen kann, wenn ich Ihnen bei bekannten und abgenudelten Stücken ein paar neue Ohren verpasse oder den einen oder anderen Heiligen vom Podest hole. Aber ich kann dabei nicht im Allgemeinen bleiben. Denn Stücke und Musiker können meist nur konkret gehört werden. Wenn ich hier und da zu spezifisch werde: Verstehen Sie es bitte als Tipp! Das sind jene Stücke, Musiker und Komponisten, die mir besonders am Herzen liegen und Ihnen vielleicht auch zu Herzen gehen. Alles in allem vielleicht ein bisschen viel Bach und Mozart? Seien Sie unbesorgt! Das hat schon seine Richtigkeit so.

Kapitel 1

Mengenangaben

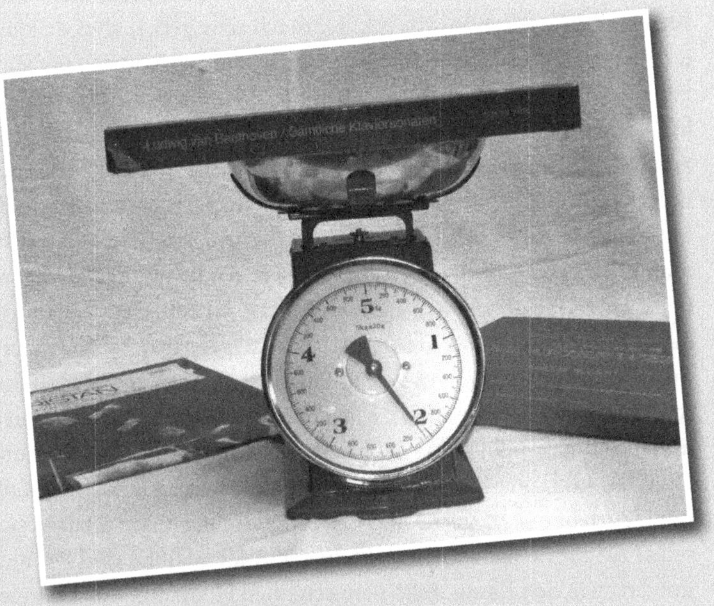

2. *Grund*

Weil wir alle viel mehr von klassischer Musik verstehen, als wir denken

Ich kann schon gar nicht mehr zählen, wie oft ich den folgenden Dialog durchlebte:

»Was machen Sie beruflich?« – »Ich schreibe über klassische Musik.« – »Ach wie schön, Klassik. Höre ich sehr gerne, aber da kann ich nicht mitreden. Ich verstehe leider gar nichts davon; ich bin auch völlig unmusikalisch.« Ich hingegen bin dann immer etwas sprachlos. Beim Small Talk verbietet sich eigentlich der Widerspruch, aber zum Rückzug in die selbst vermutete Unwissenheit will ich auch nicht ermutigen. Und wenn mein Gesprächspartner ohnehin mein Lieblingsthema so schön findet und gerne Klassik hört, möchte man doch erst recht darüber losplaudern! Anderswo erwidert man bei solchen Gelegenheiten gerne: »It's not rocket science.« Das ist keine Raketenwissenschaft; das ist nicht schwierig. Physiker haben mir allerdings auch schon gestanden, dass man in gewissen höheren Physikerkreisen auf diesen Satz eher mit Unverständnis reagiert und die »Raketenphysiker« belächelt. Wer sich mit Stringtheorie und Quantenmechanik beschäftigt, keinen Unterschied zwischen Welle und Teilchen macht, gerne mal von zehn Dimensionen sechs in sich selbst zusammenfaltet, neue Teilchen, dunkle Materie und Paralleluniversen in den Raum stellt, dem scheinen Flugbahnberechnungen eines einzelnen Körpers im Vakuum zugegebenermaßen vermutlich trivial. Solche Leute vergiften ja wahrscheinlich auch gerne Katzen, zumindest im Gedankenexperiment. Vielleicht aber auch nicht.

Zurück zur Musik. Klassische Musik ist nicht mal Raketenwissenschaft. Sie ist überhaupt keine Wissenschaft. Man kann natürlich viel über sie lernen. Die Ausbildung zum Profimusiker dauert lange, man kann sich wissenschaftlich und sehr sinnvoll aus etlichen Blickrichtungen mit ihr beschäftigen. Fragen gibt es genug. Und einfach zu verstehen ist vieles gerade in der Musiktheorie nun wirklich nicht. Aber um klassische Musik mit Genuss und Gewinn zu hören und anschließend über die Wirkung zu plaudern, braucht es keinen wissenschaftlichen Ansatz. Denn fast jede und jeder versteht viel mehr von der Musik, als sie oder er zunächst in Worte fassen kann. Beispiel gefällig? Sie kennen bestimmt viele Menschen, die keine Noten lesen und auch nicht erklären könnten, wie eine Tonleiter aufgebaut ist, die aber sofort merken würden, wenn ich bei *Alle meine Entchen* einen absurd falschen Ton reinsinge. Jetzt erklären Sie mir mal, warum die das können! Sie verstehen halt doch, wie eine Tonleiter funktioniert, nur wissen sie es nicht. Sie haben das Muster bereits intus, sind sich dessen aber nicht bewusst. Das liegt am »erkennenden Verstehen«. Menschen sind eben einfach richtig gut darin, intuitiv Muster zu erkennen. Und man muss ja auch nicht darüber reden, wie der Komponist seine Stücke konstruierte und das »Fugato des Seitenthemas so geschickt mithilfe einer enharmonischen Verwechslung zurück nach dis-Moll« brachte. Über leckeres Essen kann auch jeder plaudern, der kein Koch ist. Gute Köche hingegen kochen so, dass es nicht nur den Kollegen schmeckt. Das ist etwas, worin einer meiner Helden so gut war: Mozart. Seine Musik ist für jeden: den Astronauten (also den Techniklaien, der genussvoll anwendet), den Raketeningenieur (also den Liebhaber mit Durchblick) und den Quantenmechaniker (also den Musiktheoretiker und Komponistenkollegen). Er beruhigte seinen besorgten Vater: »wegen dem sogenannte Popolare sorgen Sie nichts, denn, in meiner Oper ist Musick für aller Gattung leute – ausgenommen für lange ohren nicht!« (Langohr gleich Esel gleich störrischer Ignorant. Sie verstehen?)

43 Prozent der Klassikhörer haben als Kind oder Jugendliche gar keinen Kontakt zur Klassik gehabt. Sagen sie. Glaube ich nicht. Ausnahmen bestätigen natürlich die Regel. Diese Ausnahmen scheinen allerdings zuzunehmen. Aus Kindergärten und Grundschulen berichteten mir Musiklehrer persönlich, dass seit ein paar Jahren viele

Kinder keine Lieder mehr lernen oder mitsingen können, weil sie zu Hause nur mit Musik aufgewachsen sind, die ganz anderen Regeln und Mustern folgt: z. B. Lounge und Techno. Wer nie Musik gehört hat, die weitgehend auf Tonleitern in Dur oder Moll und wiederkehrenden Takt- und Harmoniemustern aufbaut, den stellt klassische Musik vielleicht vor ähnliche Probleme, wie wir sie mit indischen Ragas haben. So ganz überzeugt mich das nicht, denn immer noch kann man in unserem Alltag, und sei es nur beim neuesten *Mission Impossible*-Film »normaler« Musik nicht entgehen. Was heißt normal? Beim *Mission Impossible*-Thema kann man immerhin gleich den lustigen 5/4-Takt lernen.

Man muss also nix lernen, bevor man ins Konzert geht. Was soll das Gehabe? Konzerte sind keine Museumsveranstaltungen. Leider wissen das manche Konzertveranstalter auch noch nicht. Musik nimmt uns mit. Sie will uns mitnehmen. Wir brauchen keine Begriffe, um Schönheit wahrzunehmen. Wir erkennen Muster. Am schönsten werden diese, wenn wir sehen, dass dort eine gewisse Ordnung herrscht, diese aber nicht ganz einfach, sondern komplex zu sein scheint, wir also gleichzeitig überfordert sind. Denken Sie mal an eine schöne Blüte oder den Goldenen Schnitt!

Wie gehen wir nun die Sache an? Natur- oder geisteswissenschaftlich? Da schlagen, ach, zwei Herzen in meiner Brust. Ich hoffe, sie finden zu einem guten *Quodlibet* zusammen. So nennen es Klassik- und Fremdwortfreunde, wenn man verschiedene Stücke oder Lieder gleichzeitig spielen kann und es trotzdem gut und richtig klingt (lat. *quod libet* = was gefällt, wie es beliebt). Die Musikerfamilie Bach hatte bei gemeinsamen Festen immer einen großen Spaß daran, so ein Quodlibet anzustimmen. Bachs erster Biograf, ein gewisser Forkel, erinnert sich: »Sie sangen nehmlich nun Volkslieder, theils von possierlichem, theils auch von schlüpfrigem Inhalt zugleich mit einander aus dem Stegreif so, daß zwar die verschiedenen extemporirten Stimmen eine Art von Harmonie ausmachten, die Texte aber in jeder Stimme andern Inhalts waren. Sie nannten diese Art von extemporirter Zusammenstimmung Quodlibet, und konnten nicht nur selbst recht von ganzem Herzen dabey lachen, sondern erregten auch ein eben so herzliches und unwiderstehliches Lachen bey jedem, der sie hörte.« Und Johann Sebastian hat es sich nicht nehmen lassen, diese auch in anspruchsvollen Kompositionen unterzubringen, z. B. in der letzten seiner später so genannten *Goldberg-Variationen*, in der die beiden damals – zumindest in Thüringen – bekannten Lieder *Ich bin so lang nicht bei dir gwest, ruck her, ruck her, ruck her* und *Kraut und Rüben haben mich vertrieben* zum Abschied dem bis dato 31-mal variierten Bassthema zuwinken. Klassische Musik: Das ist eben mehr. Das ist nicht nur, sondern auch. Und dann noch mehr.

3. Grund

Weil es noch nie so viel und so gute klassische Musik gab

Ist klassische Musik in der Krise? Davon liest man immer mal wieder, und das würden vielleicht auch viele aus dem Bauch heraus vermuten. Klassiksender wandern ins Netz ab, Musikunterricht geht flöten. Viele Orchester sind verschwunden oder im Verschwinden. Die Klassik geht den Bach runter. Ist doch so, oder? Damit all jene, die sich von Ziffern beeindrucken lassen, gleich zu Beginn gute Gründe erhalten, klassische Musik zu lieben, will ich sie hier liefern: Im Jahr 2017 gingen über fünf Millionen Konzertbesucher in öffentlich (mit-)finanzierte Konzerte, dazu 5,4 Millionen auf Klassik-Musikfestivals (bei denen fast jedes Jahr die Besucherzahlen steigen) und dann noch mal 7,6 Millionen ins Musiktheater. Insgesamt stehen den 18,2 Millionen Klassikticketkäufern nur 13,2 Bundesligabesucher entgegen.[1] Das ist ein Anstieg von fast 30 Prozent im Vergleich zu vor 15 Jahren. Die vielen, vielen kostenlosen Veranstaltungen mit klassischer Musik sind da noch gar nicht mitgerechnet. Allein die

Zauberflöte hat jährlich in Deutschland eine Viertelmillion Zuschauer. Um mal einen für deutsche Leser tauglichen Vergleich zu ziehen: Das entspricht der Zahl der Kfz-Neuzulassungen. Und damit sind es gar nicht mal weniger als zur subjektiv so wahrgenommenen Blütezeit der Symphonik, also im 19. Jahrhundert. Ach ja, die gute alte Zeit! Damals standen sie sich jubelnd auf den Rängen gegenüber, die Brahmsianer auf der Orgelempore und die Wagnerianer im Seitenschiff.

Den immer noch recht hohen Altersschnitt der Besucher (bei den exklusiven Bayreuther Festspielen sogar bei 51 Jahren!) treiben dabei allerdings die konzertfreudigen Rentner in die Höhe. Wer mit Studium, Kindererziehung oder Arbeit beschäftigt ist, hat halt weniger Zeit. Stimmt wohl so nicht ganz. Denn hier zeigt sich sogar noch mehr Hoffnung im Statistikbild: Menschen gehen zurzeit in ihren Zwanzigern regelmäßiger ins klassische Konzert als in ihren Fünfzigern. Auch für die ganz Jungen ist gesorgt; es gab noch nie so viele musikpädagogische Veranstaltungen; dennoch leben viele Dozenten in prekären Verhältnissen. Musiker haben im 20. Jahrhundert vielleicht zu gut gelernt, spannungsreiche Abschnitte auszuhalten und Widersprüchliches gleichzeitig dastehen zu lassen.

4. Grund

Weil immer noch so viel »neues« Altes hinzukommt

Es kommt ja nix »Neues« mehr dazu; das meiste kennt man ja. Wirklich? Auch da macht uns unsere Konzertprogrammwahrnehmung einen Strich durch die Rechnung. Viele Komponisten sind erst nach ihrem Tod so richtig durchgestartet: Schubert hat vom Erfolg seiner Stücke nichts mehr mitbekommen; Mahler wurde zu Lebzeiten eher als Dirigent gefeiert und erst später auf Platte durch Leonard Bernstein so richtig populär. Sogar der übermächtige Johann Sebastian

Bach war ziemlich in der Versenkung verschwunden und wurde erst von Felix Mendelssohn so richtig wiederentdeckt. Stellen Sie sich den Opern- und Konzertbetrieb im Italien des 17. Jahrhunderts eher so vor wie die Kinolandschaft in ihrer güldensten Zeit. In Venedig ging die Zahl der Opernhäuser knapp ins Zweistellige, die der Orchester und Ensembles ins Dreistellige. In jedem Jahr gab es mehrere stagioni, also Spielzeiten; darunter war Karneval die wichtigste. Und zu jeder dieser Spielzeiten hat jedes Haus mit mindestens einer Premiere aufwarten wollen. Da kommt über die Jahre was zusammen. Schätzungen sprechen von bis zu 30.000 (ja, dreißigtausend!) Opernpartituren, die in italienischen Archiven liegen. Den damaligen Sammlern ist es zu danken. Was bis vor Kurzem bei uns die CD-Sammlung war, das gönnten sich seinerzeit die Reichen, die Liebhaber und die Adligen. Von Stücken, die man genossen hat, ließ man sich Partiturabschriften anfertigen, gerne auch gleich mehrere in einem Band. Besonders bitter wurde es für die Notensucher, als vor nicht allzu langer Zeit einigen dieser Archive in Italien einfach die Hähne abgedreht, letzte Stellen gestrichen und die Türen verrammelt wurden.

Man könnte zwar im Gegenzug behaupten, dass sich eben nur langlebige Stücke »am Markt« bewiesen haben. Sicher war unter den zigtausend heute unbekannten Werken auch einfach viel Quatsch dabei. Hier haben uns Generationen von Hörern, Konzertbesuchern und Auftraggebern doch einen guten Dienst erwiesen, der sich hier und da leider als Bärendienst erwies. Johann Sebastian Bach wurde an der Leipziger Thomasschule anfangs, und von manchen noch ziemlich lange, nur als Notlösung angesehen. Bach war dritte Wahl; das muss man sich mal vorstellen. Um wenigstens bei ihm keine Lücken im Konzertrepertoire aufkommen zu lassen, hat »De Nederlandse Bachvereniging« (also die Niederländische Bachgesellschaft) das Projekt *All of Bach* ins Leben gerufen, das sein gesamtes Schaffen nach und nach in hervorragenden neuen Einspielungen frei verfügbar macht und dazu noch kluge Interviews mit den Künstlern führt.

Jeden Freitag kommt ein neues Stück hinzu. Das Projekt ist allein schon ein guter Grund, klassische Musik zu lieben.

5. Grund

Weil sich so schön darüber streiten lässt, was klassische Musik überhaupt ist

Streiten? Wieso das denn? Doch nicht hier! Bei einem so »harmonischen« ('tschuldigung) Thema! Klassische Musik? Was das ist? Ist doch klar: Beethoven und so. Chopin! Bach!! Na ja, das mit dem großen Orchester halt. MO-ment! Bevor wir hier weitermachen, komme ich nicht darum herum, ein paar Dinge klarzustellen. Denn leider ist doch nicht so klar, was überhaupt mit »klassischer Musik« gemeint ist – und ob das überhaupt das Gleiche ist wie »Klassik«.

Was klassische Musik ist und was zu ihr gezählt wird, ist schon lange eine dicke Diskussionsfrage. Aber glücklicherweise sind wir hier nicht zum Definieren. Dennoch kann man da etwas durcheinanderkommen. Im 8. Grund gehe ich noch genauer auf die verschiedenen Epochen ein, denn eigentlich ist die Klassik nur eine von ihnen. Die Klassik ist also klassische Musik, aber nicht alle klassische Musik ist Klassik? Ja, leider ist es so. Reichlich verwirrend. Noch dazu gibt es Klassiker, die nicht zur Klassik gehören, und klassische Musik, die es nicht zum Klassiker geschafft hat. »Wer denkt da nicht an die Orchestersuiten in Ges-Dur, A-Dur und fis-Moll der hochbegabten Antje Fröbel, an die Krönungsmesse in B-Dur des achtjährigen Heinz Klemke?« (siehe 49. und 110. Grund). Und manche Autoren wollen noch dazu eine ganz eigene Definition durchsetzen. So versteht Christoph Rueger »klassisch« als Qualitätsmerkmal, nicht als Epochenbegriff und Stilmerkmal. Mit klassischer Musik hätten wir seinem Verständnis nach »wetterfestes, zeitbeständiges Klanggut«. Na, das ist ja schön. Über so was freut man sich doch in

Deutschland. Wenn es ein bisschen wärmer ist, werde ich trotzdem die Wetterseite meines CD-Regals vorsichtshalber mit Eternit verschalen. Kann ja nicht schaden.

Zangler: Was hat Er denn immer mit dem dummen Wort »klassisch«?

Melchior: Ah, das Wort is nit dumm, es wird nur oft dumm angewendet.

Zangler: Ja, das hör' ich, das muss Er ablegen, ich begreif' nicht, wie man in zwei Minuten fünfzigmal dasselbe Wort repetieren kann.

Melchior: Ja, das ist klassisch.

Bernhard Schrammek lässt sein schönes Rundumschlag-Buch *Die Musikwelt der Klassik* mit diesem Zitat enden, der Musiktheoretiker und Konzertpianist Charles Rosen hat den Dialogschnipsel aus Johann Nestroys *Einen Jux will er sich machen* seiner wegweisenden Untersuchung über den »Klassischen Stil« vorangestellt. Einen Jux will er sich aber ganz gewiss nicht machen. Wenn wir die Sache im Gegenteil mal ernst nehmen – klassische Musik ist ja »ernste Musik«, nicht wahr? –, bleibt uns letztlich nur ein ziemlich kurzer Zeitraum in der Musikgeschichte, den wir getrost als Klassik bezeichnen können. Manche behaupten nämlich, man könne den Beginn der Klassik ganz exakt festlegen, und zwar mit den Streichquartetten der Opuszahl 33 von Joseph Haydn. Die erschienen 1781. Das Ende der Klassik weiß Charles Rosen auch exakt zu terminieren: »Die kultivierte Fröhlichkeit der klassischen Zeit hat ihre letzten, wohl schon etwas vergröberten Auftritte im Allegro von Beethovens Achter Symphonie und in einigen Sätzen der späten Quartette. Danach ertrank der Witz im Gefühl.« Der letzte Satz ist im englischen Original noch knackiger: »After that, wit was swamped by sentiment.« Die (Wiener) Klassik reicht somit von 1781 bis 1812 (8. Sinfonie) oder spätestens 1826 (letzte Streichquartette). Mehr als 30 oder maximal 45 Jahre sind es also nicht. Danach hat Gefühliges dem Geistreichen den Rang abgelaufen. Statt Verstehen ist Empfinden angesagt.

Zur richtigen »Klassik« würden also weder Bach (zu früh gestorben) noch Schumann (zu spät geboren) gehören. Aber mal ehrlich.

Bach ist also klassische Musik, aber keine Klassik? So was können nur Leute behaupten, die auch auf »Gliedermaßstab« statt »Zollstock« bestehen. Freud will ich an dieser Stelle jetzt nicht bemühen. Also: Für unsere Zwecke definiere ich die klassische Musik wie folgt: Ich mache es mir einfach: Klassische Musik ist die Musik, über die ich in diesem Büchlein spreche, o.k.? Worum es nicht gehen wird: Pop, elektrisch Verstärktes, Musik aus außereuropäischen Traditionen. Wenn Sie allerdings Wien nicht mögen, wenn Ihnen Chormusik zum Hals raushängt, wenn Sie mit Mozart eher weniger anfangen können als mit Stockhausen, dann sind Sie hier genau richtig. Denn jetzt bringe ich Sie vielleicht auf den Geschmack.

6. Grund

Weil es noch nie so einfach war, klassische Musik zu hören

Früher war fast überhaupt nix besser. Sagt jedenfalls Hans Rosling. Der sympathische schwedische Gesundheitsforscher und Schwertschlucker (!) ist zwar leider auch schon tot, aber zurzeit auf den Bestsellerlisten ziemlich lebendig. Mit seiner *Gapminder*-Stiftung hatte er sich das Ziel gesetzt, unsere Weltwahrnehmung mal ausnahmsweise stärker auf Fakten ruhen zu lassen. Auch einen Begriff hat er sich dafür ausgedacht: *factfulness*. Und wenn man die Fakten sprechen lässt, sagen sie: Früher war (fast) nix besser. Er meint damit zwar so Nebensächliches wie Kindersterblichkeit, Lebenserwartung und Kriegstote, aber leihen wir uns den Begriff doch mal vorübergehend auch für die entscheidenden Parameter der klassischen Musik: Ausbildung, Angebot, Nachfrage, Zugänglichkeit, Kartenpreise. Überall zeigt sich, dass wir in einem neuen goldenen Zeitalter der Klassik leben.

Zum Beispiel der Zugang zu klassischer Musik: Erinnern Sie sich noch, wie das war vor diesem »Inter-Net«? Man schaltete erst den

Wecker aus, dann die Kaffeemaschine an, dann das Radio, dann widmete man sich dem Eierkocher und hielt plötzlich inne: Was ist denn das da im Radio, das ist ja super! Kenne ich gar nicht! Was könnte das denn sein? Vielleicht einer der Bach-Söhne? Oder ein unbekannter Haydn? Und so ließ man (na gut: ließ ich) Eier und Kaffee Eier und Kaffee sein und lehnte eine halbe Stunde vor dem Radio, nur um die Abmoderation nicht zu verpassen. Ah, eine Sinfonie eines gewissen Ditters von Dittersdorf (und das ist nur der Nachname). Ah, es spielte die … was? Ja, der Schal steht dir gut. Mist. Jetzt habe ich nicht gehört, welches Orchester das war! Es half nichts. Zwei Möglichkeiten blieben: ein Anruf beim Sender oder sogar erst mal bei der Telefonauskunft und ein Gang ins Tonträgergeschäft. Heute ist man (ich) abgeklärter. So was kann man ja alles nachlesen im Digitalradiodisplay oder auf der Tagestracklist der Senderseite oder sein Handy mit der geeigneten App vors Radio halten, die sodann die Aufnahme erkennt und im vorauseilenden Konsumeifer Kauf- oder Streaminglinks andient. Die bieten uns Millionen Titel im Direktzugriff, haben aber auch zwei, nein drei Nachteile. Beim kostenlosen Zugang wäre da schon mal die Klangqualität. Allzu stark komprimierte Musik kann ich nicht lange anhören. Aber die Klangqualität der Streamingdienste wird immer besser. Es gibt schon mehrere, sie bieten meist einige Dutzend Millionen Titel und kosten um die zehn Euro. Es gibt auch solche, die verlustfrei streamen – wenn das denn der Internetzugang zulässt – und sich daher besonders für audiophil veranlagte Klassikhörer anbieten. Der Trend zum verlustfreien Angebot scheint anzuhalten. Viele bereits etablierte Spieler am Markt ziehen nach; wobei auch gerade bei den verlustfreien Formaten wieder die Meinungen auseinandergehen (wie könnte es anders sein?). Mittlerweile konzentrieren sich auch manche Anbieter direkt auf klassische Musik, was bitter nötig ist, denn hier sucht man nicht in erster Linie nach Band und Songtitel und freut sich über Klassik-taugliche Suchmasken.

Die riesige Auswahl bringt dennoch eine Auswahlbegrenzung mit sich und führt dazu, dass man erst mal nur bei seinem Anbieter schaut. Dabei gibt es gerade in der klassischen Musik immer noch soooo viel mehr, als jeder einzelne Streamingdienst anbietet. Und die Auswahlgröße, die einem so viel von der Welt auf Fingerdruck verfügbar macht, bringt auch die Gefahr mit sich, dass die Musikwelt ihren Reiz verliert. So einfach und gut ist das mit der Verfügbarkeit nicht (siehe 83. Grund). Ich höre sicherlich seltener ganze Stücke, seit ich immer sofort auf alle zugreifen kann. Ich springe viel schneller zu etwas Neuem. Aber ich will nicht klagen! Das CD-Marktsterben hat uns neue Marktideen und lustige Crossover-Produkte beschert (Barock-Jazz, kubanisch getrommelter Mozart).

Und für alle, die es vielleicht vergessen haben: Es gibt ja auch Livemusik. Aber klassische Konzerte, das ist doch was für Omas und höhere Töchter. Na ja, da ist was dran. Omas haben halt Zeit, und höhere Töchter werden von ihrem Umfeld genötigt, ein Instrument zu lernen. Wer ein klassisches Instrument lernt, hört auch mehr klassische Musik, und sei es, weil man vom Lehrer Freikarten für sein Konzert bekommt. Aber Instrumentalunterricht kostet halt meist. Instrumentenversorgungsprojekte mancher Bundesländer bilden da nur erfreuliche Ausnahmen. Darum kommt in Deutschland ein größerer Teil des Konzertpublikums aus einem subjektiv wahrgenommenen »besseren« Milieu. Passive klassische Musik ist aber nicht klassengebunden, elitär. Im Schnitt sind die Konzerte viel günstiger als bei Popstadion-Massenbeschallungen. Wahrscheinlich wegen der Stromkosten. Sogar für die so personalintensive Oper bekommt man regelmäßig Restkarten, die weniger kosten als ein Besuch im Multiplexkino, oder günstige Karten für eine öffentliche Generalprobe. Sie wollen es noch billiger? Dann abonnieren Sie den Newsletter Ihrer nächstgelegenen Musikhochschule! Regelmäßig gibt es Vorspiele der verschiedenen Dozentenklassen und der Hochschulensembles. Der Nachwuchs freut sich über Zuhörer und ist heutzutage im Schnitt so gut wie noch nie. Noch dazu kosten die allermeisten Veranstaltungen gar nix.

7. Grund

Weil so viel drinsteckt

Als ich für dieses Büchlein unter Bekannten rumfragte, warum sie denn – wenn überhaupt – klassische Musik lieben, hielten sich zwei auf den ersten Blick gegensätzliche Aspekte die Waage: Die einen schätzen die entspannende Wirkung, das Gefühl, »einzutauchen in Überlegungen, denen ich sonst nicht nachhänge, vielleicht sogar mich fallen zu lassen«. Andere gehen ganz bewusst mit und schauen dem Komponisten über die Schulter: »Es macht mir einfach Spaß, beim Hören Strukturen nachzuvollziehen, zu antizipieren, vorauszuahnen, was als Nächstes kommt, und dann entweder bestätigt oder überrascht zu werden, wenn es anders weitergeht, als man dachte.« Lieber auf Latein? Gut: Es geht den einen um Meditation, den anderen um Inspiration. Das ist aber nicht das Gleiche wie Aktivität und Passivität!

Klassische Musik (jedenfalls ein Teil von ihr), das sind – so jedenfalls sagte man es mir – Stücke, die man immer wieder neu hören kann, und sie gehören damit potenziell zu jener Kunst, die unerschöpflich ist, Werke, die sich im Ohr mit der Zeit ändern und wachsen. Das gleiche Stück kann mir jahrelang das eine, dann plötzlich etwas ganz Neues sagen, z. B. nach der Scheidung. Im Gegensatz zu mancher Gebrauchs- und Wegwerfmusik hat klassische Musik damit vielen Popstücken etwas voraus, widerspricht dem Pop aber nicht. Sagen wir lieber: ergänzt ihn. Vergessen wir nicht, dass diese ganze E-/U-Trennerei erst ein ganz junges Phänomen ist.

Klassische Stücke sind oft wie gute Romane. Sie belohnen aktives Zuhören. Hier hilft bereits die Länge vieler Stücke. Schon die einzelnen Sätze einer Symphonie sind länger als der übliche 3-Minuten-Radiotitel. Spannend bleibt es trotzdem wegen der Tempowechsel, der Instrumentenvielfalt und der verschiedensten kompositorischen Möglichkeiten, Melodien in einem Stück durch den Fleischwolf zu drehen. Und wenn sie wirklich gute Romane sind, spielen sie nicht nur mit Erwartung, Enttäuschung, Aufsparen und Einlösen, sondern belohnen sogar mehrmaliges Zuhören und lassen uns immer neue Ebenen erschließen, den Dingen auf den Grund gehen, versteckte Bedeutungen entdecken. Dann geht es tief hinab in die Komposition. So fühlt es sich jedenfalls an; und so ging es auch mir, als ich jung war, vielleicht zwölf. Irgendwo hatte ich im Zusammenhang mit Kunst das Wort »tief« aufgeschnappt – wohl weder in der Schule noch zu Hause. Und ich verstand es auch gar nicht metaphorisch, sondern fast eher körperlich, aber eigentlich nur, wenn ich Bach hörte. Da war etwas in dieser Musik, das zum Eintauchen einlud. Etwas, was einerseits unausrottbar schien, andererseits in sich völlig selbstsicher wirkte. Da saß ich also und dachte bei mir: Boah, Bach ist tief! Andere Musik ist auch schön und nett und mitreißend, aber Bach ist tief. Und dahinter schien sich ein Geheimnis zu verbergen, das man als Erwachsener bestimmt irgendwann verstehen würde.

Heute erstaunen mich vor allem jene Werke, denen es gelingt, nicht nur tief hinab zu gehen, sondern sich in mehreren Dimensionen gleichzeitig zu bewegen. Musik, die kompositorische Geistesblitze schleudert und mir etwas über Liebe und Hass sagt, froh und melancholisch stimmt. Gute Musik kann gleichzeitig nachdenklich machen, beseelen und mitreißen. Sie ist damit subjektiv, aber nicht beliebig.

8. Grund

Weil 500 (oder so) Jahre eine lange Zeit sind

Wir müssen reden. Dieser Grund wird jetzt etwas länger. Aber so ist das leider mit der klassischen Musik. Sie umfasst einfach zu viel. So viele Jahrhunderte, so viele Stile, Trends, Strömungen, Schulen und Epochen! Damit man aber weiß, wo man sich am besten bedient, sollte man von allen ein bisschen kennenlernen. Anschließend kann man sich ja wieder einschränken. Ich kenne jemanden, der hört überhaupt nur französische Klaviermusik der Spätromantik.

Falls Sie lieber diesen Grund überspringen wollen, folgt hier die Kurzfassung: Das Mittelalter lassen wir den Mönchen und Spielleuten, in der Renaissance wird es geregelt, fast logisch, im Barock dann im Gegenzug prächtig. Die Klassik will alles wieder mit Geistesblitzen auf verdaubares menschliches Maß zurückfahren, Beethoven kommt nicht klar und macht sein Ding. Danach ist alles nur noch Gefühl, und ab dem 20. Jahrhundert macht ohnehin jeder, was er will.

Zwei Begriffe geistern dabei durch die CD-Booklets: Alte Musik und Neue Musik. Vor der Alten Musik kommt noch die Frühe Musik. Die soll uns jetzt nun wirklich nicht weiter kümmern. Überhaupt: Was allein im Mittelalter in der Kirchenmusik los ist! Ich kenne nicht wenige, für die ist schon vor Johann Sebastian Bach Schluss. Einfach zu modern. Und ich kann es ihnen nicht verdenken. Ist doch gerade in der Musik der Renaissance und des Frühbarocks so viel Neues, so eine Freude am Ausprobieren, Auskosten, Konstruieren und an der Klangschönheit. Da wurden Regeln aufgestellt und gebrochen, Traktate geschrieben und Gegentraktate, da wurde ausgelotet und auf die Spitze getrieben. Im Mut, Neues zu wagen, strukturelle Tücken und Geistesblitze in den Noten zu verstecken und kunstvoll die Partitur an die Grenze ihrer Belastbarkeit zu treiben, stehen Renaissance und Frühbarock der Neuen Musik des 20. Jahrhunderts in nichts nach. Ich kann also verstehen, wenn manche besonders fortschrittlichen Hörer diesen »modernen« Kram nach 1650 schon nicht mehr so richtig ernst nehmen.

Im Barock wird gefeiert und getanzt. Musik kommt sowieso vom Tanz; das muss man nicht verleugnen. Die anschließende Klassik wird verwirrenderweise nicht wie die Epochen davor (Barock) und danach (Romantik) in Früh-, Hoch- und Spätphasen geteilt. Das sind ja ohnehin nur Landmarken. Interessanter finde ich die Unterscheidung zwischen Alter und Neuer Musik. Eine, aber nicht die übliche, Definition lautet: Alte Musik, das ist einfach all jene Musik, die bis heute nicht durchgehend aufgeführt wurde. Bei der Cocktailparty können Sie gerne das Wort »Rezeptionslücke« fallen lassen; da schwingt aber auch etwas von Schwerhörigkeit mit. Alte Musik müssen wir uns erst erschließen. Sie ist uns durch die Zeit entfremdet. Musik fremder Kulturen gewissermaßen.

Alte Musik, das sind jene Komponisten, deren Stücke es nicht ohne Unterbrechung in ihrer Aufführungsbiografie in unsere Zeit geschafft haben. Beethovens Sinfonien gehören also nicht dazu; die waren seit ihrer Uraufführung ein Hit und sind seitdem nicht mehr von den Konzertprogrammen wegzudenken. Das wäre aber auch mal ein interessantes Kunstprojekt: Um zu erkennen, was wir an ihm haben, könnten wir doch mal ein Beethoven-Fastenjahr anzetteln. Bühnen- und Musikerverbände müssten mitziehen; die Damen und Herren vom Ordnungsamt bekämen eine Spezialschulung (Erkennen Sie die Triosonate!), um im öffentlichen Bereich Beethoven-Beschallung zu unterbinden. Und nach einem Jahr wird dann so richtig das Fasten gebrochen. Am 1.1. des neuen Jahres werden alle Weckertöne per Bundestrojaner automatisch auf *Freude, schöner Götterfunken* umgestellt. Aber wer lässt sich schon am 1.1. wecken? Na ja, an dem Konzept müssen wir noch feilen.

Wenn wir die Idee von der Alten Musik mit der lückenhaften Konzertgeschichte wiederum ernst nehmen, gibt es natürlich Probleme über Probleme. Was ist mit Komponisten, die nur durch ein einziges Stück auf den Konzertbühnen überdauert haben? Oder mit jenen, die nur in einer abgegrenzten Region oder in Klöstern überlebt haben? Gehört Johann Sebastian Bach dazu? Um 1820 musste er »wiederentdeckt« werden, da er nur noch in eingeweihten Kreisen im Komponierunterricht gespielt wurde. Mit seiner *Matthäus-Passion* als Defibrillator gelang die Wiederbelebung, aber so völlig tot war er halt doch nicht. Unter Musikern kursierten seine Klavierstücke nach wie vor.

Doch gefällt mir die Grundidee, als Alte Musik das zu bezeichnen, wozu wir keinen direkten Rezeptionsdraht haben, das wir erst wiederentdecken müssen, uns Gedanken machen müssen, ob unsere Instrumenten- und Tempiwahl überhaupt passt. Bei den »sinfonischen Dichtungen« von Richard Strauss sähe die Sache z. B. anders aus. Strauss konnte sich irgendetwas Nichtmusikalisches (sogar eine Speisekarte!) vornehmen und ein Orchesterwerk daraus machen. Und diese Werke werden seit ihrer Uraufführung in Konzerten gespielt; man hat Aufnahmen von ihnen, die unter Leitung des Komponisten entstanden, sogar teilweise mit bewegtem Bild. Man kennt die Namen der Instrumentalisten in den Orchestern und hat Äußerungen des Komponisten über Aufführungen unter fremder Leitung, die ihm gefielen oder nicht. Alte Musik ist das also nicht, Neue Musik (mit großem N) aber auch noch nicht. Dafür ist sie noch zu »romantisch«. Doch auch hier geht es so langsam mit dem Veralten und dem gerissenen Draht zum Komponisten los. Denn die vielen LPs vor allem seit den 1940-/50ern haben uns einen Strich durch die Rechnung gemacht. Generationen wurden von Karajans großen Aufnahmezyklen geprägt, wie denn eine Sinfonie, ein Symphonieorchester zu klingen habe. Das war auch schon wieder anders als zu Kaisers Zeiten, als Straussens sinfonische Dichtungen erschienen.

Was zählt nun alles zur »Neuen Musik«? Z. B. alles, was unter Im- und Expressionismus oder Minimal Music zu finden ist. Die Ganztonleiterstücke von Debussy etwa auch schon? Bei seiner Musik merkt man manchmal gar nicht, dass sie schon angefangen hat – im Gegensatz zu manch anderem Komponisten, bei dem man genau das hofft.

Seit Beginn der Neuen Musik, die immer noch zur klassischen Musik zählt, machten die Komponisten es nicht nur sich, sondern auch dem Publikum ein bisschen schwerer – was dieses allerdings auch einforderte. Man wollte das Neue, Skandalöse, Anstrengende. Sie wollen hingegen moderne klassische Musik des 20. Jahrhunderts hören, aber nix, was »so schräg« ist? Da greifen Sie mal zu einer

Platte von Samuel Barber! Auch für den empfindlichen Magen heute auf der Karte sehr zu empfehlen sein *Adagio for strings*.

9. Grund

Weil's Spaß macht und schmeckt

Weg mit dem Schnöseltum! Klassische Musik muss nicht anstrengen. Man muss auch nicht konzentriert zuhören, gibt es doch haufenweise Stücke, die man einfach so nur zum Spaß hört. Ich meine jetzt keine Aktionen, die sich über klassische Musik lustig machen oder sie parodieren. Nein, ich meine klassische Musik, die einfach Spaß macht und schmeckt. Dazu kann man zum Beispiel ins Neujahrskonzert der Wiener Philharmoniker gehen und zum *Radetzky-Marsch* mitklatschen oder in die Last Night of the Proms und »Rule Britannia« grölen – wenn man Karten bekommt.

Das ist so das deutsch-britische Verständnis von Spaß haben. Wollen Sie mal sehen, wie andere Länder bei klassischen Konzerten »mitgehen«? Dann schauen Sie mal nach dem venezolanischen Dirigenten Gustavo Dudamel und wie er ein Symphonieorchester dazu bringt, dass das Publikum aufspringt und Mambo tanzt. Sitzen bleiben – my ass! Welchen Spaß klassische Musiker selbst auf der Bühne haben können, zeigt sich beim Amerikaner Joseph R. Olefirowicz, dessen Dirigat mehr Leben hat als manche Operninszenierung.

Wer aber gar keine Pulserhöhung benötigt und klassische Musik gerne auch einfach mal im Hintergrund »zum Spaß« mitlaufen lässt, dem seien zwei Gattungen ans Herz gelegt: Serenaden und Divertimenti. Die sind nämlich extra zu diesem Zweck geschrieben. Serenaden haben nix mit Sirenen zu tun, sondern dienen der *sera*, werden also eher im Hintergrund am Abend gespielt, wenn man eigentlich was anderes vorhat. Divertimenti wollen divertieren, also ablenken und unterhalten. Vorsicht, eine Ausnahme gibt es:

Mozarts Divertimento für Streichtrio in Es-Dur KV 563 kann gerne mal 50 Minuten dauern und ist ein groß angelegtes, experimentelles Wunder kammermusikalischer Möglichkeiten und Dichte. Nix für den Hintergrund.

10. Grund

Weil klassische Musik erfüllt

Ein etwas seltsames Experiment wollte der Wirkung von Musik auf die Schliche kommen. Man spielte die Soprangöttin Maria Callas mit ihrer Vorzeigearie *Casta Diva* einem Publikum vor, das denkbar weit von mitteleuropäischem Konzertleben entfernt ist: Amazonas-Ureinwohnern. Einige waren sichtlich berührt, manche gar erschüttert – zumindest darüber, dass sie sich traut, vor so vielen Menschen zu singen.

Musik kann bekanntlich viele Gefühle auslösen. Dazu ist sie ja auch da. Besonders guten klassischen Stücken gelingt aber noch mehr, ein Gefühl der Ganzheit, des Versinkens, Verschwimmens der Grenzen zwischen Zuhörer und Macher – eine quasireligiöse Erfahrung. Mein Freund A. fühlt die Nähe zum Kunsthandwerk: »Ehrlich gesagt habe ich keine Ahnung vom Töpfern, aber ich glaube, klassische Musik kommt dem sehr nahe. Klassische Musik ist wie ein Tonkrug. Sie entsteht aus der ständigen Bewegung, der Musiker formt die *Musica* nach seinem eigenen Fühlen und Verstehen. Drehung für Drehung, schleifen und schleifen, immer vorwärts, immer weiter drängend. Dem Töpfer dabei zuzuschauen oder gar selbst der Töpfer zu sein ist für mich einfach unglaublich beseelend. Manche Menschen können stundenlang fasziniert auf die Fluten eines Wasserfalls schauen, weil sie diese unendliche Bewegung erstaunt. Genau dieses Gefühl erfüllt mich, wenn Hugo Distler die Chöre erweckt und Chopin die Saiten meines Klaviers zum Schwingen bringt.«

Gebe ich mal ein paar prominenten – zumindest in gewissen Kreisen prominenten – Stimmen das Wort: Für Musikforscher Martin Geck ist Musik »ein beständiges Probehandeln mit glücklichem Ausgang«. Komponist Moritz Eggert behauptet im *Tagesspiegel* (9. April 2017), dass klassische Musik »den Geist erweitert, und unser niedriges Dasein zu transzendieren vermag«. Auch Peter Stangel, Leiter der *taschenphilharmonie* und ein begnadeter Musikvermittler, sieht in ihr eine »metaphysische Dimension«, »etwas, bei dem es um unsere Existenz, um unser Sein geht«. Und er hat den klugen Gedanken, zwischen dem koketten, kurzfristigen Spaß und der nachhaltigen, tieferen Freude, die klassische Musik vermitteln kann, zu unterscheiden.[2]

Besser kann ich es auch nicht ausdrücken. Dieser Vergleich macht Freude.

11. Grund

Weil viele Köche einen wunderbaren Brei anrühren können

Wenn wir an ein »Klassikkonzert« denken, haben die meisten von uns wahrscheinlich eine ganz bestimmte Art von Ensemble vor Auge; es zählt zu unseren gepriesenen Kulturgütern, ist Sinnbild für Zusammenarbeit im Sinne der Kunst und trotzdem immer wieder in seiner Finanzierbarkeit bedroht: das Symphonieorchester, DAS klassische Instrumentalensemble. Es steht nicht nur für eine bestimmte Besetzung, sondern auch für eine Art von Musik, symphonische Musik. Was aber zeichnet symphonische Musik aus? Wer heute im Konzert Schuberts *Unvollendete* hört, beim Spazieren ein Thema aus der *Eroica* pfeift oder über Kopfhörer die Klangfülle von Mahlers »Dritter« genießt, mag meinen, dass das Konzept einer Sinfonie – oder Symphonie, je nachdem, ob man Griechisch oder Italienisch schöner findet – bestimmt irgendwann einmal »erfunden« wurde. So etwas wie ein genialer Einfall, bestimmt von Mozart, oder? So ist es natürlich nicht gewesen. Verschiedene Vorfahren trugen mit ihren Musikgenen dazu bei, dass sich am Ende des Barockzeitalters eine neue Musikgattung herauskristallisierte, die für 200 Jahre nun den Thron auf der Konzertbühne einnehmen sollte. Wer waren die Eltern? Da wäre zum einen die Suite. Diese lockere Folge aus tänzerischen Sätzen hat mit ihrem kontrastreichen Wechsel zwischen Rhythmen und Ausdruckscharakteren den großen Rahmen, den Ablauf zur Symphonie beigesteuert. Auf der anderen Seite trug die Oper etwas dazu bei, wie in diesem Rahmen mit musikalischen Ideen verfahren wird. Sie tat das genauer gesagt in Form ihrer Ouvertüre, der anfangs auch so genannten *sinfonia*. In dieser Ouvertüre haben die Komponisten bereits einschlägige Themen und Motive aus der späteren Oper kurz vorgestellt und ein wenig miteinander streiten lassen. So hat man sich zur Einstimmung schon mal etwas mit dem musikalischen Material vertraut gemacht, während man aus dem Foyer zur Loge spazierte, sich noch eine Wurst und ein Glas Wein mitnahm und unverdrossen weiterplauderte.

Aber zurück zur Sinfonie/Symphonie: Das mitunter Schnörkelig-Prächtige des Barocks wurde gleichzeitig von schlichteren, eingängigeren (man sagte dazu wohlwollend »galanteren«) Formen abgelöst. Wenn man so will: Das pathetische Gedicht kleidet sich nun als charmante und pointierte Erzählung. Die Musik will nicht mehr nur eine lose Folge von Affekten, sondern darüber hinaus Gedanken vermitteln. Wieder mal ein Erbe von Humanismus und aufgeklärtem Bürgertum. Gerade mit Haydns Sinfonien vom Neusiedler See hat sich so die sogenannte »Wiener Klassik« begründet. Mit Beethoven wird die symphonische Musik dann endgültig auf einen neuen Weg gebracht. Er selbst nannte es so: ein »neuer Weg«. Zwischen den verschiedenen Stimmen des Orchesters werden nun wichtige und große Themen verhandelt: der Kampf des Einzelnen gegen viele, die Macht der Freundschaft, der Triumph des Beharrlichen, die Tragik des Unausweichlichen. Es war die Zeit der großen Genitive und der idealistischen Begriffe, der »absoluten Musik«. Nicht nur der Gedanke, sondern sein gesamtes Entwicklungspotenzial wurde unter die künstlerische Lupe genommen. Was in der Sinfonie Exposition, Durchführung und Reprise sind, könnte man im echten Leben Krise, Kampf und Lösung nennen. Auch Parallelen zur Philosophie drängen sich auf; der Dreischritt von These, Antithese und Synthese wird in etlichen Sinfoniesätzen zu Klang.

Das forderte unter den Romantikern natürlich eine Gegenbewegung heraus, und zwar in Form von freier Klangmalerei, deren plastischen Genüssen man sich einfach hingeben konnte. Symphonien stellten nun Landschaften dar, zeichneten Biografien nach und traten an die Stelle nationaler Symbole. Neue Instrumente und eine immer weiter ausdifferenzierte Besetzung im Orchester machten möglich, dass die Palette der verfügbaren Klangfarben ins Unausschöpfliche wuchs. Je komplexer die musikalischen Strukturen dabei wurden, desto unentbehrlicher wurde einer, der in der Probe für Überblick sorgt und im Konzert die Fäden in der Hand behält: der Dirigent. Er muss Einsätze geben, für Ordnung sorgen, interpretieren, motivieren, formen, regeln, das Beste aus den Musikern und der Situation herausholen. Zwei Dinge braucht er (damals war es fast immer ein *er*) dazu: Partitur und Taktstock. Erst die Einführung der Partitur ermöglichte es dem musikalischen Leiter, das ganze Stück mit all seinen Stimmen zu überblicken und Verantwortung für den letzten Triangeleinsatz zu übernehmen. Und mit dem Taktstock konnte man bei der immer größeren Menge an Musikern präzise Zeichen geben und aus dem Augenwinkel sichtbar sein. Heute hingegen verzichten immer mehr Dirigenten auf diese einstige Machtinsignie. Vielleicht auch besser so. Denn selbst Todesopfer waren seinetwegen schon zu beklagen. Jean-Baptiste Lully hat sich als Hofkomponist Ludwigs XIV. bei einem Konzert anlässlich der Genesung des Sonnenkönigs den damals noch recht unhandlichen Taktklopfstab in den Fuß gerammt (keine Absicht!) und sich damit eine Blutvergiftung eingehandelt, der er schließlich erlag. Aus dieser Hellebarde wurde zwar mittlerweile ein Florett, doch ich kann jeden Musiker verstehen, dem eine freundlich gestaltende und behutsam manikürte Hand lieber ist.

Was uns also als Inbegriff der Klassik vorkommt, ein Symphonieorchester, das eine Symphonie spielt, hat viele Eltern – und noch mehr Kinder. Das 20. Jahrhundert wird wohl als die Epoche des Tonträgers und der vielen Versuche in Erinnerung bleiben. Nachdem in der Romantik Harmonik und Instrumentationskunst ausgereizt waren, suchten die Komponisten unzählige verschiedene Wege, die mal mit allen Traditionen brechen, mal verschiedenste alte Vorbilder erneuern wollten. Zwischen Historismus, Zwölftonreihe, Filmmusik und Minimal Music hat sich indes immer noch keine neue Hauptströmung im Konzertprogramm etabliert. Welche Zukunft haben Symphoniekonzert und -orchester? Wo gilt es, Staub von schon liturgisch wirkenden Traditionen zu schütteln? Was ist unter dem Staub versteckt? Bricht vielleicht gerade ein neues goldenes Zeitalter für Symphonisches an?

Kapitel 2

Sockelfiguren

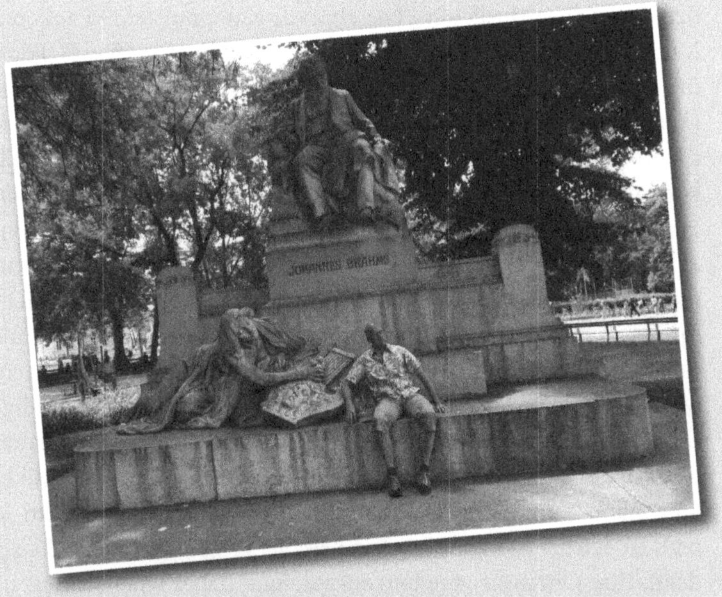

12. Grund

Weil Komponisten wie Starköche sind

»Um zu komponieren, braucht man sich nur an eine Melodie zu erinnern, die noch niemandem eingefallen ist.« Na vielen Dank, Robert Schumann! Das klingt ja noch ermutigender als die Steinmetzempfehlung, einfach all den Marmor abzumeißeln, der nicht nach Löwe aussieht. Trotz so arroganter Haushaltstipps stehen sie aber in der klassischen Musik auf Platz eins: die Komponisten. In anderen Musikgattungen sind es vielleicht eher die ausführenden Bands (Pop), der gottesdienstliche Rahmen (Kirchenmusik) oder die Instrumente (Klangschalenmeditation). An der klassischen Musik tragen aber die Komponisten die Hauptschuld. Und auch modernste Technik kann den Komponisten nicht ersetzen. Die neulich großspurig von Huawei präsentierte künstliche Intelligenz, die Schuberts *Unvollendete* zu Ende komponieren sollte, hat zwar interessanterweise ein durchaus glaubwürdiges Stück Musik ausgespuckt, das aber nicht im Ansatz nach Schubert klingt. Wie allerdings genau der Kompositionsprozess ablief und was die ausführenden Musiker beisteuerten, wird nicht ganz offengelegt. Waren mal wieder die Spieler schuldig? Ihretwegen hatte sich die klassische Musik vielleicht über die Jahre den Ruf des Langweilers erworben: weil nämlich schlechte Musiker gute Stücke zu Langweilern machen. Dann denkt man: Haydn? Ja nett, ist seicht. Ist halt so Omamusik. Ist er aber gar nicht. Es sei denn, Ihre Oma war eine herzensgute und dabei saucoole, selbstbewusste Ewig-Junggebliebene, die auf Partys einen Witz nach dem anderen riss, aber auch das leckere Tapas-Buffet zu verantworten hat. Komponisten sind sowieso Starköchen nicht ganz unähnlich: Manche vervollkommnen bisherige Schulen (Bach), andere wagen etwas ganz Neues (Beethoven), manche werden für einzelne Rezepte weltbekannt (Ravel), andere entwickeln oder vervollkommnen gewisse Techniken (z. B. Berlioz im farbenfrohen Gebrauch der verschiedenen Instrumente). Nur Rossini wagte, letztlich die Grenze zu überschreiten, das Komponieren aufzugeben, die Rolle zu wechseln und nur noch Rezepte zu entwickeln

Wir brauchen sie zwar alle, die Köche, die ausführenden Künstler, die Geldeintreiber, die Kartenabreißer, die Notensetzer, aber ohne die Komponisten wäre es alles etwas umständlich. Und darum will ich mich ihnen auch zuerst widmen. Viele sind über die Jahrhunderte auf den Sockel gehoben worden, Mozart, Beethoven und wie sie alle heißen. Johann Sebastian Bach wurde als erstem Komponisten überhaupt ein Denkmal gesetzt. Dann kam immer mehr raus, und man schaute hinter den Vorhang und in die Notenbank. Man entdeckte in manchem Nachlass Briefe, die auch heutige Internet-Abgebrühte erröten lassen, und Notenskizzen, die zwar den großen Künstler, jedoch nicht im Bereich der Musik, sondern eher in abstrakter, dekonstruktivistischer Malerei ausweisen. Hängen Sie sich doch mal ein paar Vorstudien von Beethoven an die Wand! Den Jackson Pollock können Sie verkaufen; steht ohnehin gerade gut im Kurs. Dabei möchte ich mich jetzt schon bei manchen Liebhabern entschuldigen: Der eine oder andere Komponist bleibt im ersten Kapitel und auch im Rest des Buchs unerwähnt. Sehen Sie es mir nach! Damit ein wenig Ordnung in die Sache kommt, versuche ich immerhin, weitgehend chronologisch zu bleiben.

13. Grund

Weil nicht immer Metropolen den Ton angeben müssen

Keine Chance! Wer heute in seinem Lebenslauf als Ausbildungsstationen »Eisenach, Ohrdruf, Arnstadt, Weimar, Köthen, Leipzig« angibt, den würde die Personalabteilung bei der Stellenbesetzung gleich aussortieren. Dem nähme man keine Karriere von Weltgeltung ab, keine Erfahrung mit den Arbeitsmethoden verschiedener Länder, kein Horchen am Puls der Zeit, keine internationale Vernetzung mit den besten Künstlern auf den wichtigsten Posten. Und doch konnte Johann Sebastian Bach all dies vorweisen und uns zudem ein musikalisches Erbe hinterlassen, das überwältigt. Über 1000 Werke sind erhalten, viele weitere verschollen. Es ist aber nicht die schiere Masse, sondern der kompositorische Reichtum, der – aus heutiger Sicht – seine Komponistenkollegen überstrahlt. Bach gelang es, bestehende Stile und Kompositionsweisen zu vervollkommnen, höchsten technischen Anspruch mit höchstem Ausdruck zu vereinen. Er zieht ein Resümee der Barockmusik und stellt galant die Weichen für kommende Komponistengenerationen, und zwar künstlerisch wie familiär: Ohne seine Söhne Wilhelm Friedemann (der »Hallesche« oder »Dresdner Bach«), Carl Philipp Emanuel (der »Berliner« oder »Hamburger Bach«, Johann Christoph Friedrich (der »Bückeburger Bach«) und Johann Christian (der »Mailänder« oder »Londoner Bach«), die ihm bald in der Publikumsgunst den Rang ablaufen sollten, wäre auch der anschließende Weg der Musik hin zu Haydn, Mozart und schließlich Beethoven ein anderer gewesen.

Bachs eigene Karriere lief in der Tat nicht ganz so, wie er es sich erhofft hatte. Immer wieder war er unzufrieden und bewarb sich fort. Seine letzte und letztlich wichtigste Stelle als Thomaskantor in Leipzig hatte er nur mit Glück erhalten und wollte eigentlich auch nicht lange bleiben. Lieber hätte er in Dresden den Posten des Hofkomponisten des sächsischen Königs übernommen. Dann hätte er sich auch nicht mehr mit den nichtsnutzigen Schülern an der Thomasschule und dem bornierten Rat der Stadt Leipzig herumärgern müssen. Immer war zu viel zu tun. Und zu wenig Geld dafür da! Für seine Musiker wie für ihn. Auf den wirklich einträglichen Stellen saßen andere. Die Publikumsmassen jubelten anderen zu. Schwang auch ein bisschen Wehmut mit, als er seine Stücke »Soli Deo Gloria« (nur dem Ruhm Gottes) widmete? Wollte er in Leipzig in der (Thomas-)Kirche ausleben, was ihm bisher versagt blieb: eine Oper zu komponieren?

Wir schreiben das Jahr 1724 – in anderen Städten kennt man schon länger diese moderneren Passionen: neu, musikalisch aufwendig, ein wenig gewagt, nicht ohne einen gewissen weltlichen Charme und vielen viel zu opernhaft. Leipzigs Kirchenobere misstrauten musikalischer Pracht und wollten kein Theater vor dem Altar. Aber mit seiner *Johannes-Passion* gewinnt Bach die Herzen der Zuhörer und treibt ein paar Jahre später mit der *Matthäus-Passion* das Spiel mit weltlichem Ausdruck in der Kirchenmusik auf die Spitze. Dass Bachs Stil »altbacken, überladen und verkünstelt« sei, hätte das Leipziger Publikum gewiss nicht bestätigt.

Unter den Komponistengenerationen, die Bach nachfolgten, kursierten seine Werke und wurden fleißig studiert, doch im Konzert war er bald praktisch nicht mehr zu hören. Dass sich das 79 Jahre nach seinem Tod ändern sollte, ist eben dieser *Matthäus-Passion* zu verdanken – und dem 20-jährigen Felix Mendelssohn Bartholdy (siehe 58. Grund), der mit ihrer Wiederaufführung im Jahr 1829 in Berlin die Weichen für die erste Bach-Renaissance stellte. Deren zweite große Welle ab den 1950er-Jahren kann man zwei Phänomenen in Rechnung stellen: der Schallplatte und der »historisch informierten Aufführungspraxis«, vereinfachend manchmal Originalklangbewegung genannt, die instrumentenbau- und spieltechnisch die Uhren zurückdrehen und rekonstruieren möchte, wie es denn wohl seinerzeit wirklich geklungen haben mag.

»Bach, das ist Anfang und Ende aller Musik« – und Tourismusfaktor. Gleich mehrere Städte schmücken sich mit ihm, allen voran Leipzig, wo das erste Bachdenkmal aufgestellt wurde, und Eisenach, wo sein Geburtshaus steht. Na ja, mittlerweile ist man sich gar nicht mehr so sicher, ob Bach überhaupt jemals dort gelebt hat. Sehenswert: trotzdem. Allein, um sich vor Ort mal klarzumachen, in was für kleinen (und auch reichlich grauen) und abgelegenen Verhältnissen diese Überfigur der Musik aufwuchs.

14. Grund

Weil uns der übermenschliche Mozart das menschliche Maß gibt

Ihnen schwant bestimmt schon, dass Mozart mir viel bedeutet. Und da bin ich nicht allein. Ich kann gut verstehen, dass er auf viele erst mal belanglos, zu seicht, gar einschläfernd wirkt. Doch ich bin wohl nicht allein, in ihm nicht nur den »größten Komponisten aller Zeiten« zu sehen, sondern einen der größten Künstler überhaupt. An dieser Stelle sehe ich schon den Bachfans das Blut in die Nüstern steigen. Ich gehöre auch zu ihnen. Aber wie kann man überhaupt Bach in die eine und Mozart in die andere Waagschale legen? Nein, ich bleibe bei meinem Urteil und pflichte Bernhard Neuhoff von BR-Klassik aus vollem Herzen zu, der von Mozart so schön sagt, dass er »der Sonder- und Glücksfall unter den Komponisten ist, Gegenstand eines Staunens, das wächst, je mehr man von ihm kennt, und einer Sucht, die zunimmt, je mehr man ihr nachgibt«[3]. Seine Genialität beruht nicht nur im technischen Verstehen der Zusammenhänge und Möglichkeiten musikalischer Strukturen; schließlich finden sich bei kaum einem Komponisten so wenige »schwache« Stücke. Mozarts Kunst ist darüber hinaus durchdrungen von einer tiefen künstlerischen Einsicht, von Menschlichkeit und dem großen Talent, Unvereinbares vereinbaren zu können. In ihr kommt musikalisch zur Sprache, was sich sonst den Worten verweigert. Huch, da habe ich gerade ungewollt ein Zitat von Victor Hugo verstümmelt. Der sagte über Musik im Allgemeinen: »Musik drückt aus, was nicht gesagt werden kann und worüber zu schweigen unmöglich ist.« Den musikalischen Beweis tritt übrigens der finnische Komponist und Sänger M. A. Numminen an. Er wagte sich an eine Vertonung des berühmten letzten Satzes aus Wittgensteins *Tractatus logico-philosophicus*: »Wovon man nicht sprechen kann, darüber muss man schweigen.« Hören Sie mal beizeiten rein! Aber vorher gut kauen und runterschlucken!

Nicht nur Psychologen lassen in letzter Zeit häufiger den Begriff »Ambiguitätstoleranz« fallen. Das meint, wenn man Widersprüchliches aushält; es ist vor allem auf Fernreisen von Nutzen. Mozart konnte Ambiguitäten nicht nur freilegen, sondern uns mittels seiner Musik diese verstehen, erkennen und umarmen lassen. Sinngemäß: Ja, so ist das nun mal mit der Welt und den Menschen; und es ist ganz schön gut so. Am deutlichsten werden da natürlich seine Musiktheaterstücke. Nie sind die Rollen nur böse, nur gerecht, nur rachsüchtig oder herzensgut. Immer gibt es da noch etwas Relativierendes, was nur in der Musik über sie gesagt wird. So kann er uns Schlimmstes unterjubeln. In der »Märchenoper« Zauberflöte haben wir es nicht nur mit Lügen, Verkleiden und Hintergehen zu tun, sondern mit Selbstmord- und Vergewaltigungsversuchen und Anstiftung zum Mord. Kein Kinderstück, gell? Es geht vielmehr über Standesschranken hinweg um Toleranz, Frieden und Freiheit. Zeitlose Themen, oder nicht? So will ich jedenfalls meinen und hoffen. Dabei hat Mozart gar nicht für die Ewigkeit, sondern für konkrete Besetzungen geschrieben. Er wusste schon, bevor er loslegte, wer sang: »... ich liebe, daß die aria einem Sänger so accurat angemessen sey, wie ein gutgemächts kleid.« So konnte er auch für den ersten Figaro, gespielt von Francesco Benucci, der auch den ersten Leporello im *Don Giovanni* sang, besonders schnell zu artikulierende Passagen schreiben, vor denen sonst manch anderer kapituliert hätte – und es heute auch noch tut.

Ich fühle mich jedenfalls selten besser als nach einem langen Mozartabend. Dann könnte ich die Welt umarmen. Hirnforscher erklären auch das: spirituelle Vorgänge in den Frontallappen. (siehe 19. Grund) Doch warum war Mozart soooo gut? Sei es für den »schaffenden« oder den »nachschaffenden« Musiker, also komponierend oder diese Kompositionen ausführend: Für alle gilt die 10.000-Stunden-Regel. Vor Ablauf dieser Übefrist ist kein Meister vom Himmel gefallen. Mozart war seinen Mitstreitern voraus, weil er durch seinen Vater so früh und sorgfältig ausgebildet wurde.

Er konnte als Teenager bereits mehr Stunden an der Notenfeder nachweisen als manche heutigen Tonsetzer beim Abschluss ihres Studiums. Bei Mozart keine besondere Begabung anzunehmen (ja, es gibt auch Forscher, die so was behaupten), ist für manche ein Sakrileg. Aber sagen wir es mal andersherum. Damit am Ende so was bei rauskam, musste bei Mozart erst mal schon ganz schön viel zusammengekommen sein: Fokussierung, Interesse, Glück, Publikumsresonanz, Bildung, Erziehung, Training. Vielleicht sollte man bei künftigen Mozart-Standbildern doch seinen Vater irgendwie mitehren. Wäre das dem Wolferl recht?

15. Grund

Weil auch Greise den Champagner perlen lassen können

Schauen wir uns mal als Beispiel Mozarts Klavierkonzerte an – das ist noch keine Programmmusik. Ach so? Was Programmmusik ist? Das soll einfach heißen: Bevor sich der Komponist ans Werk machte und Noten auf die Linien schrieb, lag ihm schon eine außermusikalische Geschichte, ein romantischer »Plot« vor oder eine Abfolge von Emotionen, an der er sich musikalisch entlanghangeln wollte. So tat es z. B. Richard Strauss in seiner *Alpensinfonie*: Dort hören wir die Vertonung einer Bergwanderung, inklusive Unwetter und Kuhglocken. Aber zurück zu Mozart. Dieser hingegen erzählt eine rein »musikalische« Geschichte. Doch warum kann uns diese Musik trotzdem so unmittelbar und fast drastisch treffen? Diese Wirkung ergibt sich aus ihrer inneren Verwandtschaft zu unserem Leben, Handeln und Empfinden. Alles in Mozarts Musik ist am menschlichen Maß orientiert – übrigens auch in seinen Stücken, die er für die Kirche geschrieben hat. Alle Tempi können auf einen Menschen in Bewegung bezogen werden, der mal schreitet, mal tanzt, mal stolpert, sich erschöpft hinsetzt, den Freund umarmt oder sich genervt mit der Hand vor die Stirn klatscht. Jede musikalische Floskel ist so wie eine Geste und gemahnt an etwas, was wir gewissermaßen schon in unserer Muskelerinnerung haben. Aus diesem Grund ist Mozart so vielen Menschen zugänglich, ohne dass sie das anhand bestimmter Noten begründen können. Und zu diesem Zweck sollte auch seine Musik immer als natürliche Geste musiziert werden. Man kann halt nicht in Zeitlupe stolpern. Das wäre dann Slapstick.

Doch Vorsicht – jetzt werde ich noch pathetischer! Letztlich berührt uns dann doch der musikalische *Gehalt* der Stücke Mozarts, das, was sie uns mithilfe all der Gesten über uns, über das Leben, die Liebe, den Humor, das Schicksal sagen können. Und da braucht es Persönlichkeiten, die zwischen Welt und Musik Bezüge herstellen können und denen Notentreue bedeutet: das lesen zu können, was zwischen den Notenzeilen steht – statt wie manche Shakespeare-Bearbeiter ein Drama auf eine Pantomime runterzukürzen, da ja »alle Gefühle auch durch Mimik darstellbar« seien.

Nehmen wir mal einen der geschätzten alten Männer am Klavier: Vladimir Horowitz. Hier und da wirkt es, als habe nicht er die Musik, sondern die Musik ihn in ihrer Gewalt; und gleichzeitig suggeriert er bei aller Flüchtigkeit noch zusätzliche Tiefe. Ist das der Trick bei Mozart: sorgfältig, aber nicht allzu deutlich zu sein? Mozarts Witze darf man nicht erklären, man sollte sie ungezwungen wie Champagnerperlen aufsteigen und zerplatzen lassen. Bei einer Plattenaufnahme sieht man Horowitz, den kleinen, grauen Mann mit dem Lausbubenlächeln, wie er einen ungeheuren Spaß hat, z. B. bei einer flotten Fagottstelle mitdirigiert und seine Fehler nicht so ernst nimmt. Gehe ich zu weit, wenn ich hier den »greisen Mozart« zu erkennen meine? Da uns nicht mehr der Komponistenschalk im Nacken sitzt, soll es nun der Interpretenschalk sein. Wenn von Zeitgenossen oder von Mozart selbst über seine Konzerte berichtet wurde, dann hört man von lautem Lachen und von Szenenapplaus. Tränen kullerten, man war begeistert. Übrigens nicht nur bei der Kadenz, in der der Virtuose sein Können beweisen durfte, sondern auch bei besonders gewitzten Einfällen! Und darauf hatte es Mozart auch angelegt; 1782 schrieb er seinem Vater noch lange vor irgendeiner Rechtschreibreform: »Die Concerten sind eben ein Mittelding zwischen zu schwer, und zu leicht – sind sehr Brillant – angenehm in die ohren – Natürlich ohne in das leere zu fallen – hie und da können auch kenner allein satisfaction erhalten – doch so daß die Nichtkenner damit zufrieden seyn müssen, ohne zu wissen warum.«

16. Grund

Weil man die Hoffnung nicht aufgibt, wenn man weiß, dass auch Taube Meisterwerke komponieren

Im Arbeitszimmer von Ennio Morricone, dem italienischen Komponisten, der unser Bild von der Mundharmonika so entscheidend geändert hat (*Spiel mir das Lied vom Tod*), steht ein Flügel. Darauf stapeln sich die Noten. Man müsste erst mal aufräumen, wenn man spielen will. Macht aber nix. Morricone braucht den Flügel nicht zum Komponieren; das macht er direkt auf Papier. Nicht, weil er taub wäre, sondern (ist ja immer der beste Grund): weil er es kann. Der energische Beethoven hingegen verzichtete auch in ertaubten Zeiten nicht aufs Klavierspiel, was die habsburgische Schallschutzindustrie vor ganz neue Herausforderungen stellte. Konnte sich Haydn noch allabendlich am Spiel eigener Stücke erfreuen und so seine Schmerzen lindern, wird für Beethoven der Hörverlust schon früh zu einem eher seelischen als musikalischen Problem. Er verliert den Kontakt zu den Menschen, nicht zur Musik. Sogar Proben und Konzert leitet er weiterhin, dirigiert gerne mal viele Takte voraus oder hinterher. Und natürlich komponiert er. Zunächst, als der Verlust noch nicht vollständig war, scheint er auch in den Kompositionen die Mittellage zu präferieren und höhere Töne zu vermeiden. Doch später, als er nichts mehr hört, greift er klanglich wieder nach den Sternen. Auch sein bekanntestes Werk entstand in völliger Taubheit. Manche sagen, das höre man. Die »Neunte« stellt den Chor in der Tat vor sportliche Herausforderungen. Man merkt, dass Beethoven mit Saiten vertrauter ist als mit Stimmbändern. Mal muss man in unübliche Höhen hinauf, dann gilt es, Sprünge und Läufe zu meistern, die auf Instrumenten kein Problem wären.

Beethoven war keineswegs der einzige taube Komponist. Gabriel Fauré war am Ende praktisch taub, Ralph Vaughan-Williams auch. Bei Letzterem waren wohl die Bomben des Ersten Weltkriegs Mitverursacher. Doch viele Komponisten mussten es sich selbst anlasten, denn oft schlug sich die Syphilis, mit der sich so viele (z. B. Schubert, vielleicht auch Mozart) angesteckt hatten, auch aufs Gehör nieder.

Bedřich Smetana hat seine Ohrprobleme in seine Komposition einfließen lassen, und zwar in sein Streichquartett *Aus meinem Leben*. Kurz vor Schluss, die Musik läuft gerade richtig gut, gibt es einen harten Schnitt, und die erste Geige spielt ein hohes *e*: Tinnitus. Zur vorigen Freude kehrt der Satz nicht mehr zurück. Zu allem Überfluss handelt es sich bei seinem Ohrgeräusch nicht um ein halbwegs unbestimmtes Rauschen, sondern um ein musikalisch fassbares Pfeifen: einen Sextakkord in As-Dur. Wie unangenehm. Bei seinem zweiten Streichquartett ist Smetana dann schon gänzlich ertaubt. Dass Mozart hingegen im Kopf alles immer schon fertig komponiert hatte und dann nur noch aufschreiben musste, ist eine beliebte Legende. Irgendwer hat bei ihm einfach besser aufgeräumt. Heben Sie etwa jeden Notizzettel auf?

17. Grund

Weil auch die zweite Reihe beste Plätze bietet

Woran liegt es, dass manche Komponisten heute kaum noch bekannt sind, obwohl sie etliche Stücke geschrieben haben, die sich auf Augenhöhe mit den besten ihrer Zunft bewegen? Der eine war vielleicht zu bescheiden, der zweite interessierte sich zu wenig für das Publikum, der dritte hatte nicht die richtigen Freunde zur rechten Zeit; andere hatten die bessere Publicity. Carl Reinecke, Ferruccio Busoni und Ernst von Dohnányi gehören verschiedenen Generationen an, teilen in ihren Biografien jedoch etliche Parallelen: hochbegabte Kinder, in der Jugend hervorragende Pianisten, die früh nebenbei zu komponieren begannen und auch gerne bald Orchester leiteten.

In der Fülle der Jubilarkomponisten (W. F. Bach, Cherubini, Chopin, Fux, Graupner, Mahler, Nicolai, Pergolesi, Schumann, Silcher, Wolf etc.) war es im Jahr 2010 niemandem anzukreiden, den 100. Todestag von Carl Reinecke übersehen zu haben. Geboren wurde er im gleichen Jahr wie Bruckner und Smetana (1824); er ist damit der älteste Pianist, von dem noch Tondokumente erhalten sind. Vor allem seine Interpretationen von Klavierstücken seines Freundes und Mentors Robert Schumann sind ein unschätzbares, authentisches Zeugnis, da man von Schumann weiß, wie sehr er Carl Reineckes Klavierspiel schätzte. Als 17-Jähriger, der bisher nur von seinem Vater unterrichtet wurde, zog er zum ersten Mal nach Leipzig, zu seinen Idolen und Förderern Felix Mendelssohn Bartholdy und Robert Schumann, war bald dänischer Hofpianist und übernahm 1860 nach weiteren Stationen in u. a. Köln und Breslau die angesehene Stelle des Gewandhauskapellmeisters in Leipzig. Nebenbei unterrichtete er am dortigen Konservatorium Klavier und Komposition. Die prominenten Studenten aufzureihen ist müßig; Grieg, Janáček, Albéniz, Bruch, Delius, Sullivan, Weingartner, Riemann etc. etc. Man müsste eher erwähnen, wer nicht zu ihnen zählte. Mehr als 300 Werke hat er veröffentlicht, in jeder musikalischen Gattung von Duo bis Oper, auch viele Bearbeitungen und Konzertkadenzen. Dass er bei so unterschiedlichen Naturellen wie Schumann und Liszt hoch im Kurs stand, bezeugt vielleicht am besten seine Qualitäten. Er muss bei seinem immensen musikalischen Gespür außerordentlich bescheiden und uneitel gewesen sein. So war ihm auch jedes seichte Virtuosentum ein Gräuel. Hier ein hübsches Beispiel zum Reinhören: 18 Jahre nach seiner ersten Sonate für Violoncello und Klavier schrieb Reinecke 1866 seine zweite. Sie entstand somit fast gleichzeitig mit der ersten von Johannes Brahms, dem Reinecke schließlich seine dritte widmete, allerdings erst nach dessen Tod. Auch die zweite Sonate op. 89 scheint sich um Begräbnis und Trauer zu drehen. Düster beginnt sie im *Lento*, dessen Ideen aber im anschließenden *Allegro molto moderato* fast unbeschwert und zurückgelehnt verhandelt werden. Im zweiten Satz dreht sich der Spieß um: Mit neuem Schwung geht es los, doch es folgt ein Trauermarsch. Diese *Quasi fantasia* überschriebene Episode hat einen für eine Sonate ungewohnt erzählerischen Duktus; Reineckes Freund und Biograf Wasielewski nannte sie einen »Bardengesang mit Harfenbegleitung«. Hier die musikalische Nähe zu Robert Schumann zu leugnen wäre sinnlos. Dieser bestätigte in der Tat: »der weiß meine Sachen schon auswendig, ehe ich sie componirt habe«, betraute ihn mit Transkriptionen seiner Stücke »weil Sie mich verstehen wie wenige«. Sich selbst hielt Reinecke nicht für besonders kreativ oder gar genial. Wichtiger waren ihm sowieso handwerkliches Können und geschmackvolle Umsetzung. Ihm wurde einst ein junger Pianist namens Ferruccio Busoni – halb Italiener, halb Deutscher, musikalische Idealgene also nach damaliger Vorstellung – ans Herz gelegt. »Ich will für Busoni das tun, was Schumann für mich tat«, war Reineckes Antwort. Später widmete Busoni ihm seine Chopin-Variationen op. 22.

18. Grund

Weil Busoni ein guter Schüler war

Busoni (1866–1924) wurde lange nicht als Komponist ernst genommen, stand im Schatten seines eigenen, großen Ruhms als Pianist, wurde schon als Kind die »entzückendste Miniaturausgabe von Liszt, Rubinstein und Brahms« genannt. Heutzutage kennt man ihn in erster Linie als Lehrer von Kurt Weill, aber vor allem als jenen »Bach-Busoni« der Bearbeitungen. Vielleicht hätte er nicht weitere Stücke komponieren, sondern nur schlechter Klavier spielen müssen, denn auch unter den Kompositionswunderkindern war Busoni eines der fleißigsten. Mit 20 Jahren hatte er bereits eine Fülle von Stücken geschrieben. An dieser Schwelle vom Begabten, über den man staunt, zum Könner, von dem man Neues, Aufregendes erwartet, entstand 1886 die *Kleine Suite in d-Moll.* Wie es sich für eine Suite gehört, nimmt sie Barockes auf, in diesem Fall gleich unüberhörbar im ersten Satz (*Moderato*), dessen Gestus mehr als nur an Bach gemahnt. Überhaupt war diese Epoche für Busoni zeitlebens zentral, gerade die barocke Kontrapunktik hatte es ihm angetan. Der zweite Satz (*Andante con grazia*) ist dann aber eher ein Wiegenlied als ein Tanzsatz – wie es eine barocke Suite eigentlich vorgäbe –, der dritte hingegen ausdrücklich als »Altes Tanzliedchen« überschrieben. Im vierten Satz nimmt sich das Cello Zeit für einen weit ausgreifenden, wehmütigen Abschiedsgesang, gegen den auch der lebhafte letzte Satz absichtlich nicht mehr ankommt, sondern eher wie ein letztes Aufbäumen wirkt. Beide Instrumente begegnen sich in dieser Suite immer auf Augenhöhe; virtuoses Streiten tritt völlig in den Hintergrund. Oft wirkt die Cellostimme eher wie eine ergänzende, mittlere, dritte Hand im Klaviersatz. Die großen dialogischen Bögen, die oft in Stücken dieser Besetzung zu finden sind, umgeht Busoni schon in der Anlage als Suite, die im Gegensatz zur Sonate nicht die Verarbeitung des zuvor vorgestellten Materials in den Vordergrund stellt.

Was passiert, passiert auf kleinem Raum, Ökonomie ist dabei gefragter als restlose Aufklärung von musikalischen Problemen. Würze und Humor erhalten die Suitensätze vor allem durch allerlei Sand im Getriebe: durch das vielfältige Spiel mit dem Metrum – Überbindungen und Synkopen versuchen, den Hörer in die Irre zu führen –, durch eine in ihrer Bewegung oft gestörte Motorik der Stimmen, durch eine stark an Brahms erinnernde »Formunschärfe« und durch die reiche, Brahms schon deutlich hinter sich lassende Harmonik. Alles zusammen führt zu einer Musik, die sich in ihrer Mischung aus spätromantischem Übermut und klassischer Beherrschtheit ständig und absichtlich in die Gefahr begibt, auseinanderzubrechen. Die Wirkung hängt hier besonders vom Interpreten ab, dem Busoni deshalb auch nicht Anweisungen wie »a piacere« (nach Belieben) und »delicatamente« erspart. Die Parallelen zur Biografie sind aber nur Zufall; im Alter von 58 Jahren gab Busonis Körper auf, die Warnungen der Ärzte vor zu viel Rauchen und Trinken waren verhallt.

Wie Busoni steht auch Ernst (als Ernö 1877 in Ungarn geboren) von Dohnányi mit einem Fuß noch fest in der Romantik; mit dem anderen prüft er schon mal neues Terrain. Anders als seine Landsleute Bartók und Kodály orientierte er sich vor allem an Brahms. Dieser hat sich 1895 über sein op. 1 (ein Klavierquintett) sehr positiv geäußert. Vier Jahre später schrieb Dohnányi sein Opus 8, die Sonate in B-Dur für Violoncello und Klavier. Der erste Satz beginnt gebändigt im Unisono (d. h. alle spielen dasselbe), erste Funken im Klavierpart entzünden aber bald ein Lodern, das gerade dem Pianisten viel abverlangt und erst am Satzende wieder zur Ruhe findet. Das Scherzo bildet mit seinem fast durchgehenden Sechzehntelpuls und einem sehr beharrlichen Cellothema für das zart-arienhafte Adagio einen mehr als heiteren Rahmen. Man könnte eher sagen: einen überdrehten Rahmen. Das Adagio hingegen gibt der Cellostimme Gelegenheit, das Thema des Eingangssatzes noch einmal gelassen zum Besten zu geben; dieser Satz ist auch nicht so dicht gewoben, nicht so voll von motivischen Bezügen. Ihren Höhepunkt findet diese Sonate aber in den Variationen des Finales, in denen alle anderen Sätze noch einmal verarbeitet werden. Dohnányi betont viel stärker als die beiden »anderen Romantiker« das Dialogische, die Konflikte zwischen den Stimmen. Wie in einem jener Duelle aus alten Mantel-und-Degen-Filmen: Auf den ersten Blick wird zwar mit den Hiebwaffen gefochten; der eigentliche Kampf ist aber der geschliffene Dialog mit Pointen und Seitenhieben.

Wie soll man Dohnányis Musik stilistisch einordnen? Manches ist klare Spätromantik, anderes schon Avantgarde. Da schaut dann doch der eine oder andere Geist der Kompositionsgeschichte um jene Ecken, an denen er sich selbst wohlfühlte: Schumann bei ruhigen, elegischen und Brahms bei den lebhaften Stellen und in den Variationen. Als Ungar kann Dohnányi hin und wieder seine Heimat nicht verleugnen – wenn er auch längst nicht so deutliche (und laute!) Bezüge wie Bartók und Kodály herstellt. Sein Ton erinnert manchmal an Liszt, dann dreht Dohnányi die Schraube aber weiter und übersteigert absichtlich ins Groteske (allerdings eher bei späteren Stücken). Die einen nannten ihn einen Epigonen, der nur noch die Stücke zu komponieren versucht, zu denen Brahms nicht mehr kam; andere lobten seine satten Farben und seine Technik als besonders ausgereift, reich an Einfällen und Schattierungen. Harmonisch wollte er bei allem Fortschritt nicht provozieren. Man muss ihn zumindest in der Formauswahl als Traditionalisten bezeichnen. Den Fortschritt suchte er in der Füllung der Form.

19. Grund

Weil man auch als Atheist an Bach glauben kann

Nicht nur Mathematiker verehren Johann Sebastian Bach. Der hat so kompliziert mit Noten gerechnet, dass das Buch *Gödel, Escher, Bach* von Douglas R. Hofstadter ein Bestseller wurde, den wahrscheinlich nur wenige komplett gelesen haben. Es beschäftigt sich mit »selbstähnlichen Schleifenstrukturen« in der Mathematik (Kurt Gödel), in der darstellenden Kunst (M. C. Escher) und Musik (Bach). Und es kommt zu dem Schluss, dass Bachs *Kunst der Fuge* rein rechnerisch von keinem Computer jemals kompositorisch zu bewältigen wäre. Aber das Buch ist ja auch von 1979.

In Bachs Kantaten und Oratorien kann man aber auch als Nicht-Mathematiker und/oder Ungläubiger Trost, Stütze und Sinn finden, ja sogar gelegentlich ein gewisses Gefühl der Erleuchtung und »Verbindung mit dem Unendlichen« erfahren. Hirnforscher haben Erklärungen zur Hand. Es werden jedenfalls (bei manchen (manchmal)) ähnliche Hirnareale angeregt wie bei eindringlichen religiösen Erfahrungen. Nikolaus Harnoncourt sagte einmal, dass Kunst ohne Religion nicht denkbar sei. Das würde Aufnahmeprüfungen an den Musikhochschulen allerdings vor nicht unerhebliche Bekenntnisprobleme stellen. Ich möchte einen Schritt weitergehen und sagen: Bachs Musik überschreitet Religion; Musiker und Hörer können sie für ihre Zwecke nutzen und haben kein Bekenntnis nötig. Musikkritiker Alex Ross ahnt, warum uns Bach so nahe geht: Er tröste nicht, er fühle mit, sei keine unergründliche Gottheit, die uns vom Firmament angaffe, sondern jemand, der mit uns durch die dunkle Nacht spaziert.

Ganz anders sah man das mit dem Bekenntnis natürlich in der Entstehungszeit der Stücke. Wir schreiben das Jahr 1724. Seit einem Jahr ist Johann Sebastian Bach Thomaskantor in Leipzig; seit zwei Jahren wird in den Hauptkirchen Leipzigs etwas Neues, Revolutionäres am

Karfreitag präsentiert: die oratorische Passion! Gewagt, neumodisch! Diese revolutionäre Art der Vespermusik, dieses sinnliche Verkünden bedient sich ungeniert bei der italienischen Oper. Trotz Bachs enormen Arbeitspensums in seinen ersten Leipziger Jahren kann er auf diese Entwicklung reagieren und schreibt in nur sechs Wochen eine Passion, die sich am Johannesevangelium orientiert. Dazu vertont er nicht nur Texte aus der Bibel, sondern auch zeitgenössische Dichtung, nämlich den damals bereits beliebten Passionstext *Der für die Sünde der Welt Gemarterte und Sterbende Jesus* des Hamburger Ratsherrn Barthold Heinrich Brockes. Bach nutzt die Möglichkeiten der neuen Gattung nicht nur voll aus, sondern erweitert sie sogleich und gibt dem Ganzen seinen eigenen Bach'schen Touch. So werden schon die Rezitative und Choräle außergewöhnlich sorgfältig zum jeweiligen Affekt der Textstelle passend geformt, der harmonische Ausdruck bis an die Grenzen des damals Verständlichen ausgereizt. In den Arien und Chören schließlich zieht Bach alle musikalischen Register, um die Qualen auf dem Kreuzweg sinnlich miterlebbar zu machen. Bis 1749 hat Bach seine *Johannes-Passion* mindestens fünfmal aufgeführt. Da er jedes Mal vor neue Aufführungsbedingungen gestellt war und auch auf besondere Wünsche der Obrigkeit in Leipzig reagieren musste, passte er das Werk an. Arien wurden gestrichen oder neue eingebaut, Chöre und Choräle ausgewechselt, Rezitative umgeschrieben oder die Instrumentation verändert. Was man heute in der Kirche an Ostern hört, hat Bach selbst wohl nie so zu Ohren bekommen, denn die in der *Neuen Bach-Ausgabe* (so nennt sich das Hauptorgan des Bach-Corpus) veröffentlichte – und heute meistgespielte – Version verknüpft mehrere dieser Fassungen. Besonders interessant ist wohl die Fassung von 1725. Hier setzt Bach die Erzählung um einen fadenscheinigen Kriminalprozess mit folgender Hinrichtung in ein noch bedrückenderes Licht, verschiebt den Akzent auf das Leiden des Einzelnen – und auf dessen Erlösung. Warum Bach diese Änderungen in späteren Jahren wieder rückgängig gemacht hat, ist leider nicht mehr zu klären. Vielleicht war die

Fassung einfach in dem riesigen Haushalt und Schulgebäude irgendwo verbummelt worden. Wie hat er überhaupt Zeit und Muße zum Komponieren finden können? Vielleicht war es ja auch gut so. Man mag sich nicht vorstellen, zu welchen Leistungen der alte Thomaskantor in einem *Sabbatical* fähig gewesen wäre. Wahrscheinlich hätten danach alle anderen Komponisten einfach aufgegeben. Vielleicht konnte seine Schaffenskraft aber erst in der (Zeit-)Beschränkung den nötigen Gegendruck spüren.

20. Grund

Weil sich auch für Komponisten der Rückspiegel lohnt

Felix Mendelssohn Bartholdy muss unglaublich talentiert gewesen sein. Ich finde ja, er hat immer noch nicht genug daraus gemacht. Aber da stehe ich fast alleine da. Vielleicht, weil er doch ein wenig zu sehr nach hinten schaute, weil er wie kaum ein anderer verstand, was die Alten geleistet hatten. So hat er uns immerhin zur Bach-Renaissance verholfen, indem er in den 1820ern erst die Marketingmaschine anwarf und dann mit nichts Geringerem als dem allerdicksten der Bach'schen Werke, der *Matthäus-Passion*, die große Bühne suchte. Es wurde eine Riesenerfolg.

Es wird sogar gemunkelt, Mendelssohn habe bei dieser Aufführung aus Versehen die falsche Partitur dabeigehabt und dann die gesamte Passion auswendig dirigiert. Zuzutrauen wäre es ihm; schließlich hat er den alten Schinken durch- und teilweise umgearbeitet, damit das Publikum nicht ganz so viele dröge Barockrezitative ertragen muss. Andere Pultstars hätten da nur mit der Schulter gezuckt; Arturo Toscanini dirigierte vor allem in späteren Jahren grundsätzlich auswendig – nicht weil die bis dato in seinem Repertoirecortex abgespeicherten Stücke immer zahlreicher, sondern weil seine Augen schlechter wurden. Mendelssohns Fassung der *Matthäus-Passion* ist übrigens erhalten; und es gibt mittlerweile auch Aufnahmen. Das wäre dann historische Aufführungspraxis im doppelten Sinne: eine Rekonstruktion der Rekonstruktion. Das Geforsche nimmt dem Stück aber nichts von seiner Wucht. Nicht nur als Musikarchäologe, sondern auch als Komponist schaut Mendelssohn zurück und schreibt Stücke, in denen klassische oder gar barocke Luft weht. Er war insofern seiner Zeit vielleicht voraus und wird auch manchmal der »letzte Barockkomponist« genannt. Ich finde aber, das passt nicht. Er sprang halt nicht auf jeden Zug auf, sondern wusste aus der Geschichte zu schöpfen. So auch im folgenden Beispiel: Um 1830 gab es eine kleine Krise. Das Oratorienschaffen in Deutschland wollte nicht so richtig vom Fleck kommen. Es mangelte nicht an der Masse der neuen Werke, sondern an frischen, richtungsweisenden Ansätzen. Dies war genau der richtige Moment für den 23-jährigen Felix Mendelssohn, sich mit einem solchen Werk in die Riege der geachtetsten Komponisten einzugliedern. Denn ein Oratorium war das Maß der Dinge, wurde im Konzert noch höher geschätzt als eine Sinfonie. Mit seinem *Paulus* hatte er dann auch durchschlagenden Erfolg; noch im selben Jahr wurde das Werk in Liverpool und Boston gespielt. Der barock-romantische Mix der *Paulus*-Musik ist auch für ein unterhaltungswilliges Publikum eine gute Wahl. Robert Schumann jedenfalls war hin und weg: »die Anmut, die über das Ganze wie hingehaucht ist, diese Frische, dieses unauslöschliche Kolorit in der Instrumentation, des vollkommen ausgebildeten Stils, des meisterlichen Spielens mit allen Formen der Setzkunst nicht zu gedenken«. Zeitgenössische Kritiker zogen Mendelssohns *Paulus* seinem *Elias* vor; vielleicht nicht ohne Grund?

21. Grund

Weil die großen Komponisten auch alle 'ne Macke hatten

Das Wissen über die »größten« Komponisten zeigt, wie notwendig Integration und Inklusion sind. Viele von ihnen standen nicht nur auf dem Schulhof im Abseits, waren Außenseiter oder hatten irgendwelche Eigentümlichkeiten, Meisen oder Macken. Und trotzdem zeigten sie, was künstlerisch »alles so geht«. Beethoven war taub, Bach ging während der Predigt in die Kneipe, kehrte erst nach Monaten aus dem Urlaub zurück und saß im Knast, Mozart war versaut und hatte sein Leben nicht im Griff, Gluck war geldgierig, Chopin stand unterm Pantoffel von George Sand, Schubert hat sich trotz Nickelbrille die Syphilis eingefangen, Salieri trieb der Neid auf Mozart in den Wahnsinn, Wagner war andauernd komplett überschuldet und auf der Flucht vor Gläubigern (und ein antisemitisches Arschloch obendrein). Und Carlo Gesualdo hat seine in flagranti ertappte Frau mitsamt Liebhaber umgebracht. Mit so was macht man sich nicht nur Freunde. Tschaikowsky wurde als »voll schwul« zum Selbstmord genötigt, Berlioz und Schumann beließen es beim Versuch.

Das meiste des hier Gesagten ist allerdings nur Legende, widerlegt oder zumindest übertrieben und im Kontext der Zeit zu relativieren. Aber das wäre ja langweilig. Man sollte sowieso beim Musikhören nicht allzu sehr auf die Biografie schauen. »Das klingt so traurig; das hat er bestimmt geschrieben, als er traurig war.« Schaut man mal in die überlieferten Briefwechsel, zeigt sich genauso oft das Gegenteil. In heiteren Zeiten gab es Muße für tiefsinnige Stücke; in düsteren Zeiten fehlte die Energie, zur Feder zu greifen. Und würde man als Rezipient immer nur einen erwiesenen Unsympathen vor Augen haben, könnte man einen guten Teil der CD-Sammlung gleich entsorgen. Das gilt entsprechend natürlich auch für alle anderen Künste und Wissenschaften. Der lange Zeit – z.B. für seine Texte zu Gustav Mahler – gefeierte Musikanalytiker Hans Heinrich Eggebrecht entfachte nach seinem Tod eine Diskussion zwischen Musikwissenschaftlern und Historikern, als herauskam, dass er, der so eindrücklich über die Schrecken des Krieges in der Musik schreiben konnte, wohl einst unter Hitler in einem Erschießungskommando Dienst tat.

Kehren wir also noch mal zurück zu Integration und Inklusion. Noch vor der französischen Revolution konnte der aus der Karibik stammende dunkelhäutige Joseph Boulogne (1745–1799) auf etlichen Gebieten Goldmedaillen sammeln: als Sportler, Fechter, Musiker und Komponist. Die letzten Jahre nach der Revolution meinten es nicht mehr gut mit dem einstigen Vorzeigeoffizier; er starb verarmt. Heute wird für Konzerte seiner Werke mit dem Spitznamen »Black Mozart« geworben. Ganz so platt ist es wohl nicht gemeint, steckt darin ja auch noch die Anspielung auf den Film *Black Orpheus* (hoffe ich jedenfalls). Wollen Sie aber zum Schluss noch ein Beispiel für einen ganz »normalen« Komponisten? Dann schlage ich Antonín Dvořák vor. Der hatte ein sonniges Gemüt und war schon zu Lebzeiten beliebt und erfolgreich. Geht doch!

22. Grund

Weil klar ist, woher der größte Komponist aller Zeiten stammt: aus Braunschweig

Ende der 1820er-Jahre; Beethoven war gerade gestorben, Schubert und Schumann waren noch nicht bekannt genug. Wer galt nun als der bedeutendste Komponist in Deutschland? Na, die Antwort ist doch klar: Louis Spohr! Wie? Kennen Sie nicht? Der größte Komponist aller Zeiten! Noch dazu aus meiner Geburtsstadt Braunschweig. Heute kennt man vielleicht ein paar seiner Instrumentalwerke und seine Geigenschule, doch gerade das Musiktheater kann Spohr danken. Um 1820 widmete man sich in Deutschland gerne dem sogenannten

Singspiel; die »Große Oper« mit ihren ermüdenden Rezitativen und bleiernen Stoffen stieß nicht auf entscheidende Gegenliebe. Franz Schubert, Heinrich Marschner und Carl Maria von Weber führten bereits mit Erfolg große, romantische deutsche Opern auf, doch Spohr engagierte sich darüber hinaus in Schriften, lag den Operndirektoren und Impresarios in den Ohren und unterstützte junge Komponisten finanziell. Und er schrieb eigene Werke. Mit seiner *Jessonda* begegnet uns so ein Paradebeispiel inklusive lebensnaher Handlung: Einer jungen indischen Witwe droht die rituelle Verbrennung, ein portugiesischer Eroberer rettet sie. Wer kennt diese Situation nicht aus dem eigenen Leben? Was zunächst wie ein Sieg des Christentums über heidnischen Fanatismus klingt, offenbart sich in der Musik: Religion hin oder her – die Liebe kann nur siegen, wenn sie mit aufgeklärter Haltung Hand in Hand geht. Mit der vorsichtigen Einführung von »musikalischen Erinnerungsmotiven« (die später bei Wagner zu *Leitmotiven* heranwachsen würden) und längeren durchkomponierten Passagen (ohne diese ermüdenden Rezitative) bereitete Spohr als einer von mehreren den Boden für den Gesamtkünstler Wagner. Er wollte nicht eine Kopie der französischen Grand opéra mit möglichst viel Lokalkolorit, sondern (so Spohr) »ächt dramatische Musik, ganz der Handlung, im Ton, im Styl, und Charakter angemessen«.

Das Publikum ging nicht ganz mit; es fand die Harmonien eigentümlich, das Stück insgesamt »gelehrt und überladen«. Dennoch hielt sich *Jessonda* als einzige von Spohrs Opern bis 1900 im Spielplan. Nach dem Zweiten Weltkrieg versuchten verschiedene Bearbeitungen, das Stück wiederzubeleben, doch zählt man die Inszenierungen seitdem an einer Hand ab. Wenn Sie trotzdem mal reinhören möchten: 1990 hat die Hamburgische Staatsoper mit einem hervorragenden Ensemble die Chance auch auf dem Tonträger genutzt. Reicht das aber schon, Spohr als größten Komponisten aller Zeiten zu feiern? Na ja, vielleicht nicht ganz. Seine reine Wuchshöhe hingegen reißt dann doch den Siegeslorbeer: fast zwei Meter. Wirklich ein überragender Komponist.

Kapitel 3

Bühnentiere

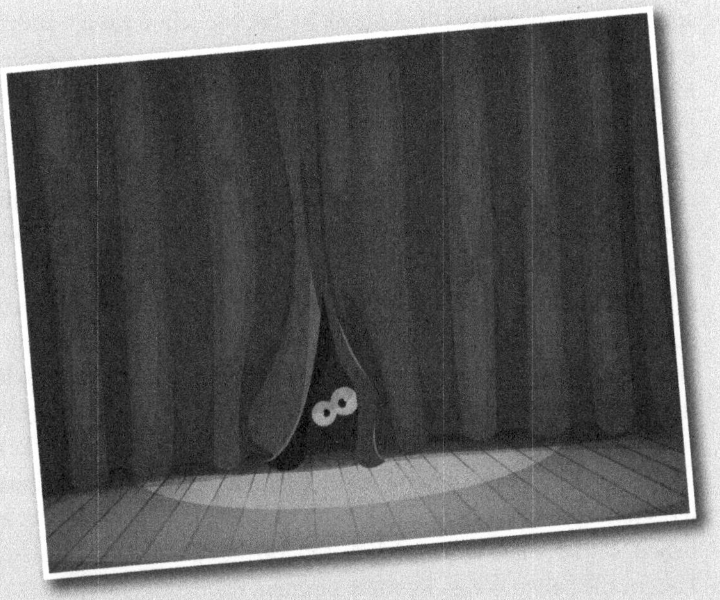

23. Grund

Weil klassische Musik nur so gut ist wie ihre Interpreten

Im Pop ist es einfach. Diese Sängerin mag man, jene nicht, diese Band ist spitze, die andere Mittelmaß. Wer im Hintergrund komponiert und die Alben produziert – was mittlerweile ja nicht mehr zu trennen ist –, rückt meist erst in den Vordergrund, wenn Preisverleihungen anstehen. Bei der klassischen Musik ist das, wie schon gesagt, anders und erschwert damit auch die Nutzung und Pflege mancher digitalen Musikbibliothek oder einschlägiger Streamingdienste, wenn erst mal nur nach Interpret und Songtitel gesucht werden kann. Man bekennt sich in der Klassik aber in erster Linie zum Komponisten, der auch auf Konzertplakaten am größten gedruckt wird. Nur haben uns die meisten keine Aufnahmen mehr hinterlassen können. Und so haben wir seit knapp 120 Jahren »ein- und dieselbe« Sinfonie in unterschiedlichsten Einspielungen und Mitschnitten vorliegen: langweilige und fesselnde, verrauschte und kristallklare, langsame und flotte, aufgesetzte und »authentische«, zeitlose und modische, katholische und protestantische, akademische und eigenwillige (siehe Kapitel 8). Dass dahinter immer genauso unterschiedliche Menschen stecken, ist ja klar: stille Profis, Rampensäue, Tonforscher und Intuitivkünstler. Viele von ihnen liefern uns beste Gründe, klassische Musik zu lieben. Und deshalb möchte ich diesen Musikern und musikalischen Leitern die Seiten dieses Kapitels widmen.

24. Grund

Weil 1930 ein so gutes Jahr war

… zumindest für die klassische Musik – erblickten doch gleich drei der ganz Großen das Licht:

Friedrich Gulda, Jahrgang 1930, der Pianist. Mit Gulda hat es bei mir eine eigenartige Bewandtnis: Ich bin gar nicht mit seinen Aufnahmen aufgewachsen, aber immer, wenn ich ihn spielen höre, kommt es mir so vor, als würde mir ein Text nun endlich von jemandem in der Muttersprache vorgelesen werden – und nicht mit einem mehr oder weniger deutlichen Akzent oder gar von jemandem, der die Sprache gar nicht versteht. Ich denke dann beim Hören: Ja, natürlich – so und nicht anders muss das phrasiert werden. Genau SO lange muss hier gezögert werden! Warum macht das irgendwer anders? Solches oder Ähnliches kommt mir in den Sinn. Woran das liegt, kann ich nicht erklären. Sicherlich hat mancher Komponist ja selbst ganz anders und für moderne Ohren sogar seltsam gespielt: vielleicht z. B. mit einer rhythmisch festeren linken, dafür gleichzeitig freieren rechten Hand, mit viel mehr Auszierungen und Abweichungen von Aufführung zu Aufführung. Aber vielleicht wirkt Guldas Spiel auf mich besonders stimmig, weil es IN SICH stimmig ist. Gulda ist ein ganz und gar freier Künstler. Er nimmt sich die Freiheit, wie ein guter Schauspieler genau das richtige Maß an eigener Persönlichkeit einzubringen und in sein Spiel zu integrieren, und gewinnt damit Glaubwürdigkeit. Die Interpretation ist aus einem Guss und in sich plausibel. Im Englischen gibt es den schönen Ausdruck der »suspension of disbelief«, auf Deutsch etwas knorzig als »willentliche Aussetzung der Ungläubigkeit« verbreitet. Diese gelingt immer dann, wenn man sich ganz auf etwas Fiktives einlässt und vergisst, dass das ja nur erfunden ist. Bei Gulda kann ich vergessen, dass da nicht Mozart selbst sitzt.

Carlos Kleiber, Jahrgang 1930, der Dirigent: »Zeichengebung« nennt man es in der Dirigierausbildung, aber Kleibers Dirigat hat streckenweise mehr von Ausdruckstanz und ist dabei wohlüberlegt! Die größten Gesten bringt er nicht AUF dem Höhepunkt, sondern in der Steigerung davor. In der Entladung selbst überlässt er charmant das zuvor gut geprobte Orchester seinem Schicksal. Normalerweise schließe ich beim Hören die Augen. Doch durch das Beobachten dieses Dirigenten (geht heutzutage ja erfreulicherweise über Bildschirm) hört man Stücke anders. Das Ohr richtet sich auf das, was er anzeigt. Und in diesem aktiveren Verfolgen und inneren Vorausnehmen scheint etwas mit der Musik zu passieren; sie scheint sich zu verlangsamen. Am Ende des Konzertes wundert man sich, dass inklusive der kleinen Pausen zwischen den Sätzen nur so wenig Zeit vergangen ist. Seine oft rekordverdächtigen Tempi wirken nie ZU schnell. Alles hat Charme, Energie, Struktur; Humor, Sinn und Geschmack.

Fritz Wunderlich, Jahrgang 1930, der Sänger: Schuhe zubinden, verdammt noch mal! Bindungsunmut entriss uns die größte Sängerhoffnung nicht nur der deutschen Geschichte. Fritz Wunderlich war zu Besuch bei Freunden im Jagdhäuschen. Auf der Suche nach Nachtlektüre fiel der 35-Jährige die Treppe hinunter. Die Obduktion seiner Schnürsenkel zeigte eine eklatante Bindegewebsschwäche. Es war nicht einfach seine schöne Stimme mit ihrem mühelosen Höhenglanz, die begeisterte. Aus übervollem Herzen konnte er ganz natürlich vermitteln, was die Lieder sagen. Sein Singen hatte nichts Artifizielles, Aufgesetztes. Und so ging er zu Herzen wie kein anderer. Was er gesungen hat, können – nein, müssen! – Sie auf Platte nachhören. Allerdings blieben ihm, und damit uns, viele der großen Stationen eines Sängers verwehrt: Schuberts *Winterreise*, Wagners *Lohengrin*, etliche große Tenorpartien von Verdi sowie ein Debüt an der Met in New York. Sängerforscher Jürgen Kesting übt sich in Demut: »[Wunderlichs] Grenzen werden schon nicht mehr durch den Vergleich mit anderen Sängern gesetzt, sondern durch die Vorstellung vom Vollkommenen.«

25. Grund

Weil man der größte Opernstar werden kann, ohne Opernsänger zu sein

Philadelphia, Januar 1921. Im Viertel der italienischen Einwanderer kommt Alfred Arnold Cocozza zur Welt. Seine Geschichte wird die eines »Was wäre wenn« sein. An der Highschool beeindruckt der junge Freddie seine Mitschüler mit Caruso-Imitationen. Die Schule bricht er aber ab; das Singen soll es sein: Schließlich wurde er in jenem Jahr geboren, in dem der Sänger aller Sänger, der große Enrico Caruso, starb. Vom Mädchennamen seiner Mutter, Maria Lanza, leiht er sich den Künstlernamen: Mario Lanza. Von Natur aus mit stimmlicher und schauspielerischer Strahlkraft gesegnet, erreicht Freddie, nun Mario, schnell viel, findet einen mächtigen Mentor (Sergej Koussevitzky), erhält ein Stipendium, beeindruckt seine Lehrer aber auch mit ausgesuchter Disziplinlosigkeit. Seinen frühen, immensen Ruhm verdankt er Auftritten mit der Truppenbetreuung, Filmen (z. B. *The Great Caruso*) und etlichen Fernsehshows, in denen er populäre Songs vorträgt.

Den Produzenten in den Film- und Tonstudios raubt er tagsüber den letzten Nerv und nachts die Freundinnen, lässt sich selten zu einem zweiten Take überreden – oft gelingt doch bereits der erste mit Charme und Übermut, und ohne technische Schwierigkeiten selbst im neapolitanischen Dialekt. Bei all dem Erfolg und Starrummel bleibt die künstlerische Ausbildung ein wenig auf der Strecke. Und dauernd mit Caruso verglichen zu werden, ist außerdem ein Fluch; denn die eigene Opernkarriere rückt in immer weitere Ferne. Alkohol und Tabletten sind da ein Trost. Lanza futtert sich mehrmals auf 120 Kilo hoch, speckt für die nächsten Dreharbeiten wieder 40 Kilo ab. Es muss sich etwas ändern.

1959: Die Familie ist aus Bel Air nach Rom umgezogen, hier warten die treuesten Fans und neue Hoffnungen auf Filmverträge. Aber

Marios Gemütsschwankungen machen allen zu schaffen, sein Herz gibt Alarmzeichen. Nach ersten Behandlungen in der Giulia-Klinik fühlt er sich schon viel besser, entlässt sich kurzerhand selbst, ruft noch aus der Klinik zu Hause an – wenige Minuten später streckt ihn ein Herzinfarkt nieder. Die Ärzte sind machtlos. Am 7. Oktober stirbt er, gerade 38 Jahre alt. Seine Frau überlebt ihn um ein halbes Jahr. Dann siegt auch bei ihr der Alkohol. Noch heute hat Mario Lanza eine riesige Fangemeinde, er wird mancherorts gar als einer der bedeutendsten Operntenöre des Jahrhunderts gehandelt. Die »drei Tenöre« nennen ihn ihr Vorbild. Dirigentenlegende Arturo Toscanini vermutete »vielleicht die größte natürliche Stimme des Jahrhunderts«. Die Anzahl der Abende, die Lanza insgesamt auf der Opernbühne stand, beträgt jedoch: drei.

26. Grund

Weil Musiker Prioritäten setzen können

Bundeswehranekdoten stehen ja unter dem Generalverdacht, dass sie bestimmt nur erfunden oder zumindest übertrieben sind. Meine nicht! Als ich während meines Wehrdienstes in Hannover stationiert war, teilte sich das Heeresmusikcorps mit unserer kleinen Einheit die Kaserne. Wer nach dem Wehrdienst ohnehin einen Platz an der Musikhochschule sicher hatte, kam bei den Heeresmusikern gut unter. Viele Offiziere waren gut ausgebildete klassische Musiker. Es wurde also geprobt: entweder das Musizieren oder das Marschieren. Oder beides gleichzeitig. Sah super aus: Gershwin in Feldgrau. Und klang auch nicht schlecht. Das war nicht der einzige Unterschied zu den anderen Truppenteilen. Wenn ich als regulärer Gefreiter bei Vorgesetzten an die Tür klopfte, musste das anschließende Grüßen und Melden präzise gewissen Regeln folgen. Anrede, Körperhaltung, Blickrichtung, Wortwahl – alles musste stimmen. Sonst hörte man die Worte »Raus, noch mal!« so oft, bis die Darbietung tadellos gelang. Anders bei den Heeresmusikern: Die sagten so lange »Raus, noch mal!«, bis man lässig mit »Moin« ins Zimmer schlurfte. Mit Auftritts- und Timingfragen kennen sie sich ja aus; da muss man das Training nicht übertreiben.

27. Grund

Weil man keine großmäulige Rampensau sein muss, um als Dirigent ganz vorne zu stehen

Manchmal siegen auch Können und Bescheidenheit und bringen einem Auszeichnungen ein: Das Symphonieorchester des Bayerischen Rundfunks verlieh ihm die Karl-Amadeus-Hartmann-Medaille. Die Queen legte sogar noch eins drauf und schlug ihn zum Ritter. Der Dirigent Sir Colin Davis kann auf viele Ehrungen zurückblicken. Und die gehen wohl gleichermaßen auf seine künstlerischen Leistungen wie auf das gewinnende, uneitle Wesen dieses Gentlemans und Feingeistes zurück. 1927 wurde er in Weybridge in England in eine zwar musikliebende, doch arme Familie geboren. Ohne Geld gab es für ihn kein Klavier und ohne Klavierkenntnisse zunächst kein Dirigierstudium. Also studierte er Klarinette, nahm aber später für einige kleine Aufführungen von Mozart-Opern dann doch mal den Taktstock in die Hand. Dies war offenbar für Davis eine so gute Schule, dass er bald beim BBC Scottish Orchestra assistieren durfte. Viele Türen öffneten sich schließlich, als er 1958 für den Dirigenten Otto Klemperer bei einer konzertanten Don-Giovanni-Aufführung einsprang. In der Folge stand er an etlichen wichtigen Chefpulten der britischen Insel und ab 1983 an jenem des Symphonieorchesters des BR. Hier konnte er neue Repertoireschwerpunkte setzen. Mit der Wiener Klassik traf sich sowieso schon ein Hauptanliegen von Orchester und Dirigent – hinzu importierte er über den Ärmelkanal nun Elgar, Tippett und Vaughan Williams sowie auf dem Landweg vor allem Berlioz und Sibelius. Seinen Auftrag als Chefdirigent fasste er selbst ganz knapp zusammen: »Meine erste Pflicht besteht darin, das, was die Musiker machen, zu genießen.« Na ja, wäre es nur so einfach!

In meiner bayerischen Wahlheimat erweiterte er nicht nur den musikalischen, sondern auch den geografischen Wirkkreis des Symphonieorchesters. So konzertierte er verstärkt in den bayerischen Provinzen, gründete den »Regensburger Frühling« sowie die Sommerkonzerte »Zwischen Donau und Altmühl« und legte in Ingolstadt mit der BR-Orchesterakademie einen wichtigen Grundstein für die Nachwuchsförderung. Bevor er die Leitung des London Symphony Orchestra übernahm, verabschiedete er sich 1992 von seinen Münchnern mit demselben Werk, das einst seine Amtsübernahme eingeläutet hatte: Beethovens *Missa solemnis*. In seiner Abschiedsrede dankte er den Ausführenden, da man »nur hier in München, mit diesem Chor, mit diesem Orchester die Größe, Energie und Herrlichkeit dieses Stückes anfangen kann zu verwirklichen.« Ganz unglücklich bin ich nicht, dass seitdem viele andere Chöre und Orchester dies widerlegt haben.

Seit Beginn seiner Dirigententätigkeit ist ihm aber vor allem Mozart sein »kleiner Gott« geblieben – einer, »der wie kein anderer Intellekt, Herz und Sinnlichkeit vereint. … Er lehrt einen Menschen im Hinblick auf Musik wirklich alles, was er überhaupt lernen kann. Mozart ist das Leben schlechthin. Da ist etwas bei Mozart, das niemand versteht: Man hört nicht, dass ein Mensch komponiert! Es ist so selbstverständlich, und es ist so logisch, und es ist so einfach, und darum ist es so schwierig zu spielen … Man versucht die Sache so zu spielen, als ob niemand was spielt, niemand dirigiert.« Wollen Sie es überprüfen? Hören Sie mal in seine 1992er Einspielung von Mozarts *Posthornserenade* rein! (für Bezeichnungsfetischisten genauer gesagt: in die Serenade in D-Dur, Köchelverzeichnis 320)

28. Grund

Weil es nicht immer Heldentenöre oder Soprandiven sein müssen

Wer im Konzert und auf der Opernbühne nur nach den glänzendsten weiß beschalten Tenorhelden und den kolorierendsten Sopranen Ausschau hält, verpasst so einiges. Gerade in den nicht so hoch fliegenden Stimmfächern findet man Schätze und Schätzchen, sowohl bei Ausführenden wie Ausgeführtem. Haben doch die Komponisten oft gerade den mittleren Stimmen jene Melodien, Kantatenarien und Ensemblestellen anvertraut, die den »normalen Menschen« sprechen lassen.

Denken Sie nur an den baritonalen Vogelfänger Papageno, die eigentliche Hauptrolle in Mozarts *Zauberflöte*! Oder an die herzzerreißende Arie *Erbarme dich, mein Gott* aus Bachs *Matthäus-Passion*, die von Mezzosopran, Alt oder Contralto/Countertenor gut zu bewältigen ist. Das liegt alles irgendwie in der Mitte. Und dass es immer wieder Sängerinnen und Sänger geschafft haben, ihr Talent in Mittellagen und Zwischentönen auszutoben, soll mir nun Anlass für ein, zwei Tipps sein, die im CD-Sortiment sonst eher hinter tonalen Überfliegern und Covergrößen wie Jonas Kaufmann und Anna Netrebko einsortiert werden.

Da wäre z. B. Mezzosopran Janet Baker, die ihre Opernauftritte nur auf britische Inseln beschränkte, vielleicht sogar nur auf eine einzige britische Insel, da bin ich mir nicht so sicher. Es tat ihrer Stimme jedenfalls gut, im Ausland nur Lieder und Oratorien zu singen. Und auch das kann ich nicht so genau sagen, denn sie dringt mit ihren Interpretationen so geschmackvoll und gleichzeitig nachdrücklich in die Stücke ein und stellt ihr Können dabei so wenig in den Vordergrund, dass ich ihren Stimmklang dabei völlig vergessen kann, z. B. bei Mahlers *Liedern eines fahrenden Gesellen*. Dass sie kein Mann ist, ist ja ohnehin egal. Es nimmt einfach gefangen.

Oder nehmen Sie Rolando Panerai. Wer 1946 auf der Opernbühne debütiert und 2004 immer noch als vitalster und virilster Sänger einer *Così fan tutte*-Aufführung gefeiert wird, muss gesangstechnisch irgendetwas sehr richtig machen oder einen wirklich phänomenalen Hausarzt haben. Ich unterstelle kein Doping. Rolando Panerai beherzigte, was Gesangslehrer wieder und wieder predigen: nur nicht forcieren! Also immer nur die Zinsen, nicht das Kapital arbeiten lassen. Seinen klaren, hohen Bariton führte er stets kultiviert, ließ das Vibrato nicht Macht über die Tonhöhe gewinnen. Auch seine Karriere hatte er intelligent im Griff: Nach Ausbildung in Florenz und Rom widmete er sich zunächst Mozart-Stücken und schrittweise dem italienischen Gesangsfach. Aus seinem schließlich immensen Repertoire ragen hochsensibel gestaltete Bellini-Partien und die großen dramatischen Rollen Verdis heraus. Doch zum Publikumsliebling Don Giovanni fand er keinen Zugang; er blieb lieber bei den dankbaren Nebenrollen: beim mampfenden Diener Leporello oder bei Masetto, dem hitzigen Vorstadtkerl mit gutem Herzen. Hier konnte er seinen Spielwitz austoben. Dieser und seine geistreiche Musikalität machten Rolando Panerai zu einem der gefragtesten Duettpartner und zum Lieblingssänger Herbert von Karajans.

29. Grund

Weil uns das Baltikum mit Dirigenten segnet

Was sagt es eigentlich über eine Region aus, wenn ihr Hauptexportschlager auf dem Dirigentenpodest landet? Obwohl die baltischen Länder so unterschiedliche Kulturen, Traditionen und Geschichte vorweisen, scheinen sie eine Stärke für die Musik zu haben, allen voran auf Platz eins Estland, das mit seiner »Singenden Revolution« die Musik fest im Nationalbewusstsein verankert hat – schließlich hatte sich die estnische Sprache während diverser Fremdherrschaften vor allem in den Liedern überliefert. Neben Komponisten wie Arvo Pärt und Erkki-Sven Tüür segnet uns Estland mit Dirigenten wie Tõnu Kaljuste und Neeme Järvi, den seine Söhne Paavo Järvi und Kristjan Järvi mittlerweile zu überflügeln drohen. Was seinerzeit in Deutschland den Bachs gelang – zeitweise wurde tatsächlich im Thüringischen der Name Bach als Synonym für Musiker gebraucht –, scheinen die Järvis international zu versuchen.

Litauen landet mit dem Dirigenten und Cellisten David Geringas auf Platz drei, den zweiten Platz erobert Lettland mit Andris Nelsons, Gidon Kremer und dem viel beschäftigen Mariss Jansons. Dieser ist beim Proben freundlich, aber unerbittlich in den Details; im Konzert gibt sich Mariss Jansons dann ganz der Musik hin – manchmal zu sehr: 1996 brach er kurz vor Schluss von *La Bohème* am Pult zusammen, schlug aber noch im Fallen weiter den Takt. Das ist Hingabe. Die Detailbesessenheit lernte der junge Lette einst am Leningrader Konservatorium, der seinerzeit wohl besten Dirigentenschmiede der Welt. Sein Lehrer war der legendäre Jewgeni Mrawinski, dessen diktatorische Strenge der junge Jansons allerdings nicht erbte. Nach einem kurzen und glücklichen Studienaufenthalt in Wien wurde er Mrawinskis Assistent bei den Leningrader (mittlerweile Sankt Petersburger) Philharmonikern. Endgültig durfte er die Sowjetunion verlassen, als er 1979 die Osloer Philharmoniker übernahm und in den folgenden zwei Jahrzehnten zu einem Spitzenensemble formte. Es folgten sieben Jahre als Musikdirektor des Pittsburgh Symphony Orchestra, bevor er schließlich 2004 Chefdirigent beim Symphonieorchester des Bayerischen Rundfunks wurde. Dem Wunschkandidaten der Musiker gelang innerhalb kürzester Zeit, eine Atmosphäre höchsten künstlerischen Anspruchs und gleichzeitig freundschaftlicher Verbundenheit aufzubauen. Sein Ziel sei es, die Musik über die reinen Noten in jene (so Jansons) »kosmische Höhe zu tragen, von der aus sie direkt das Herz und die Seele anspricht«. 2007 hatte er seinen Vertrag mit dem BR-Symphonieorchester schon zum zweiten Mal verlängert, obwohl er mittlerweile und noch bis 2015 die gleiche Position beim Königlichen Concertgebouw-Orchester innehatte. Nach den großen Erfolgen mit dem BR-Orchester, die im Gewinn von Echo Klassik und (für die Einspielung von Schostakowitschs 13. Symphonie) sogar des Grammy gipfelten, wollte Jansons das Repertoire vor allem im Französischen Impressionismus und in der zeitgenössischen Musik erweitern. Käme er noch mal auf die Welt, würde er allerdings nur noch Opern dirigieren. Aber dafür ist keine Zeit, für ihn, den Vielbeschäftigten.

Kapitel 4

Lokales

30. Grund

Weil man auf Reise gehen kann

Klassische Musik führt uns an besondere Orte, in Städte, in spezielle Konzerttempel, in denen wir unsere Zeit opfern. Einige davon möchte dieses Kapitel vorstellen. In viele tolle Gebäude kommt man überhaupt erst rein, wenn man sich zu einem Konzertbesuch bereit erklärt. Reisen lohnt sich, gerade für klassische Musik. Das wusste man schon im 18. Jahrhundert. So machte sich z. B. Charles Burney auf die Socken, der in mehreren Bänden über das Musikleben in Europa berichtete. Er bereiste keineswegs nur ein paar ausgewählte Metropolen. Na gut, damals war Mannheim auch eine, nein, DIE Musikmetropole. Hier war zwischen Barock und Klassik mit der Hofkapelle des Kurfürsten das beste Orchester Europas zu finden, hier erfand man neue musikalische Wege, hier kam Mozart her, um etwas zu lernen. Cannabich war hier. Der Stamitz etwa auch? Ja, der Stamitz auch! Und der inspirierte Franz Xaver Richter. Dass er nicht bekannter ist, liegt vielleicht an der Quelle seiner Inspiration. »anstatt 40 Bouteille Wein sauft er izt nur 20 des Tages«, konnte Mozart erfreut vermelden.

Gehen auch Sie wie Charles Burney auf Reisen, und schauen Sie sich auf dem Land um! Nur ca. 80 Kilometer westlich von Berlin liegt Klein Leppin. Hier passiert an einem Wochenende im Jahr Großes. Dorf macht Oper! So heißt die Aktion; der Trägerverein FestLand e.V. bringt Profis aus der weiteren Umgebung mit Laien aus der Nachbarschaft zusammen. *Zauberflöte*, *Freischütz* und *Sommernachtstraum* waren schon zu sehen. Das ganze Prignitzdorf packt mit an, hinter oder auf der Bühne im ehemaligen Schweinestall, in der Pause gibt es selbst gebackenen Kuchen. Was aber den besonderen Reiz ausmacht, ist die Sinnhaftigkeit des ganzen Unterfangens. Hier wird nicht einfach ein Repertoireklassiker runtergenudelt, sondern man macht sich Gedanken. Eigens entwickelte Aufführungskonzepte stellen das Stück mit dem Ort in Verbindung und scheuen auch vor komplexen Aufgaben nicht zurück: Tanz, Musik, Performance, Installation – alles dabei. So gelang zuletzt eine *Winterreise*, die gleichzeitig eine Reise durch die Geschichte des Liedes war. Die Landpartie lohnt sich.

31. Grund

Weil uns Wien nicht nur durch die Wiener Klassik mit klassisch Wienerischem beglückt

Als ich neulich im Kunsthistorischen Museum zufällig Zeuge eines Gespräches zwischen dem Museumswärter und einem etwas ungehaltenen, wenn auch geistreichen älteren Herrn wurde, konnte ich aus den vielen Verwünschungen und Flüchen auch eine enthusiastische Empfehlung heraushören. Ich kritzelte das Erlauschte auf meine gut gestärkte Manschette, eilte geschwind ins nächstgelegene Tonträgergeschäft und erstand die Aufnahme eines mir bis dato völlig unbekannten Interpreten des sogenannten *Wienerliedes*, jener ganz speziellen Liedgattung, die in Wien ihre Heimat und nach wie vor ihr größtes Publikum hat. In einer Mischung aus Faszination und Fassungslosigkeit schaltete ich zwei Stunden später meinen altgedienten Phonographen wieder aus.

Der mir zuvor fast unbekannte Sänger scheint in seinem Lied zunächst übers Ziel hinauszuschießen, doch ist das kurze Stück in mehrerlei Hinsicht bereichernd, finden wir doch bei ihm nahezu kongenial mehrere Charakteristika des heute noch quicklebendigen Wienerliedes vereinigt, kondensiert und sublimiert (um mal ganz klug zu klingen): zum einen die charmant verschliffene, um nicht salopp zu sagen »vernuschelte« Aussprache, die seit Ende des 19. Jahrhunderts immer mehr zu einem Charakteristikum im Wienerlied wurde. Zum weitaus größten Teil ist dies übrigens erst das

Verdienst von Johann Julier, der fälschlicherweise oft als Jean Julier in der Literatur zu finden ist und dem geneigten Lichtspielpublikum wahrscheinlich eher unter seinem Pseudonym Hans Moser bekannt ist. Der fließende Übergang zwischen Konsonanten und Vokalen in seiner Diktion nimmt den Wiener Schmäh auf und paart sich mit einer ebenso sorglosen Intonation, die die notengetreue Ausführung der Melodie weitgehend den Händen der begleitenden Instrumentalisten überlässt.

Und hier liegt der Hase im Pfeffer. Der ominöse Sänger und Arrangeur des von mir gehörten Stückes gibt seinen Musikern ebenfalls die Gelegenheit zu rhythmischer Autonomie, die sich auf wundervolle Weise als Autochtonie erweist, indem sie sich – vor allem im zweiten Teil des Stückes – jene urwienerische Schwerpunktverlagerung zu eigen macht: die frühe Zwei. Was das heißt? Jedermann weiß: Ein Walzer steht im Dreivierteltakt; eins–zwei–drei, eins–zwei–drei. Der *Wiener Walzer* dreht sich aber erst durch den fast unmerklich vorgezogenen zweiten Schlag, der so richtig Schwung in die Sache bringt: eins-Zwei--drei, eins-Zwei--drei. Selbst Nikolaus Harnoncourt, der historisch wohlinformierte Möbelschreiner und Puppenspieler, nutzte dies mit Genuss, als ihm die Gelegenheit geboten wurde, die Neujahrskonzerte der Wiener Philharmoniker zu leiten und mit Wiener Walzern von Strauß, Strauß oder auch Strauss zu begeistern.

Die erwähnte Liedaufnahme weist aber noch weitere Charakteristika des Wienerliedes auf: Da ist zum einen das typische Begleitinstrumentarium, das wir von der »Schrammelmusik« kennen: hier u. a. Gitarre und Harmonika, wenn auch klanglich verfremdet. Da ist vor allem aber das Sujet. Neben den beiden großen Themenbereichen »Früher war alles besser« und »Freud' und Leid vor und nach der Eheschließung« findet sich im Wienerlied vor allem eine ganz spezielle Form des alkoholischen Rausches thematisiert: das gepflegte und zielsichere Heurigentrinken, das einen Menschen auf Dauer zu bessern scheint, ihn weiser, reizender und erträglicher macht, zumindest wenn man als Zuhörer auch schon einen im Kahn hat.

Und hier zeigt sich die Genialität dieses Künstlers. Hier finden Form und Inhalt zueinander. Die frühe Zwei im Kreisschwung des Walzers verbindet sich mit der durch Grünen Veltliner bedingten Freiheit im Rhythmus und führt zusammen, was zusammengehört. Wenn nun der geneigte Leser fragt »Wo?«, so sei hier endlich die besprochene Einspielung verraten: das Lied *Glaserlwein* von Helge Schneider, zu finden auf seiner ersten CD *Seine größten Erfolge*.

Wenn man dies hört, fragt man sich: Wie konnte es dazu kommen? Was musste passieren, dass man dies als ur-wienerische Musik identifiziert? Ich muss etwas weiter ausholen: Bereits am Anfang des 13. Jahrhunderts zogen die Wiener den unterhaltsamen Ton der Tanzlieder eines bodenständigen Neidhardt von Reuenthal dem intellektuelleren und sozialkritischen Walther von der Vogelweide vor. Bereits Mitte des 16. Jahrhunderts war das Singen über den Wein zur eigenen Begleitung auf der Laute dann so verbreitet, dass sich Trinkliedsammlungen in Tabulaturnotation größter Beliebtheit erfreuten. Die Konstruktionsidee der Kontragitarre, also einer Gitarre mit zusätzlichen Basssaiten, die auch später bei den Schrammeln so wichtig wurde, taucht hier ebenfalls bei Theorbe und Chitarrone auf. Schon in diesen Zeiten wird das Trinken metapherngeschwängert besungen, wenn der Ritt in den Rausch als »Wallfahrt« oder die Stadt Wien als ein »Bergwerk« gepriesen wird, in dem so einiges zu Tage gefördert wird. 1703 war es dann endlich so weit: Per Dekret sollte das »schier auff allen plätzen verübete Liedersingen« verboten werden. Zwei Jahre später starb dann auch jener berühmteste aller Wiener Sänger, der Liebe Augustin. Zu früh, denn das Verbot hielt nicht. Jener Liebe Augustin, der fahrende Sänger, wurde in eine Pestgrube geworfen, weil man ihn für tot hielt. In Wirklichkeit war er nur betrunken und konnte am nächsten Morgen zum Schrecken aller wieder singen.

32. Grund

Weil ein Schloss im Sumpf zu Europas führendem Musiklabor werden konnte

So kennt man es eigentlich nicht von bedeutenden Komponisten. Oft sterben sie zu früh (so wie Mozart), bleiben zu Lebzeiten verkannt (so wie Schubert) und zumindest finanziell erfolglos (so wie der alte Bach). Oder sie waren schlicht nicht gerade die umgänglichsten Zeitgenossen (vor allem Wagner). Joseph Haydn hingegen schien das Glück an allen Fronten beschieden. Sein einnehmendes Wesen und seine bis ins hohe Alter nicht nachlassende kreative Kraft bescherten ihm künstlerischen Erfolg und machten ihn bei Untergebenen wie Vorgesetzten so beliebt, dass man ihm auch seine häufigen Scherze nicht krumm nahm. Dabei waren seine Anfänge ganz bescheiden: Nach der musikalischen Grundausbildung als Chorknabe am Wiener Stephansdom findet Joseph Haydn bald Anstellung als Hofmusiker in adligen Diensten. Sicherheit ging hier eindeutig vor Verdienstmöglichkeit. Bei seinen letzten Herren, dem Hause Esterházy, bleibt er gar für drei Jahrzehnte, zunächst in Eisenstadt, dann auf dem neu errichteten Schloss Esterháza.

Heute würden Immobilienmakler hier die Nase rümpfen. Wer nach der Maxime »Lage, Lage, Lage!« geht, müsste dem Schloss Esterháza viele Punkte abziehen, liegt es doch im kulturellen Abseits der Sumpflandschaft am Neusiedler See. Doch Fürst Nikolaus hält mit ungewöhnlicher Pracht dagegen. Und so hat auch der Kapellmeister viel zu tun: Neben der Musik für große Festlichkeiten gilt es, die hauseigene Oper und das Marionettentheater zu versorgen – von den regelmäßigen Konzerten, Gottesdiensten und den Kammermusikstunden mit dem Fürsten ganz zu schweigen. Das Leben auf dem Schloss bietet aber auch Nachteile. Anstelle der Wiener Nasch- und Leckereien gibt es Personalverpflegung. Kleiderordnung und Dienstzeitvorschriften regeln den Alltag; anregende Kontakte bleiben die

Ausnahme. Doch in dieser Beschränkung findet Haydn seine Chance, die Musik kompositorisch voranzubringen:

»Ich konnte als Chef eines Orchesters Versuche machen, beobachten, was den Eindruck hervorbringt, und was ihn schwächt, also verbessern, zusetzen, wegschneiden, wagen; ich war von der Welt abgesondert, niemand in meiner Nähe konnte mich an mir selbst irre machen und quälen, und so musste ich original werden.«

Original werden – das tat er. Vor allem zwei Musikgattungen entwickelte er weiter: Streichquartette und Sinfonien. Er schärft deren Profil und musikalische Aussagekraft und macht so nach und nach der Oper die Vormachtstellung streitig. Das bleibt nicht unbemerkt. Seine Werke verbreiten sich derweil in ganz Europa. Die Anhängerschaft wächst; Kompositionsaufträge treffen ein. Dass er immer noch als livrierter Hausangestellter in der Provinz seine Tage fristet, stößt auf revolutionäres Unverständnis. Das gipfelt im Aufruf einer Zeitung, ihn heimlich aus Esterháza zu entführen.

Der Gewaltakt bleibt ihm erspart: Nachdem Fürst Nikolaus 1790 starb und der neue Prinz die Zügel lockert, kann ein umtriebiger Impresario Haydn überzeugen, zumindest vorübergehend mal den Kontinent zu verlassen und nach London zu kommen. Hier gibt es bereits ein ausgeprägtes bürgerliches Musikleben. Konzertagenturen machen sich Solisten streitig, Liebhabervereine geben Kompositionsaufträge, Abonnementreihen sichern die Vorfinanzierung bürgerlicher Konzerte, und Chorfeste versammeln die sangesbegeisterten Engländer in großen Scharen. Als Haydn eintrifft, überwältigt ihn die entgegenströmende Sympathie. Aber jetzt sieht er sich auch großer Konkurrenz gegenüber, muss kreativ werden und auf die Wünsche des Publikums eingehen – was ihm nicht schwerfällt, sondern ihn reizt. Er revanchiert sich mit geistreichen Sinfonien.

Insgesamt hält sich Haydn, in mehreren Etappen, für drei höchst produktive Jahre in London auf. Die Arbeit mit den dortigen Orchestern nutzt er, um noch einmal seinen Instrumentierstil, seinen Orchesterklang weiterzuentwickeln. Im Alter will er dann jedoch den erarbeiteten Reichtum und die – nicht nur kulinarischen – Vorzüge Wiens genießen, die ihm im Dienst der Esterházys verschlossen blieben. Dass ihm hier seine beiden größten Würfe, die *Schöpfung* und die *Jahreszeiten*, sogar noch bevorstehen, hätten wohl nur die treuesten Anhänger erhofft.

So wird schließlich aus dem verehrten Komponisten nahezu ein Heiliger, ein lieber Gottvater der Musik. Dass er heute meist zunächst mit der Musik der deutschen Nationalhymne in Verbindung gebracht wird, dürfte ihn vielleicht sogar freuen. In seinen letzten Jahren, als seine Krankheit schon spürbar wurde, setzte sich Haydn täglich an den Flügel und spielte zur Beruhigung seine *Kaiserhymne* (siehe 90. Grund).

33. Grund

Weil Europa schon früh ein vereinigtes Musikland war

Europas Musik und Europas Musiker waren schon vor einem Vierteljahrtausend, was heute allseits gefordert wird: international mobil und vernetzt. Der italienische Komponist Luigi Boccherini – den man heute vor allem aus dem Film *Ladykillers* für ein einziges Menuettstückchen kennt – arbeitete in Madrid für die spanischen Herrscher, lieferte aber gleichzeitig als preußischer »Hof-Kammerkomponist« jährlich zwölf neue Werke nach Potsdam. Den jungen Katalanen Domènec Terradellas verschlug es wiederum von Barcelona zum Kompositionsstudium nach Neapel. Bevor er schließlich in London für das King's Theatre Seria-Opern (das bedeutet nicht »seriell«, sondern »ernst«) schrieb, konnte er auf große Erfolge in Rom und Venedig zurückblicken. Z. B. auf seinen 1744 entstandenen *Artaserse*, in dem das vereinigte Europa musikalisch gelebt wird: Italienisches und Iberisches finden zusammen.

Artaserse ist der Sohn des toten Perserkönigs Serse und hat es nicht leicht: der Vater ermordet, der beste Freund Hauptverdächtiger; dazu noch die Thronlast und natürlich die Liebe. Bis der wahre Täter feststeht, wird ein Unschuldiger hingerichtet, werden Freundschaften, Familienbande, Verlobungen gelöst. Und hinter alldem steckt nur manipulierende Machtgier – für die Venezianer und ihr internationales Publikum ein alltägliches Thema. Die Umschwünge im Vertrauen und Misstrauen liefern Terradellas reichlich Material für unterschiedlichste Seelenbilder. Hier, in den Arien, beweist er sich als zupackender Psychologe. Sein in Neapel erworbener galanter Stil trifft auf frische Instrumentationsideen und eine große Lust, Tanzrhythmen einzubauen. Er hat in Neapel nicht alles Iberische abgestreift. Artaserses Arie *Per pietà, bell' idol mio* zeigt es: Das Herz des jungen Herrschers ist überschattet. Der Gesang seiner Geliebten Semira strahlt hingegen in unschuldigstem Weiß, obwohl sie zu allem Unglück die Schwester des mutmaßlichen Attentäters ist. Dieser, Arbace, wird vom eigenen Vater ans Messer geliefert; der intrigante alte General lässt keine Zweifel: »Non ti son padre«. (»Ich bin nicht dein Vater.« Können sich die Autoren nicht mal neue Pointen ausdenken?) Arbaces Geliebte bemüht sich nach Kräften, den Verbitterten vom Selbstmord abzubringen – im Finale zeigt sich deutlich ihr Erfolg.

Nicht nur Komponistenvita und Komposition, sondern auch die Uraufführung von *Artaserse* war international durchwoben: Die Sänger der beiden Hauptrollen standen in sächsischen Diensten, der Bühnenbildner arbeitete als Architekt für eine der bedeutendsten Familien Venedigs, das Libretto schrieb der italienische Librettogott Metastasio in der Habsburgermetropole Wien. Stoff für eine Oper böte das frühe Ende von Domènec Terradellas selbst: Man fand ihn (erst 38-jährig) eines Morgens erdolcht im Tiber; er hatte kurz zuvor einen Wettstreit um die Publikumsgunst gewonnen – gegen keinen Geringeren als den damaligen Superstar Niccolò Jommelli.

Im Barock blühte halt der Internationalismus. Händel hat als Deutscher in England italienische Musik komponiert. Landesstile waren also eigentlich schon vor Jahrhunderten überholt. Erst mit dem Aufflackern nationalstaatlicher Begeisterung wurde wieder größeres Augenmerk auf einen gewissen Regionalton gelegt. Dass allerdings Verdi von italienischen Königstreuen gleich mit ganzem Namen vereinnahmt wurde (als Abkürzung für Vittorio Emanuele Re di Italia!), scheint erst nachträglich erfunden oder zumindest übertrieben worden zu sein.

Warum führte nun aber ein russisches Opernhaus eine italienische Oper, Verdis *Maskenball*, die in Amerika spielt, aber eigentlich ein reales Drama am schwedischen Hof nachzeichnet, im badischen Baden-Baden auf? Ganz einfach: Es war Verdi-Jahr. Grund genug für die Mariinsky-Opernfestspiele, sich des »Melodramma« mit Verrat und Attentat anzunehmen. Den speziellen Anlass bräuchte man natürlich nicht, das Stück ist so schon gut genug, obwohl Verdi selbst von den ersten Aufführungen gar nicht angetan war. Später Lohn war ihm dennoch sicher. Fast untypisch für bedeutende Komponisten der Vergangenheit (Wer außer Händel oder Rossini hat seinen Erfolg schon so richtig auskosten können?) bekam er auch schon zu Lebzeiten die höchsten Ehrungen. Aber es gibt ja so viele Anekdoten über Verdi. Und sie sind zu einem großen Teil – dies ein frisches Ergebnis aus den Geheimlabors der Verdiforschung – anscheinend nur erdacht. Das macht aber nichts. Er selbst hätte bestimmt mit Giordano Bruno gesagt: »Se non è vero, è ben trovato.« Wenn schon nicht wahr, so doch wenigstens gut erfunden.

34. Grund

Weil die Bratwurst nie besser schmeckt als in der Ring-Pause

Nach Bayreuth, auf den »grünen Hügel«, ins Wagnersche Festspielhaus pilgert man, oder man erledigt einen Pflichtbesuch, wenn man Politiker ist. Angela Merkel macht beides, sitzt dann aber auf verschiedenen Plätzen. Falls Sie auch mal hinwollen, bereiten Sie sich bitte gut vor, damit der Besuch ein Erfolg wird. Loriot hat auf zwei CDs sehr schöne Einführungen für den *Ring des Nibelungen* veröffentlicht. Meine Lieblingsstelle findet sich im Kommentar zum Liebesduett zwischen Siegmund und Sieglinde aus dem zweiten Akt der *Walküre*: »Es handelt sich um Inzest und Ehebruch – man ist begeistert.«

Hier ein paar praktische Tipps: Hin und wieder gibt es Generalproben, die für Vereinsmitglieder der Gesellschaft der Freunde (oder sogar der »Jungen Freunde«) öffentlich zugängig sind. Aufnahme und Jahresbeitrag kosten natürlich, zahlen sich aber bei echtem Wagnerinteresse ja vielleicht auch bald aus. Keine Angst! Da sind auch ganz normale Leute dabei. Sie müssen keinen Jagdschein oder Wagnerianernachweis vorlegen. Auch familiäre Bande zu Brahms oder (Gott bewahre!) Rossini werden kaum noch negativ vermerkt.

Zur Garderobe: Für die Herren sind Lackschuhe oder gar Pumps (ja, Pumps!) nicht mehr erforderlich. Man sollte stattdessen Schuhe wählen, denen auch in beengten Sitzverhältnissen leicht heimlich zu entschlüpfen ist. Den Anzug bitte vorher gut lüften! Er sollte nicht allzu warm sein und möglichst keine Kunstfaser enthalten; die Festspielhauslüftung ist nicht weit von »historisch informierter Lüftungspraxis« entfernt. Der Dirigent hingegen muss den Frack erst zum Applaus anlegen, weil in dem besonders stickigen, da abgedeckten Orchestergraben sportlich und ebenso gekleidet gespielt wird.

Peter Tschaikowsky war bei der Eröffnung der Festspiele dabei. Und offensichtlich war alles schon am ersten Tag, wie es heute noch ist. Er berichtet: »Jedes Stück Brot, jedes Seidel Bier musste erkämpft werden mit unglaublichen Anstrengungen, auch List und eiserner Geduld. Man hörte mehr von Beefsteaks und Bratkartoffeln als von Wagners Leitmotiven.« Nur sind es heute die Bratwürste, um die gekämpft wird. Noch leiblicher wird Essen nicht. An Bratwürste kommt auch kein Mettbrötchen, keine Erbsensuppe aus der Gulaschkanone heran. Hitze, Fleisch, Darm. Der Mann am Grill als Feuerbezwinger, der Mythos der Inhaltsstoffe, die Vergeistlichung des Fleischlichen. Alles findet zusammen in der kathartischen Wirkung der Bratwurst in der Gesamtkunstwerkspause.

Nutzen Sie die Pause gut, denn die Holzsitze werden bestimmt nicht so schnell durch gepolsterte ersetzt. Das würde die gute Akustik zu sehr dämpfen. Der Abend wird lang, sehr lang vielleicht. Ein guter Abend kann einen entsprechenden Applaus nach sich ziehen. Vielleicht erleben Sie ja einen neuen Rekord? Der bisherige wurde 1980 beim sogenannten »Jahrhundertring« aufgestellt: 90 Minuten bei 101 Vorhängen. Seitdem steht bei Premieren immer eine Zusatzmannschaft zugkräftiger Bühnenarbeiter bereit, die auf der *Gorch Fock* gedient haben. Und falls Sie eigentlich nix mit Wagner anfangen können: Versuchen Sie's trotzdem mal. Mark Twain gestand: »Wagner's music is better than it sounds.«

35. Grund

Weil man schon mal aus Liebe zur Musik der französischen Romantik einen Palast in Venedig kauft

Stellen Sie sich mal eine typische Piazza in Venedig vor. Man hört Kirchenglocken, Kindergeschrei, Hunde; aber vor allem ein Geräusch klingt durch die ganze Stadt: das von gezogenen Trolleykoffern. Doch die Touristenströme haben noch nicht alles verdrängt; noch findet man auf versteckten Plätzchen Reste einheimischen Lebens, kann dem freundlichen Singsang des Lokaldialekts, des »Venessian«, lauschen. Anders sieht es mit der lokalen Musikkultur aus. In dieser Stadt, in der die Zahl der Opernensembles einst ins Zweistellige und die der Orchester ins Dreistellige ging (kein Scherz!), scheint sich öffentliches Konzertieren heute mit kostümiert heruntergefidelten Vivaldi-Jahreszeiten zu begnügen. Und ausgerechnet hier veranstaltet jemand Musikfestivals, die sich völlig unbekannten französischen Komponisten der Romantik widmen?

In einer versteckten Seitengasse des Sestiere (Stadtsechstels) San Polo findet man den Eingang zum Palazzetto Bru Zane: kein prachtvolles Portal, sondern eine schwere, schlichte Pforte in einer Mauer – der repräsentative Eingang für die Herrschaften wäre seinerzeit sowieso der Gondelanleger gewesen. Tritt man hindurch, steht man im Garten des Palazzetto: Außerhalb der Konzerte ist es hier sogar für venezianische Verhältnisse sehr ruhig. Ein bewachsener Brunnen, Vögel zwitschern, Glyzinien duften und ranken an der frisch restaurierten, aber bereits wieder stark abblätternden Fassade. Worauf man nicht ständig achtet, das verfällt in Venedig rasch. Auch die Musik der französischen Romantik möchte man nicht verstauben lassen. Alexandre Dratwicki, der wissenschaftliche Leiter des Palazetto Bru Zane, kennt seine Aufgabe: »Jetzt, da die Epoche der Romantik so langsam ins Museum der Musikgeschichte kommt, denke ich, dass es gerade unsere Generation ist, die die Romantik als historische Epoche betrachten kann.«

Die Stiftung Palazzetto Bru Zane hat es sich zur Aufgabe gemacht, französische Musik des langen romantischen Jahrhunderts, des grand-siècle von ca. 1780 bis 1910/20, wiederzuentdecken. Grundlage ist die wissenschaftliche Arbeit. Was den Unterschied zu ähnlichen Einrichtungen ausmacht, ist: Man will die Ergebnisse schnell in die Praxis einfließen lassen. Die Konzerte sind somit eine Erprobungsstätte, wie seinerzeit für neue Werke heute für wiederentdeckte. Dabei stehen französische Komponisten zwar im Mittelpunkt, aber auch all jene, die als Nicht-Franzosen für Paris geschrieben haben, unter anderem all die italienischen Komponisten, die nach Paris kamen: Sacchini, Cherubini, Spontini u.v.a. mehr.

Die Macher vom Palazzetto Bru Zane verstehen ihre Tätigkeit als »musicologie appliquée«, als angewandte Musikwissenschaft. Die Konzerte sollen keine einmaligen Events bleiben, sondern nachwirken. Darum wird viel aufgezeichnet und veröffentlicht. Diese prächtig ausgestatteten Bücher mit CDs erscheinen zweisprachig: französisch und englisch.

Palazzetto Bru Zane: Woher kommt der Name? »Zane« leitet sich vom alten venezianischen Geschlecht der Erbauer des Palazzetto her. Die Familie der Zane verfolgt ihren Stammbaum sogar bis zu den alten Römern zurück. 1695 war es Marino Zane, der sich in seinem Garten neben dem großen Palazzo einen kleinen Palazzetto, ein sogenanntes *casino,* bauen wollte: für seine Bibliothek und für vergnügliche Anlässe. Als Architekten gewann er Antonio Gaspari; und auch für die Fresken, Stukkaturen und Holzschnitzarbeiten beauftragte er die Besten ihres Fachs. Die Deckenbemalungen von Sebastiano Ricci sind hinreißend und eine Sehenswürdigkeit für sich. Wenn Sie also mal in Venedig sind: dringende Besuchsempfehlung!

Die Restaurierungsarbeiten waren umfassender, als man anfangs dachte. Als man die Wände freilegte, entdeckte man alte Tapeten und Malereien und plante um. Wer bezahlt denn so was alles? Und hier kommt der zweite Name ins Spiel, genauer gesagt der erste: »Bru« nach der Mäzenin Nicole Bru, deren Unterstützung der Zaubertrank für diese kleine gallische Exklave ist. Sie kaufte den Palazzetto Zane 2006, finanzierte die Sanierung und unterstützt die Arbeit dieses »Centre de musique romantique française« seitdem mit ca. drei Millionen Euro pro Jahr. Leisten kann sie es sich, gehört sie doch – wahrscheinlich – zu den reichsten Frauen Frankreichs. Sie kommt aus der Pharmabranche und beerbte schließlich einen Konzernbesitzer. In den 90ern veräußerte sie die Firma und engagiert sich seitdem für wohltätige Zwecke.

Aber warum Italien? Warum Venedig? Zum einen ist Venedig der Lieblingsort von Nicole Bru, zum anderen kann man Venedig kaum von der gesamteuropäischen Musikgeschichte trennen: jahrhundertelange Ausbildungsstätte für Komponisten und zentrale Anlaufstelle bei der »Grand tour« der Kulturreisenden und heute (für Proben, Konzerte und Aufnahmen nicht uninteressant) einer der letzten größeren Orte ohne Autoverkehr. Die Musiker bei den Proben im ehemaligen Ballsaal, dem wichtigsten und zentralen Raum des Palazzetto, im Haus zu haben, ist jedenfalls nicht nur nett und praktisch, sondern integraler Bestandteil des Konzepts. Alexandre Dratwicki ist überzeugt: »Wenn man sie hier im Palazzetto hat, kann man in der Pause mit ihnen sprechen und ihnen noch ein weiteres Trio zeigen. Dann fangen sie an zu lesen, man macht Kopien und erklärt, dass es da nicht nur dieses Trio von Felicien David gibt, sondern dass man noch 200 weitere im Schrank hat, die sie spielen können.«

Es geht in der Tat bei diesen Festivals und Konzertzyklen nicht immer nur um die besten Stücke eines Komponisten. Es geht auch darum, sich einen Überblick zu verschaffen. Manche Komponisten in Paris schwangen sich entweder zu Wagnerianern auf oder versuchten im Gegenzug, sich an die Spitze einer besonders »französischen« Entwicklung zu stellen. Andere hingegen, beispielsweise Felicien David, beharrten gerade in ihrer Kammermusik auf einem nahezu deutschen Stil, der nichts mit Wagner am Hut hat, eher vielleicht an Mendelssohn erinnern mag. Das ist nicht unbedingt das, was man unter französischer Kammermusik um 1850 erwartet.

Ich besuchte vor ein paar Jahren dort ein Konzert. Schon die Atmosphäre im Publikum ist speziell. Man spricht Französisch; man kennt sich. Was man noch nicht kannte, war: die Opéra-comique *Le Saphire* (der Saphir) von Felicien David. Entstanden 1865, ist es seine letzte Oper. Da war sein Stern bereits im Sinkflug begriffen. Bizet und Gounod hatten längst das Rampenlicht erobert. Felicien David verlangt hier weder Virtuosentum noch seelisches Tiefenausloten, sondern galanten Charme und Witz. Es ist Unterhaltung mit Haltung. Die jungen Sänger haben einen immensen Spaß an der Sache, sparen bei der konzertanten Aufführung nicht an Gestik und Mimik. Man ahnt, was im 19. Jahrhundert eine Opéra-comique dem Wesen nach war, nämlich weder eine komische Oper mit Schenkelklopfern noch ein dauerndes Kontrastieren zwischen Seria- und Buffa-Elementen, sondern eine durchgängig heitere Erzählung: leichtfüßig, aber nicht leichtfertig. Im besten Sinne: très charmant!

Nahezu paradiesische Zustände in der Lagune: Die Musiker erfahren große Unterstützung, wenn sie sich für Unbekanntes interessieren, und haben entzückende Probenbedingungen; die Wissenschaftler müssen nicht das Gefühl haben, ständig nur für die Schublade zu arbeiten. Neben den Konzertkooperationen möchte der Palazzetto Bru Zane zudem die Katalogisierung von 1.700 Regiebüchern vorantreiben und weiterhin CDs, Bücher und Partituren herausgeben. Beim Abschied von Venedig habe ich meinen Rollkoffer mit alldem gefüllt und spiele aber mit dem Gedanken, mal bei deutschen Pharmaerben anzuklopfen. Wie wäre es mit einem Zentrum für unbekannte deutsche klassische Musik? Ich habe da diese hübsche Villa mit Pool an der Côte d'Azur gesehen. Man müsste sie nur von Grund auf sanieren. Und einen Konzertsaal einrichten! Ja, sicher, das kostet schon ein wenig, aber es gibt noch so viele Komponisten und Stücke zu entdecken. Denken Sie nur an Franz Xaver Richter, an Carl Wilhelm August Friedrich Christian von und zu …

36. Grund

Weil man sich nirgends so gut über klassische Musik des 20. Jahrhunderts unterhalten kann wie im Fitnessraum

Vor vielen Jahren traf ich Alex Ross in Krafttrainingsraum eines Münchner Hotels. Na ja, ich traf ihn da nicht zufällig, sondern wir verzogen uns dorthin, weil es der ruhigste Raum zum Plaudern war. Mich hätte man dort sonst wohl vergebens gesucht, ihn vielleicht auch. Aber das Gespräch war so interessant und er so nett, dass die Hanteln, Druck- und Zugeinrichtungen völlig in den Hintergrund verschwanden. Der Amerikaner Alex Ross ist Musikkritiker beim Magazin *The New Yorker*. Aus und neben seiner Arbeit erwuchs ein Buch über die klassische Musik des 20. Jahrhunderts: *The Rest is Noise*. Ich hatte die englische Version bereits verschlungen; eines der lesbarsten Musikbücher, die es gibt! Als nun auch eine deutsche Übersetzung erschien (die den Titel nicht übersetzt, sondern nur erweitert: *Das 20. Jahrhundert hören*), wollte ich mir die Gelegenheit nicht entgehen lassen, zu erfahren, wie es zu dem Titel *The Rest is Noise* kam. Ross verriet: »Ich dachte an Hamlets letzte Worte: ›Der Rest ist Schweigen‹, nach denen Lärm zu hören ist von den einmarschierenden Truppen von Fortinbras. Und ich dachte daran, was John Cage sagte: ›Wenn man genau genug irgendwelchem Krach lauscht, kann er musikalisch werden, kann er interessant werden.‹«

Schreibanlass für Ross war die Beobachtung, dass man für Bilder von modernen Malern wie Picasso und Jackson Pollock Millionen bezahlt, zeitgenössische klassische Komponisten wie Karlheinz Stockhausen und John Cage aber wegen ihres »Krachs« als seltsame Gestalten beäugt. Der ganze Zweck dieses Buches sei es gewesen, die Leser, die diese Musik nicht besonders gut kennen, zu ermutigen, diesem Lärm und den seltsamen Geräuschen zu lauschen und zu versuchen, die Schönheit in ihnen zu finden. Wie geht Ross diese

Sache an? Er erzählt eine Geschichte über Musik – über Musik und Politik, Komponisten und Gesellschaft im 20. Jahrhundert: Schostakowitschs Verhältnis zu Stalin, Richard Strauss' Verhältnis zu Hitler, Coplands Teilnahme am New Deal in Amerika – und wie er später im Kalten Krieg wegen angeblicher kommunistischer Kontakte unter Beschuss gerät. Sehr dramatische Geschichten, die zentral sind für die Musikgeschichte des 20. Jahrhunderts.

Das Buch liest sich wie ein guter Krimi. Statt Notenbeispielen nutzt Alex Ross treffende Bilder, die dazu sehr gut ins Deutsche übersetzt sind. Drei Hauptthemen stehen im Vordergrund: die Vielfalt der musikalischen Stile bis zum Dritten Reich, dann das Komponieren unter politischem Druck, zuletzt die Fülle ganz neuer musikalischer Ansätze. Zudem nutzt Ross die Gelegenheit und widmet gleich zwei ganze Kapitel seinen mutmaßlichen Lieblingen Sibelius und Britten. Wer also hier bereits Vorlieben hat, dem sei nachdrücklich eine Lektüre ans Herz gelegt. *The Rest is noise* ist weder ein enzyklopädischer Überblick noch eine penible Musikanalyse, die in den Partituren herumstochert. Es ist ein starkes, plastisches Bild – ein Bild des 20. Jahrhunderts aus der Sicht seiner (E-)Musik. Und damit macht es enormen Appetit auf deren Werke – eben wie ein gutes Programmheft. Ins Konzert muss man selbst gehen. In den Fitnessraum auch.

37. Grund

Weil CD-Abteilungen ein Refugium für Sitzenbleiber sind

Hier muss die UNESCO einschreiten. Ich plädiere dafür, CD-Geschäfte und -Abteilungen zum schützenswerten Kulturgut zu erklären. Viele sind bereits geschlossen oder auf Kummerbestände eingedampft. Aber in manchen Metropolen gibt es sie noch in der alten, geliebten Form mit großen Regalen, alphabetisch nach Komponisten, Solisten und Genres geordneten Rubriken, Sondertischen für Jubilare und Nischenthemen sowie kenntnisreichen Verkäufern, denen man mit beherzten Fragen das Liebhaberherz öffnet, statt ihnen auf den Wecker zu fallen. (»Haben Sie dieses Basstuba-Recital auch in der früheren Ausgabe mit dem besseren Booklettext?«). Das Anhören, Vergleichen, Suchen und dabei Abdriften, das Versinken im Kunstlederpolster des Probehörsessels, all das kann mir kein noch so auswahlreicher und audiophiler Streamingdienst unter dem heimischen Kopfhörer bieten. Das Gefühl, »da draußen« auf Suche zu gehen, dabei echte Dinge in die Hand zu nehmen und schließlich Geld dafür zu lassen, lässt sich nicht simulieren – so wenig, wie ein häuslich gepresster »Kleiner Brauner« an einen Besuch in einem Wiener Kaffeehaus herankommt. Oder wenn Ihnen ein anderes Getränk näher liegt: Die Weinprobe im Steilhang mit dem Moselwinzer kann man auch mit den feinsten mundgeblasenen Kelchen nicht in der Hamburger Mietwohnung »faken«. Zum richtig guten Kundendienst gehört in Tonträgergeschäften natürlich auch ignoriert zu werden. Wie im Wiener Kaffeehaus darf man sitzen bleiben, gerne auch über Stunden. Das mit der UNESCO war übrigens kein Witz; die Wiener Kaffeehauskultur ist seit 2011 immaterielles Kulturerbe.

38. Grund

Weil Musik so schön ist, wenn sie vorbei ist

Nicht immer machen die Töne der Musik das größte Vergnügen, sondern die Pausen darin und die Stille danach (siehe 84. Grund). Hier ein Beispiel:

Verständnisprobleme? Schwerhörigkeit? Kopf- und Gliederschmerzen? Rennen Sie nicht in die Apotheke! Suchen Sie Mitgefühl und Linderung im Plattenregal und greifen Sie zu Richard Strauss' *Die schweigsame Frau*! Ein Stück über das Hören und Zuhören. Hörprobleme im Alter bedeuten für Sir Morosus: Jedes Geräusch ist eines zu viel. Die ewig plappernde Haushälterin soll darum einer stillen (und im Bestfall jungen) Frau weichen. Neffe Henry, dem die Enterbung droht, und ein listiger Barbier (warum denn immer wieder ein Barbier?) planen den Streich: Henrys Frau wird dem Alten untergeschoben und soll sodann zur wahren Schallschleuder mutieren. Kein Geringerer als der nun wirklich nicht für laute Töne bekannte Stefan Zweig schrieb das Libretto; das stimmte den Komponisten Richard Strauss überglücklich. Die Nazis setzten die Oper wegen des jüdischen Autors dennoch schnell ab. Ein anschließender Brief von Strauss an Zweig wurde abgefangen; trotz Goebbels' Wut (O-Ton »Jetzt muss der auch weg.«) konnte der Komponist in Deutschland bleiben. Seither wartet *Die schweigsame Frau* immer noch auf den »Volltreffer«, den ihr Strauss für die ferne Zukunft prophezeite. Das Zeug dazu hat sie: ewig aktuelle Themen (Generationenkonflikte, Altern), Selbstironie und eine spritzig-transparente Musik voller (Selbst-)Zitate. Beispiel gefällig? Sir Morosus: »Wie schön ist die Musik, wenn sie vorbei ist.«

39. Grund

Weil zwei junge Geiger zum Netzhit werden

Wenn ich Sie nicht für die klassische Geige begeistern kann, tun Sie mir einen Gefallen: Gehen Sie ins Netz und halten Sie nach dem Kanal von »TwoSetViolin« Ausschau. Wenn man den beiden Machern Brett und Eddy in der Künstlerkantine oder im Übezimmer der Musikhochschule begegnen würde, käme man nie auf den Gedanken, dass sie mit ihrem Bühnenprogramm weltweit Hallen füllen. Nichts Aufgesetztes, kein pfauenhaftes Stargehabe strahlen sie aus.

Die beiden jungen Australier sind sich nicht zu schade, jede Schwäche und Unzulänglichkeit in aller Öffentlichkeit einzugestehen, um dann aber nicht cool drüber hinwegzugehen, sondern auch noch frei zu zeigen, wie sehr sie das schämt. Diese Offenheit ist ihre größte Stärke. Aber was machen sie eigentlich? Sie geben uns einen Blick hinter die Kulissen des Geigeralltags und zeigen – mit großem Spaß an der Schneidesoftware –, wie man übt, was im Orchester passiert, was man lassen sollte, welche Solisten sie anhimmeln. Ihr Ziel sei es, Leidenschaft für klassische Musik einer neuen Generation nahezubringen und damit gegen Vorurteile anzugehen. Dazu holen sie auch echte Stars mit ins Boot, die ihre »Ling-Ling-Übe-Challenges« bestehen sollen. So lassen sie Ray Chen beim Spiel die Hände wechseln; Hillary Hahn muss schwierigste Stücke im doppelten Tempo spielen, während sie den Hula-Hoop-Reifen schwingt. Brett Yang und Eddy Chen sind zwar selbst sehr gute Geiger, saßen bereits an begehrten Pulten, können aber sichtlich weder ihr Staunen noch einen Anflug von Verliebtheit verbergen. 300 Millionen Aufrufe sowie über eine Million Abonnenten hat ihr YouTube-Kanal bereits. Wollen Sie eine Lebensweisheit von Brett hören? »If life sucks, go practice.«

Kapitel 5

Werkzeug

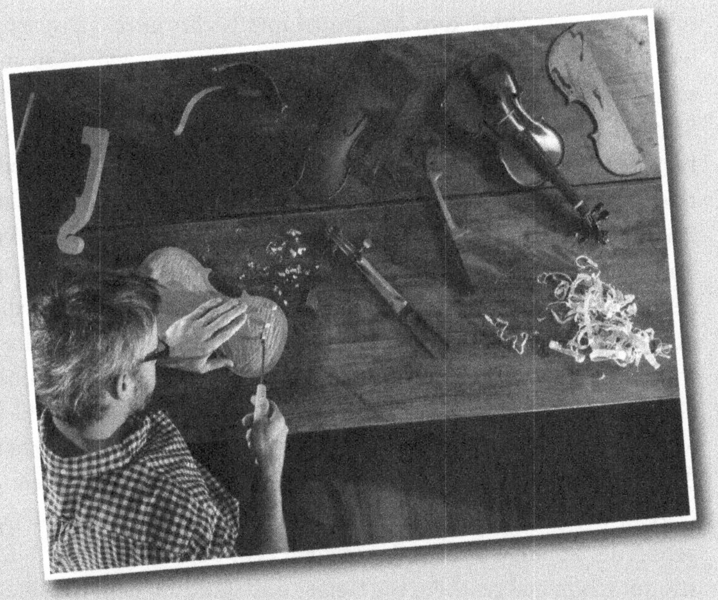

40. Grund

Weil man einfach ein Herz für Bratscher haben muss

In diesem Kapitel soll es um Klangerzeugung gehen, also um Instrumente, aber auch um Stimmbänder. Aber seien Sie auch hier gewarnt. Da bin ich ein wenig vorbelastet. Ich gebe es zu; ich bin Bratscher. Bitte lesen Sie trotzdem weiter! Wer es immer noch nicht weiß: Bratscher sind unter Musikern die Trottel und Nichtsnutze. Sie spielen halt noch nicht mal die zweite Geige. Und was sie spielen, ist so anspruchslos, dass sie weder Ausbildung noch Motivation benötigen. Selbst in Profiorchestern haben die Bratschisten daher meist einen richtigen Hauptberuf, meistens sind sie Radiologen oder Steuerberater. Manchmal springt auch der Pförtner vom Künstlereingang ein. Dass sich die Geige aber letztlich nur von der Bratsche ableitet (violino = kleine Viola), sollte man nicht laut sagen. Was bekommt man als Bratscher ohnehin nicht alles zu hören! Aber ohne die Bratsche geht es nicht. Schließlich spielt sie meist jene Töne, die sonst keiner will. Wollen Sie mal einen wirklich tollen Bratscher hören? Amihai Grosz! Sein Spiel mag von seinem Instrument inspiriert sein, handelt es sich doch um eine der schönsten, besten und ältesten Bratschen der Welt; von 1570! Und er spielt darauf, als gäbe es kein Morgen.

Aber wie gesagt: So was bleibt Ausnahme. Zum Bratschistenalltag gehört die ständige Überforderung. Hier ein Beispiel: Sie haben bestimmt schon mal gesehen, wie Geiger ihre Hand auf dem Griffbrett weiter in Richtung Gesicht schieben, wenn es gilt, höhere Töne zu spielen. Sie sagen dann, sie »wechseln die Lage«. Es gibt mehrere Lagen; sie werden einfach durchnummeriert: 1. Lage, 2. Lage, 3. Lage usw. Je höher die Nummer, desto näher am Bogen und desto höher der Ton, desto fummeliger ist er auch zu greifen. Auch für die Bratsche gibt es Lagenbezeichnungen. Sie haben aber keine Nummern, sondern Namen: Grundlage, Notlage, Niederlage.

41. Grund

Weil Tenöre nicht von dieser Welt sind

Für Männer gibt es technisch zwei Möglichkeiten, hohe Töne zu singen. Die eine ist die normale Stimme, wie sie auf üblicher Sprechhöhe auch beim Singen funktioniert. Man nennt sie Modal- oder Bruststimme. Die andere ist das umgangssprachlich so genannte Fisteln. Was da jeweils genau im Kehlkopf passiert, unterscheidet sich schon ziemlich. Bei Jodlern hört man das besonders gut. Sie lassen die Stimme hörbar zwischen der tiefen Bruststimme und der Fistelstimme umschlagen. Genau diesen Bruch unhörbar gleitend zu gestalten, war über lange Zeit das Ziel der Tenorsängerausbildung. Noch mindestens bis Anfang des 19. Jahrhunderts müssen wir uns die hohen Tenortöne als leichte, elegante Schlenker vorstellen, nicht als das von Pavarotti herausgestemmte »vincero«-b' in *Nessun dorma*. Das ist nämlich mit der kräftigen Bruststimme erzeugt, oder wenigstens mit einer angepassten Version davon. Und diese hohen Töne mit dieser Stimme zu erzeugen, war ein Trend, der erst in der Mitte des 19. Jahrhunderts einsetzte. Die hohen Bravourarien überließ man davor noch den Kastraten. Für diese neue Technik der hohen Brusttöne muss der Tenor seinen ganzen Stimmapparat ungeheuer manipulieren. Er singt somit wesentlich künstlicher als alle anderen Stimmen. Ist das denn noch normal? Oh nein. Das ist sogar ziemlich besonders. Dieser Tenorgesang bewegt sich in einer Höhe, die über der normalen Sprechstimme der meisten Frauen liegt. Und zu seiner Erzeugung sind enorme Kraft und langes Training erforderlich. Gesangsforscher Thomas Seedorf spricht von einem »Hochenergieereignis«. Erstens kann nicht jeder, was ein Tenor kann, zweitens merkt man als Zuhörer diese Leistung intuitiv. Man kann das mit einem Hochleistungssportler vergleichen, dem man bei seinen athletischen Leistungen ungläubig staunend zusieht. Als nun die Tenöre mit ihrer neuen, übernatürlichen Technik die Bühnen betraten, konnten sie das anfangs geschockte Publikum faszinieren und schließlich den Kastraten die Schau stehlen. Sie waren Sänger von einem anderen Stern. So sah es auch Hector Berlioz: »Wisst ihr nicht, dass der Tenor kein Wesen von dieser Welt ist? Er ist eine Welt in sich!«

42. Grund

Weil man heute das Messerchen nicht mehr loben muss

Eine einzige Aufnahme ist uns erhalten. Alessandro Moreschi war der letzte Kastratensänger und der einzige, der auf Platte seinen Gesang verewigt hat. 1902 und 1904 war das. Viel früher, im Barock, als Frauen noch nicht in der Kirche und auf der Opernbühne den Mund aufmachen durften, waren schöne, hohe Stimmen gesucht. Der spätere Komponist Orlando di Lasso wurde als Junge wegen seiner Stimme mehrmals entführt. Ein Stimmbruch war dann üblicherweise das Ende einer einträglichen Karriere. Da half nur das Messer. Es half nicht nur, die hohe Stimme zu erhalten, es brachte auch den Hormonhaushalt durcheinander. Kastraten wuchsen in die Höhe und entwickelten ein abnormes Lungenvolumen. Ihr Kehlkopf allerdings blieb der einer Frau. Die meisten wären auch heute noch überdurchschnittlich groß und überragten das damalige Publikum und ihre Bassistenkollegen auf der Bühne bei Weitem. Die große Lunge ermöglichte ihnen zudem, extrem lange Töne und Läufe zu singen. Nach gelungenen Bravourarien gab es Rufe: »Evviva il coltello!« (Es lebe das Messerchen!) Lag eine solche Arie besonders gut, nahm man sie mit auf Tour, und überall, wo man auftrat, wurde sie ins jeweilige Stück eingebaut. Darum heißt sie auch Kofferarie. Heute gibt es etliche Countertenöre (oder Alti), die mit bester Gesangstechnik und betörendem Ausdruck an die Stelle der Kastraten treten können, z. B. Philippe Jarrousky oder Jakub Józef Orliński.

Nicht unmittelbar für jeden nachvollziehbar, aber zweifelsfrei belegt ist die erotische Anziehungskraft der Kastratensänger. Bei einigen hat das Messerchen wohl lediglich die Fortpflanzungsfähigkeit zunichte gemacht. Nach den nicht enden wollenden und dabei sehr kräftigen Tönen lag der Gedanke nahe »Der kann aber lange«. Das mit den Geschlechtern sah man bald ohnehin nicht mehr so streng. Die Kastraten sangen ja meist Männerrollen. Sobald die Frauen durften, schlüpften sie im Gegenzug in »Hosenrollen« und trieben das Spiel auf die Spitze, wenn sie sich im Rahmen der Rolle dann wieder als Frau verkleideten und so als Frau (Sängerin) als Mann (Rolle) als Frau (verkleidet) einen Mann umgarnen – wie z. B. Cherubino im *Figaro*.

43. Grund

Weil uns »klasse Typen« für »uncoole« alte Instrumente begeistern

Wenn mal die *14 Berliner Flötisten* bei Ihnen vorbeischauen, können Sie vielleicht Gelegenheit haben, auch eine Subkontrabassflöte in Aktion zu erleben. Ich habe sie einmal gehört; das vergisst man nicht. Noch eindrücklicher als der Ton, der manchen tiefen Orgelregistern ähnelt, ist allerdings der Anblick: Zum weit übermannsgroßen Triangel aus armdicken Rohren gefaltet steht sie da und wartet auf kräftigen Atem. Man muss aber gar keine speziellen Umarrangements oder abgefahrene, äh interessante Neue Musik hören, um über Könner an jenen Instrumenten zu stolpern, die man sonst eher belächelt. Es hat sich in den letzten Jahrzehnten nämlich viel getan; alte Spieltechniken wurden neu entdeckt, Spezialisten spezialisierten sich, Instrumentenbauer verstanden immer mehr beim Nachbau alter Museumsstücke. Und so gibt es mittlerweile eine ganze Reihe von Musikern, die uns für »uncoole« Instrumente begeistern können. Hier meine Tipps.

Die Mandoline hat eine viel ältere und reichere Geschichte, als man so denkt. Nur hat man sie irgendwann im 20. Jahrhundert ein wenig auf ihre Rolle in Gondeln und unter Balkonen festgelegt. Dabei haben die Großen für sie geschrieben: u. a. Telemann, Mozart, Beethoven, Paganini, Puccini und Dvořák. In Mozarts *Don Giovanni* begleitet sich der Titel-»Held« selbst zu einem Ständchen. Das heißt, er tut nur so. Bei der Uraufführung spielte der erste Geiger, der damals größte Mandolinenvirtuose. Das wusste Mozart natürlich und nutzte es aus. Geigern sollte die Mandoline ohnehin recht leichtfallen, ist sie doch identisch gestimmt. Heute ganz vorne mit dabei, wenn es um dieses Instrument geht: der völlig legere Chris Tile, der in etlichen Genres zu Hause ist, aber auch Bach-Partiten so spielen kann, als seien sie nur für die Mandoline geschrieben.

Die Barockoboe kann nicht mit so viel schön polierter Feinmechanik aufwarten wie ihr modernes Pendant. Aber wenn Sie mal Gelegenheit haben, Alfredo Bernardini mit ihr zu erleben, holen Sie sich sofort eine Karte! Hinter dem Äußeren, das auf den ersten Vorurteilsblick vielleicht eher einen Biologielehrer vermuten lässt, steckt einer der größten Schelme der Klassik – und einer der besten Barockoboisten, der sein Instrument auch gerne mal als Dirigentenstab verwendet, z. B. bei Händels *Feuerwerksmusik.* Wenn man hört, was für einen ungeheuren Drive und Glanz er mit der im Stehen spielenden Originalbesetzung mit 60 Bläsern auf alten Barockinstrumenten entwickelt, dann versteht man, warum seinerzeit in London schon 10.000 Zuhörer zur Generalprobe kamen und warum dies mit dem perfektionierten und »edleren« modernen Instrumentarium kaum möglich ist.

Maurice Steger kann zwar auch schon auf ein Vierteljahrhundert an Diskografie zurückblicken, wirkt aber immer noch wunderbar schulbübisch, so als wolle er uns mit der Blockflöte einen gehörigen

Streich spielen. Seine CD mit Blockflötenstücken betitelt er schon mal mit *Baroque Twitter*, also »Barockgezwitscher«. Suchen Sie im Netz ein Video von seinem Auftritt beim *Hochrhein Musikfestival!* Er spielte dort mit der Capella Gabetta Vivaldis Konzert in C-Dur RV 443. Ist man nicht vorbereitet, fragt man sich vielleicht: Was hat der denn geschluckt? Aber vielleicht fragen wir das auch nur, weil viele von uns das Blockflötenmundstück im zarten Grundschulalter schlucken mussten und uns nie vorstellen konnten, dass jemand darauf so umwerfend virtuose Musik macht oder gar: Spaß dabei hat! Den hat er, und wie.

Ein Wort mit drei Z? Jazzzink (na gut, Jazz-Zink). Ein Zink ist eigentlich nicht viel mehr als eine Blockflöte mit Trompetenmundstück, manchmal sogar aus einem Stück gedreht. Aber höllisch schwer zu beherrschen! Doron Sherwin kann es. Vielleicht ist er besser, als es je im Barock jemand war, denn wozu diese schlichte Konstruktion fähig ist, blieb über Jahrhunderte vergessen. Wenn Doron Sherwin aber im Ensemble L'Arpeggiata die Sonnenbrille aufsetzt und zu den barocken Verzierungen auch noch jazzige Schleifer improvisiert, muss sich jedes hohe Saxofon eine gute Daseinsberechtigung ausdenken.

Wenn man Jean Rondeau am Cembalo sieht, fällt zunächst der optische Kontrast zwischen Instrument und Spieler auf. Ich sage dazu hier nicht mehr, denn fängt er an zu spielen, schämt man sich über jeden Gedanken, den man sich über das Äußere eines Menschen gestattete, und dann glaubt man nicht, dass dieses Instrument eigentlich technisch gar keine Lautstärkenänderungen zulässt. Jean Rondeau kann zaubern.

Die herrlich warme Bassettklarinette ist nicht zu verwechseln mit dem Bassetthorn, das ebenfalls aus der Klarinettenfamilie stammt. Antony Pay, Soloklarinettist des Orchestra of the Age of Enlightenment, weiß, worauf es beim Spiel ankommt: gute Daumentechnik. Aber wie er selbst sagt: »Thumb people have it, thumb people don't.«

4 Times Baroque ist ein Quartett aus Blockflöte, Geige, Cello und Cembalo. Man nimmt den Jungs auf den Fotos ab, dass das wirklich ihre eigenen AC/DC-Shirts sind; es könnte auch ein Jazzquartett sein. Da ist nix langweilig. Das hat Drive und Charme, ist aber nirgends poppige Verulkung, sondern bis in die letzten Nervenenden elektrisiert. Bei solchem Barockspiel schmeißt man die E-Gitarre aus dem Fenster.

44. Grund

Weil Chöre immer besser werden

Wie hätten Sie's denn gern, Herr Monteverdi? Bei Claudio Monteverdis *Marienvesper* scheiden sich nicht erst bei den Proben die Geister. Hat er uns doch unbeabsichtigt ein paar Rätsel hinterlassen, die man vor jeder Einstudierung neu lösen muss. Denn mitten im 17. Jahrhundert war man noch nicht so freigiebig mit den Anweisungen, die man in die Partitur schrieb. Das betrifft so nebensächliche Fragen wie: Welche Instrumente sollen überhaupt spielen? Welche Version des *Magnificat* soll erklingen? Wie soll man die Tempowechsel gestalten? Immer wahrscheinlicher wird dabei eine relativ flotte Lesart des bald 400 Jahre alten Werkes. In diesem Falle wird es dann aber sängerisch anspruchsvoll, denn nun werden die schnellen und virtuosen Passagen nur noch von einem solistisch (und dabei vorzüglich) besetzten Kammerchor zu meistern sein. Eine große Oratorienbesetzung, wie sie lange Zeit auch üblich war, wäre einfach zu träge. Welche Vorteile die Methode »klein, aber fein« haben kann, beweisen gerade bei den großen barocken Chorwerken in jüngster Zeit immer mehr hervorragend ausgebildete und zusammengestellte Ensembles. Wir leben in einem neuen goldenen Zeitalter des Chorgesangs. Ob Cappella Amsterdam, Vocalconsort Berlin, Balthasar-Neumann-Chor, hier wie dort tauchen wie aus dem Nichts Profichöre auf, denen kaum ein

Chor vor 60 Jahren das Wasser hätte reichen können. Mittlerweile kann man nämlich auch Chorgesang direkt studieren. Und es hat einen besonderen Reiz, wenn die Oratorien- und Kantatensolisten nicht als besonders herausgeputzte Heerführer vor der riesigen Schar stehen, sondern nur zu ihren Einsätzen aus dem Chor heraus, »aus der Menge« singen und ihre Stimme im Rest des Stückes eingliedern.

Kapitel 6

Familien-angelegenheiten

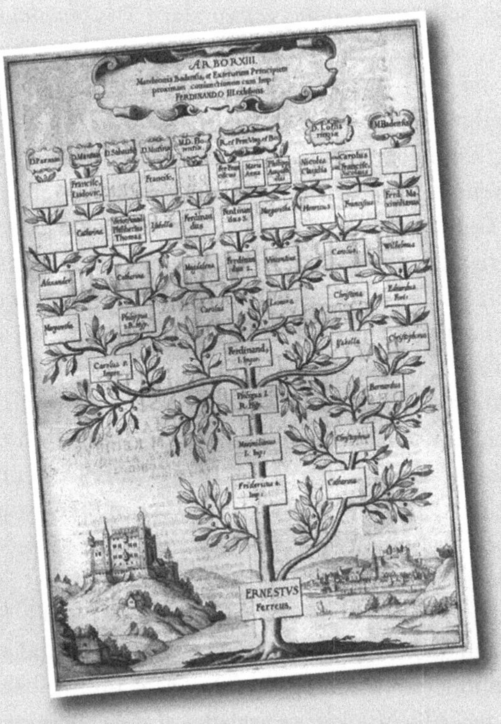

45. Grund

Weil es immer wieder neue Gattungen zu entdecken gibt

Dass wir unter *klassischer Musik* Stücke aus etlichen Jahrhunderten und damit verschiedenster Stile und Kompositionstechniken versammeln, erwähnte ich ja schon zur Genüge. Dass die Zahl der möglichen Genres und Gattungen jene der Epochen aber noch weit übersteigt, sollte nicht weiter verwundern. Das *Handbuch der musikalischen Gattungen* umfasst fünf dicke Wälzer. Denn immer wieder hat sich der Publikumsgeschmack geändert. Abgenudelte Formen und ausgelutschte Libretti fielen in Ungnade, Verschiebungen in den Machtverhältnissen sorgten für Landrutsche in der Konzertlandschaft. Wenn man plötzlich von zahlenden Konzertabonnenten statt von der Güte des mäzenatisch veranlagten Lokaladligen abhängig ist, ändern sich auch im Spiel mit den Erwartungen des Publikums die Spielregeln. Und unter den Komponisten gab es immer wieder welche, die dieses Spiel besser oder schlechter beherrschten. Bach schrieb ohnehin »Soli Deo Gloria«, also nur zum Ruhme Gottes; Mozart konnte alle befriedigen, die Laien wie die Profis (nur seinen Kaiser nicht, der nach der für heutige Ohren so unterhaltsamen wie zugänglichen *Entführung aus dem Serail* die berühmten Worte »gewaltig viel Noten, lieber Mozart« fallen ließ – worauf Mozart geantwortet habe: »Gerade so viel Noten, Eure Majestät, als nötig sind.« Beethoven konnte mit seinen Sinfonien den Saal von der ersten kleinen Sekunde an begeistern, seine letzten Streichquartette gingen aber »voll am Publikum vorbei«. Nachdem Mitte des 19. Jahrhunderts die Hörerschaft in Lager und Anhängerschaften verschiedener Richtungen zu verfallen drohte (Brahms vs. Wagner, »absolute Musik« vs. Tondichtung usw.), spaltete sie sich nach 1910 irgendwann endgültig auf in E- und U-Musik. Und so gehen uns die Gattungen nicht aus. In diesem Kapitel möchte ich auf einige zu sprechen kommen, um die man nicht herumkommt oder über die zu stolpern lohnt.

Es gibt immer wieder neue Genres, Gattungen und Untergattungen zu entdecken. Wann waren Sie beispielsweise zum letzten Mal in einem Konzert, in dem nur Violinduette zu hören waren? Oder ein »Konzert für Jodelstimme?«

46. Grund

Weil die Messe nicht weit vom Stamm fällt

Und hier gleich die erste Untergattung, die das Reinschnuppern lohnt, ausnahmsweise mal aus der Kirchenmusik. Nix Langes; in der Kürze liegt die Möglichkeit. Messen sind ohnehin ein dankbares Objekt für Komponisten. Form, Besetzung und vor allem Aussage stehen im Wesentlichen fest; in engeren Grenzen lässt sich die Kunst beweisen und Neues in alten Formen probieren. Gerade eine *Missa brevis* bietet sich dann in ihrem knappen Maß an. Was jedoch unter einer Missa brevis – also einer »kurzen Messe« – zu verstehen sei, hat sich im Lauf der Jahrhunderte deutlich verändert. Ab ca. 1500 bezeichnete man so eine zwar im Ordinariumstext vollständige, aber ausdrücklich knapp gehaltene Messe. Später strich man gleich ganze Sätze (z. B. Agnus Dei, Kyrie oder Benedictus). In der lutherischen Musik bestand eine Missa brevis sogar bald nur noch aus Kyrie und Gloria – im Gegensatz zur vollständigen *Missa tota.*

Sei es nun in dänischem Barock italienischer Schule, in Salzburger Frühklassik, deutscher Romantik (wenn z. B. Mendelssohn Venedigs Doppelchöre oder Brahms den alten Palestrina unter die Lupe nimmt) oder skandinavischer Chorklanggourmandise: In den *Missae breves* kann man zwischen Archaik und Farbenpracht vielfältige Bezüge zwischen den Stilen erleben und nicht zuletzt sehen, wie gesamteuropäisch Kirchenmusik für den Alltagsgebrauch schon immer war. Beispiel gefällig? Die Missa brevis in C-Dur KV 115 gehört zu den unbekannteren Messen Wolfgang Amadeus Mozarts – wenn sie überhaupt zu seinen Werken gehört. Denn mittlerweile finden sich starke Belege dafür, dass hier ein Werk des Vaters Leopold vorliegt, genauer gesagt eine Vorstufe, ein Generalbassauszug zu dessen vollendeter Missa solemnis in C von 1764. Mitte des letzten Jahrhunderts vermutete der Musikwissenschaftler Alfred (nicht Albert) Einstein noch ein Meisterwerk des 18-jährigen Wolfgang, das 1773 auf erzbischöflichen Wunsch begonnen und auch abgebrochen wurde: »Vier Stimmen, mit schlichter Orgelbegleitung, ohne Zeitverlust in prinzipiell kontrapunktischer […] Gestaltung fortschreitend, doch ohne sich den Ausweg ins schlicht Akkordische zu verbauen; kleingliedrig, doch mit der Freiheit, im Cum sancto spiritu eine Doppelfuge auszubreiten; mit kleinen Betontheiten des Gefühls oder symbolischer Malerei.« Obwohl Einstein die polyphonen Stellen für »etwas erstarrt« erachtet und Einflüsse anderer Komponisten vermutet, spricht er das Werk dem Sohn zu. Mozart hat auch bei vielen anderen Gelegenheiten, gerade in der Kirchenmusik, Einfälle aus Werken seines Vaters übernommen. Und allein die Tatsache, dass Zweifel erst durch Vergleiche mit anderen Stücken aufkamen, spricht für die Qualität dieses Messfragments: ein charmantes Kyrie und ein Gloria, das mit der Erwartung des Hörers an die Länge des Satzes zu spielen scheint – mit seinem ganz eigenen Wechsel zwischen Schnell-fertig-werden-Wollen und Ausufern.

47. Grund

Weil sich vier vernünftige Menschen geistreich unterhalten können, ohne ein Wort zu sagen

In der *Star Trek*-Folge *Allegiance* (TNG, Staffel 3, Episode 18, auf Deutsch *Versuchskaninchen*, Sternzeit 43714.1) will mal wieder eine bis dato unbekannte außerirdische Spezies etwas über die Menschen lernen, indem sie Captain Picard gefangen nimmt und einem Experiment ausliefert. Ihre Zivilisation kennt keine Hierarchien und kein Herrschaftsdenken und möchte etwas über Führungsqualitäten herausfinden. Picard durchschaut aber die Sache. Die Folge endet damit, dass er – wieder zurück auf der wohnlichen Brücke der *Enterprise D* – ein letztes Exempel an den beiden Außerirdischen statuiert. Nur durch Blicke verständigt er sich mit seinen Brückenoffizieren, die sodann die Außerirdischen in einem Kraftfeld festsetzen, damit auch diese mal am eigenen Leibe erfahren, wie sich Gefangenschaft anfühlt und wie man auch ohne Sprache, nur mit Blicken, führen und kommunizieren kann, wenn man als Team gut eingespielt ist.

Gut eingespielt zu sein und sich nur mit Blicken verständigen zu können, dafür gibt es in der klassischen Musik einen Gattungsnamen: Streichquartett. Goethe erkannte, dass hier ganz schön viel gesagt wird, ohne dass jemand den Mund aufmacht: »Man hört vier vernünftige Leute sich unterhalten, glaubt ihren Discursen etwas abzugewinnen und die Eigentümlichkeiten der Instrumente kennen zu lernen.« Das Unterhalten meint hier aber nicht die Absprachen der Instrumentalisten hinsichtlich ihrer Einsätze und der zu wählenden Lautstärke. Die Stimmen selbst unterhalten sich. Die erste Geige behauptet etwas, die zweite Geige neigt zur Zustimmung, die Bratsche hat die Sache nicht so ganz kapiert, und das Cello grummelt eine sarkastische Bemerkung in sich hinein. Bei vielen Streichquartetten kann man aber beobachten, wie viele stumme Absprachen und Blicke zwischen den Musikern nötig sind, damit die Unterhaltung zwischen den Stimmen funktioniert und für den Hörer Sinn ergibt. Sehr beredt schweigt beispielsweise das Ariel String Quartet.

Bis heute gilt das Streichquartett als Königsklasse. Wer sich beim Publikum beweisen will, schreibt Sinfonien, wer auf den Applaus der Komponistenkollegen (oder -feinde, je nachdem) hofft, schreibt Streichquartette. Sollte allerdings mal wieder ein Mitspieler verschlafen haben, gibt es immer noch etliche reizvolle Streichtrios. Das leider wohl nicht mehr aktive Trio triology betitelte eine seiner CDs mit *Who killed the viola player?*.

48. Grund

Weil man früher schon wusste, was man für eine gute Show braucht

Wir schreiben das Jahr 1749: Der Österreichische Erbfolgekrieg ist überstanden. London feiert, und Händel trägt das Seine dazu bei – neben der *Feuerwerksmusik* auch das Oratorium *Solomon*. Eine neue Zeit des Friedens soll anbrechen; in König Georg/George II. wird der Salomo Britanniens erhofft. Händel setzt deshalb in seinem *Solomon* den Akzent auch nicht auf Schlachtengetümmel und Heldenjubel, sondern beleuchtet die Weisheit und Größe des Königs, der in der zentralen Szene der streitenden Frauen sein berühmtes Kleinkindhalbierurteil fällt. Drum herum gibt es alles, was eine gute Bühnenshow so braucht: religiöse Festivitäten, Liebe noch und nöcher sowie einen glanzvollen Besuch der Königin von Saba. Zusammengesetzt ist diese Szenenfolge zum einen aus Abschnitten der *Antiquitates Judaicae* von Flavius Josephus, zum anderen aus der Bibel, genauer gesagt aus den Büchern der Könige und der Chronik. Händel hat die Farbigkeit des Geschehens auf die Musik übertragen. Mit allen Mitteln der Oper, die er für das Oratorium entlehnen konnte, schöpft er musikalisch aus dem Vollen – sogar für seine Verhältnisse: Imposante Chöre, innige Duette und leidenschaftliche Arien geben sich mit charakteristischen Instrumentalstücken die Hand. London ist begeistert, aber das war ja zu erwarten.

49. Grund

Weil wir der Politik für neue Musikgattungen danken können

Oben (siehe 31. Grund) erwähnte ich bereits den Lieben Augustin, den fahrenden Sänger aus Wien, der aus der Pestgrube wieder auferstand. Die Wiener Liebe zum Makabren, zur Todesnähe, hat in dieser Stadt sicher nicht ihren Ursprung, doch einen festen Anker. Was sang der Liebe Augustin? Wahrscheinlich war er ein Bänkelsänger. Also ein Infotainment-Journalist. Seine frühe Form der informativen Unterhaltung steht ihren aktuellen TV-Ausformungen mit ihrer Vorliebe für schlechte Nachrichten und ihren selbst gemalten und übertreibenden Bildtafeln wahrscheinlich recht nahe. Doch wie sah es damals genau aus? Die männlichen Moritaten- und Bänkelsänger begleiteten sich nicht selten selbst auf einer Harfe. Spätestens seit die Bastion der Männlichkeit in den letzten mitteleuropäischen Orchestern gefallen ist, können wir uns den Menschen an der Harfe aber nur als im besten Fall engelsgleiche, mindestens jedoch schöne weibliche Gestalt denken, die etwas welt- und sinnenfern wirkt. Wie anders da der typische Harfenist im 18. und 19. Jahrhundert in der Kaiserstadt! Er war entweder alt, hässlich oder blind, meistens aber beides. Sein geringer Erwerb fand auf den Straßen und in den Tanzlokalen statt. Die Stücke der Harfensänger waren volksnah, um nicht zu sagen »einfach«, dabei oft so anstößig, dass ihr Gewerbe gänzlich verboten werden sollte. Im Gebiet des heutigen Wiener Stadtparks spielte aber auch ein Harfenist mit – wahrscheinlich erfundenem – Namen Ranuzio Biscroma (wegen seines einen Auges wurde er auch

Monochetti genannt) sogar ausschließlich Stücke von Mozart. Dieser wiederum revanchierte sich bei dem Musikanten und arrangierte es, dass er am Hof Maria Theresias bei Philipp Hacksfellner, einem der besten Harfenisten, vorspielen durfte. Der letzte Harfensänger starb erst zu Beginn des 20. Jahrhunderts. Da hatte die Zither längst ihren Weg aus den Bauernstuben der Alpen in die nicht viel größeren Schenken Wiens gefunden.

Untergrund 1: Weil das Jodeldiplom Sinn ergibt. Spätestens während des Wiener Kongresses kamen aus Ungarn, Böhmen, Italien und vor allem den Alpengebieten Österreichs ganze Dörfer nach Wien und brachten ihre Folklore dem internationalen Publikum zu Gehör. Und so fand aus Kärnten, Tirol und der Steiermark auch jene spezielle Musizierkunst in die Kaiserstadt, deren Beherrschung zu erreichen nahezu der Erlangung eines Diploms gleichkommt: das Jodeln, in seiner Wiener Ausprägung *Dudeln* genannt. In der Abgrenzung zum Jodler zeigt diese regionale Variante einen eigenen Charakter, der sich daraus ergab, dass jetzt nicht mehr über die Almen, sondern über den Schankkellner hinweg und zudem zu echten Texten gesungen wurde. Man findet natürlich noch an einzelnen Textstellen und in ganzen Phrasen jenes charakteristische Umschlagen der Stimme vom umgangssprachlich so bezeichneten Brust- ins Falsettregister (siehe 41. Grund), damit verbunden große Intervallsprünge, auch mehrstimmig und dabei sogar manchmal polyphon im Jodlerkanon. Technisch ganz schön anspruchsvoll – alles also kein Scherz mit dem Jodeldiplom! Die Dudler sind ursprünglich aus dem Ländlertanz entstanden und stehen daher vorwiegend im ¾-Takt. Wenn der Dudler sich auch keiner Texte bedient, die inhaltlich etwas hergeben, so hat sich mit der Zeit doch ein Vokabularkanon herauskristallisiert: *Hollioh*, *Hollohdero*, *Dulliöh* und *Hopsdodero*. Der mutmaßliche Futur II bei Sonnenaufgang (*holleri-dö-dudel-dö*) findet sich allerdings erst im Werk Vicco von Bülows (Loriot) belegt.

Untergrund 2: Weil aus Tänzen Kunstmusik wird. Der Ländler hat uns aber nicht nur den Dudler beschert. Schon im 18. Jahrhundert war der (tatsächlich vom Land stammende) Ländler oder »Deutsche Tanz« von der städtischen Gesellschaft Wiens übernommen und im *Singspiel* eingeführt worden. Im Rahmen der Bewegung »zurück zur Natur« besiegte er das kunstreichere Menuett, auch wenn aus dem anfänglichen Hüpfen beim nun sogenannten *Walzer* mit der Zeit eher ein seliges Schweben beim *Wiener Walzer* wurde. Und hier wird nun in Wien eine sprachliche Feinunterscheidung wichtig: Der Tånz (Einzahl, mit dunklem A) wird getanzt. Die Tanz (Mehrzahl, mit hellem A) sind Tänze, die man nicht tanzt. Sie sind mitunter virtuos, musikalisch abwechslungsreich und interessant und werden auch *Altwiener Tänze* genannt. Ihre Besetzung wechselte, pendelte sich aber schließlich beim G-Quartett (eine Geige, noch eine Geige, Gitarre, G-Klarinette) ein. Als die Klarinette dann Ende des 19. Jahrhunderts noch durch die Ziehharmonika ersetzt wurde, stand die typische Schrammelmusikbesetzung fest. Sie spielte nicht nur Tänze, die nicht getanzt wurden, sondern auch Märsche, bei denen man sitzen blieb. Heute noch ist diese Besetzung äußerst populär. So spielen die Neuen Wiener Konzertschrammeln z. B. auch Stücke von Richard Strauss und Zwölftonmusik von Arnold Schönberg. Es ist ganz erstaunlich, wie zugänglich letztere plötzlich wird, wenn man ihr nicht im mundwinkelsteifen »Gottesdienstkonzert« begegnet.

Untergrund 3: Weil Wien einfach mal wieder typisch ist. Was ist nun typisch wienerisch? Auf die sogenannte »Wiener Klassik« bin ich ohnehin hier noch gar nicht ausführlich genug zu sprechen gekommen, obwohl sie es ja anscheinend per definitionem ist. Ich bin aber nicht der Erste, der bei diesem Thema um Worte ringt. Die Autoren, Konzertkritiker oder Radiomoderatoren sprechen dann von Musik, die »geboren ist aus dem Wiener Wesen«, aus »Übermut«, »Naturliebe«, »Heiterkeit« und »Melancholie«, »einschmeichelnder Anmut«. Nimmt man dies alles zusammen, so ergibt sich auf der Suche nach dem Wienerischen ein Fahndungsprofil, das eher aus menschlichen denn aus musikalischen Merkmalen gezeichnet scheint. In der Zeit des Biedermeier wird es mit der Wendung zum

Idyllischen, Volkstümlichen, Innigen vielleicht etwas einfacher. *Wiener Tänze* vererbten ihre rein musikalischen Gene bis in Franz Schuberts Symphonien, *Wiener Lieder* bis in sein Kunstlied und seine Liederzyklen. Will man sich heute einen typischen Blick auf das Wienerische in der Musik gönnen, dann sei ein Besuch des jährlichen Festivals *Wean hean* empfohlen, das jedes Mal auch mit einer CD dokumentiert wird. Einen authentischen Genuss des Wiener Tons wird man aber immer noch dort finden können, wo er seit dem Mittelalter gepflegt wird: beim Heurigen, beim Glaserl Wein.

Kapitel 7

Sahnestücke

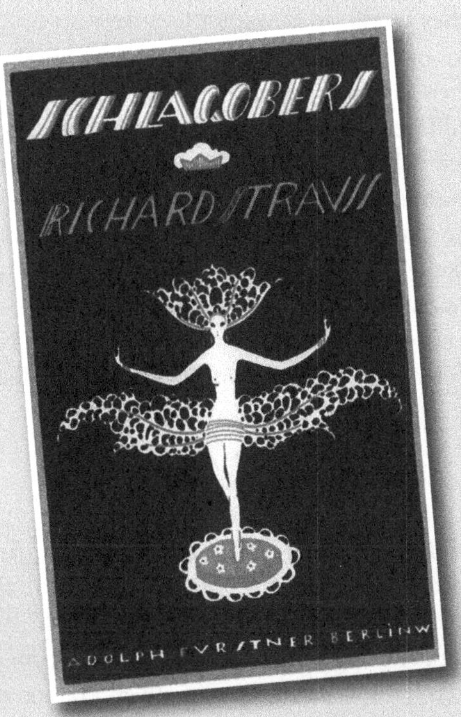

50. Grund

Weil es viele Kriterien für klassische Stücke gibt

In diesem Kapitel möchte ich einige klassische Werke vorstellen, nicht aber einfach meine Lieblingsstücke, sondern solche, die mir aus verschiedensten Gründen am Herzen liegen, über die vielleicht zu Unrecht gegähnt oder der Kopf geschüttelt wird, aus denen sich was machen lässt und die zeigen, was so speziell, so typisch, so liebenswert an klassischer Musik ist. Mozarts Klavierkonzert in A-Dur KV 488 und Beethovens 7. Sinfonie sind erst in Kapitel 8 im Rennen, da sich dort an ihnen so schön Verschiedenes und Gemeinsames zwischen unterschiedlichen Aufnahmen veranschaulichen lässt. Schließlich wird aus demselben Stück in anderen Händen auch ein anderes.

Mein erschreckend weitsichtiger Bekannter C. hat Kriterien gefunden, die man an klassische Stücke anlegen darf: Komplexität, Kommunikativität, Zeitlosigkeit, Vielfalt sowie Freiraum zur Entfaltung bzw. zur Deutung (z.B. da bei Instrumentalstücken allein schon der fehlende Text uns den Horizont öffnet). Na, wollen wir doch mal sehen, ob die folgenden Stücke dem standhalten.

51. Grund

Weil dem gewieften Händel die Geschäftsideen für echte Geistesunterhaltung nicht ausgehen

Christus auf der Bühne eines Oratoriums? Das kann er doch nicht machen! Das hätte 1743 im konservativen London einen kleinen Skandal gegeben. Und so verzichtete Händel ganz auf ein konventionelles Libretto und vertonte stattdessen ein wahres Kompendium zentraler Bibelstellen, das er geschickt zu einer Erzählung montierte und eindrucksvoll musikalisch kommentierte. Es wurde nur als

»A New Sacred Oratorio« angekündigt – die Nennung des Messias im Titel hätte Verdacht erregt. Gemäß einer Anordnung der anglikanischen Kirche durften nämlich während der Fastenzeit keine Opern gespielt werden. Die Theater standen also leer, Sänger und Ensembles waren freigestellt. Georg Friedrich, oder hier vielmehr George Friderick Handel, in Sachen Musik seit Jahren erfolgreicher Privatunternehmer, wusste die Lücke im Spielplan und die freien Ressourcen für ein neues Start-up zu nutzen: eine kleine Oratoriensaison zur Osterzeit. Gegen das Libretto des *Messiah* hatte die kirchliche Zensur keine Einwände; und doch rumorte es, denn man wusste: Händels Oratorien waren gewissermaßen die Fortsetzung der Oper mit anderen Mitteln. Die Stoffe ließ er in bekannter Manier der italienischen *Opera seria* dramatisch zuschneiden: mit Rezitativen, in denen das Geschehen vorangetrieben wurde, und Arien, in denen die Darstellung von Gefühlen zu ihrem Recht kam.

Die ursprüngliche Bestimmung und Besetzung dieses Oratoriums sind inzwischen in Vergessenheit geraten. Was man üblicherweise in Kirchen und oft mit gewaltiger Chorstärke aufführt, hatte Händel für Opernhäuser und für Aufführungen mit selten mehr als 30 Sängern konzipiert. Selbst die damalige Bühnenanordnung war der heutigen genau entgegengesetzt: Wie auf den Rängen eines Amphitheaters saßen die Instrumentalisten hinter dem Chor, der – und das war nun wirklich ganz neu – als musikalischer Kern des Oratoriums auch das Zentrum der Bühne bildete. Ein prachtvoller Anblick bot sich so dem Theaterpublikum, das vielleicht auch religiöse Erbauung, in erster Linie aber feinste musikalische Unterhaltung erwartete – und beides bekam, wie schon früh in Rezensionen zu lesen war: Händels *Messiah/Messias* war »a truly spiritual Entertainment«.

52. Grund

Weil manche Stücke so gut sind, dass man danach keine Zugabe geben kann

Direkt nach meinem Wehrdienst machte ich mich Mitte der Neunziger auf meine kleine »Grand Tour« und fuhr mit Rucksack (in dem sich sogar ein schwarzer Konzertanzug verbarg, mehr dazu später) in Italien rum. Nach endlosem Stumpfsinn in Oliv wollte ich mir dieses Kontrastprogramm gönnen. Von Siena aus tastete ich mich in vielen Etappen bis zum Nordende des Lago Maggiore vor, wo ein Chorwettbewerb auf mich wartete. Na ja, vermisst hätte der mich auch nicht. Dass ich sogar vergessen habe, in welchem Örtchen sich das nun folgende Erlebnis zutrug, mag die Glaubwürdigkeit des überwältigenden Eindrucks bitte nur noch bestätigen! Ich spazierte also nach dem zweiten oder dritten *caffè* im schönen Appeninfrühling durch eines der typisch verwinkelten kleinen toskanischen Städtchen (war also wohl eine etruskische, keine römische Gründung). Und irgendwann merkte ich, dass hier etwas anders war, besser. Von überallher hörte man Musik, live gespielte klassische Musik, Kammermusik genauer gesagt. Hier ein Klavier, dort eine Flöte, da ein Streichtrio. Viele übten. Ein kleines Nachwuchs-Kammermusikfestival hatte eingeladen und den gesamten Ort zur Bühne gemacht. Da kaum jemand Konzertkleidung trug oder Programmhefte verteilte, verschwammen auch die Grenzen zwischen öffentlichem Auftreten und Beobachtetwerden. Offenbar war auch gewünscht, dass man den Probenden durch offene Fenster zuhören kann. Was für eine entzückende Idee! Alle paar Meter gab es Neues zu hören. Besonders die Innenhöfe und Patios boten mit ihren Natursteinwänden einen erfreulichen akustischen Rahmen. Und in einem solchen passierte es. Ein Duo aus Geige und rudimentär gestimmtem Mobilklavier stand zwischen halb auseinandergenommenen Motorrollern und Kräutertöpfen und spielte etwas, was man schon bald als eine durchgehende Folge von kleinen Variationen erkennen konnte. Das Stück hatte dabei aber einen großen dramaturgischen Bogen. Ach, was sage ich? Eine gewaltige Gipfelkette! Als es vorbei war, konnte ich nicht sagen, wie viel Zeit vergangen war. Fünf Minuten? 20? Wie ich zurück in die Jugendherberge kam, weiß ich nicht mehr. Es hatte mich so umgehauen, dass ich selbst vergaß nachzufragen, was das denn war. Erst später, zurück in Deutschland, konnte ich ermitteln: J. S. Bach, *Chaconne* aus der Partita in d-Moll BWV 1004, die er eigentlich nur für die Sologeige geschrieben hatte. Fassungen mit zusätzlichem Klavier gibt es u. a. von Robert Schumann und Felix Mendelssohn Bartholdy. Andere kommen ganz ohne die Geige aus, Johannes Brahms hat sich des Stücks angenommen und es nur für Klavier umarrangiert, genauer gesagt nur für die linke Hand, damit man sich ein wenig in den Geiger einfühlen kann. Er war ebenso überwältigt von dem Stück und sah in der *Chaconne* »eine ganze Welt von tiefsten Gedanken und gewaltigsten Empfindungen. Hätte ich das Stück machen, empfangen können, ich weiß sicher, die übergroße Aufregung und Erschütterung hätten mich verrückt gemacht.« Und dann sagen Sie mir noch mal, dass Barockmusik nicht emotional sei! Wenn Bach exakt in der Mitte des Stückes mit leichtester Hand den Hebel nach Dur umlegt, bleiben einem der Atem und die Welt stehen. Ich kenne nur eine Stelle mit vergleichbarer Wirkung: wenn in Mozarts *Figaro* am Ende die Gräfin ihrem Gatten verzeiht.

Mittlerweile habe ich das Stück sicherlich tausendmal gehört, in etlichen Versionen. Es gibt sogar eine für Blockflöte (wie macht die das nur?), andere brauchen gleich ein ganzes Orchester (Stokowski). Wie Brahms fürs Klavier, aber diesmal für beide Hände, setzte Ferruccio Busoni Bachs *Chaconne.* Und hier braucht man wirklich beide Hände. Wenn Sie Arturo Benedetti Michelangeli mit dieser Version hören, haben Sie Gelegenheit, am Ende ein tieferes G zu hören, als dies auf einem Flügel überhaupt möglich ist. Ja wie? Er nutzt einen seltenen Bösendorfer *Imperial*, der links ein paar zusätzliche Tasten hat. Imposanter Name, ebensolcher Klang. Aber aber, Bach hatte doch gar nicht so ein Klavier! Das ist doch ganz unhistorisch. Ja. Trotzdem. Vertrauen Sie mir und nehmen Sie sich für diese Viertelstunde nichts anderes vor. Am besten auch den Herd ausschalten.

53. Grund

Weil moderne Komponisten uns 200 Jahre alte Ohren verpassen können

Man kann auf zwei Wegen versuchen, der alten/Alten Musik nahezukommen. Entweder man recherchiert, wie damals auf welchen Instrumenten in welchen Räumen gespielt wurde, und rekonstruiert dies im Konzert. Oder – was viel seltener geschieht – man geht die Sache von der gegenüberliegenden Seite an und versucht, beim Publikum mit modernen Methoden jenen Eindruck zu erzeugen, den die Zuhörer bei der Uraufführung hatten. Denn was die historisch informierte Aufführungspraxis nicht nachbauen kann, sind die historischen Ohren. Wenn man noch nie elektronische Musik, Industrielärm, Fahrstuhlmusik oder Radio gehört hat, klingen Instrumente und Gesang halt anders. Man rekonstruiert also nicht das Mittel, sondern die Wirkung.

Der Komponist Hans Zender hat so etwas versucht und Schuberts Liederzyklus *Winterreise* einer so von ihm genannten »komponierten Interpretation« unterworfen. Dazu zunächst etwas zu Schuberts Vorlage: Was uns an verschneite Alpendörfer und Après-Ski mit Jagertee denken lässt, muss zu Schuberts Zeit höchstens Gedanken an ein Martyrium erweckt haben. Man reiste nicht im Winter, zumindest nicht freiwillig. Ganz freiwillig scheint auch der Wanderer in Schuberts *Winterreise* nicht seinen Weg zu gehen. Der Liedzyklus auf die Texte von Wilhelm Müller ist vielmehr die beklemmende Seelenstudie eines Ver- und Getriebenen. Von seinen Mitmenschen freiwillig abgesondert, den eigenen Tod im Blick, sieht sich Wilhelm

Müllers Wanderer nur noch von Vögeln, von Krähen, begleitet. Er wird immer als Wanderer beschrieben; dabei ist er gar nicht so freiwillig und nur zum Vergnügen auf dem Weg. Zu oft hört man ja von dem Weg, der das Ziel sei. Hier scheint die Reise aber tatsächlich kein bestimmtes Ziel zu haben, nur einen Nutzen. (»Bin gewohnt das irre Gehen, s'führt ja jeder Weg zum Ziel.«) Immer wieder nämlich setzt der Reisende, was er sieht, zu seinem Herzen, seiner Seele, seinen verschiedenen Stimmungen in Beziehung. Er vergleicht sich mit einem zugefrorenen Bach, einem wilden Winterhimmel bei Sonnenaufgang, mit Herbstlaub, das zu Boden fällt, das keine Hoffnung mehr hat. Und jene Teile der Landschaft, die nicht beschreiben, wie es in ihm aussieht, scheinen für ihn noch wichtigere Aufgaben zu erfüllen, z.B. als Orientierungspunkte, als Wegweiser oder letzte Gefährten. So geht er nicht nur durch die Winterlandschaft, sondern schreitet sein Inneres ab. Im Schnee ist ohnehin nur der Weg sichtbar, der hinter ihm liegt, nicht jener vor ihm. Von Schubert erst zum Liederzyklus gemacht, wirkte die *Winterreise* auf ihr erstes Publikum vor allem neuartig und »schauerlich«, ihre Musik wurde als »schneidend« beschrieben. Ein Großteil der unterschiedlichen Stimmungen wird in dieser Musik durch die Begleitung erzeugt. Da die Lieder mit der Zeit aber immer mehr zum Allgemeingut wurden, im drastischsten Falle sogar auf nett poliert als geglättete Volksliedversion von manchem stimmesfreudig-übermütigen Männergesangsverein entstellt (»Der Lindenbaum«), nimmt man diese Schauer oft nicht mehr wahr. Neue Fassungen – wie eben jene von Hans Zender – können mit anders instrumentierter Begleitung die Brüche, die schauerlichen Effekte und verschiedenen Stimmungen wieder hörbar machen. Mir lief es jedenfalls kalt den Rücken runter, als ich zum ersten Mal Zenders komponierte Interpretation gehört habe. Die herben Bläsertöne fahren in die Knochen, die Rasseln machen unmittelbar Angst. Am Ende seines Weges sieht der Winterreisende den Leiermann, nicht Leier*kasten*mann (!), also jedenfalls den Mann mit der Drehleier auf der anderen Seite des Dorfes stehen und empfiehlt sich ihm als Sänger. Die gemeinsamen Lieder dieser beiden hat Wilhelm Müller nicht mehr geschrieben, sondern seinen Zyklus zuvor abgeschlossen. Der Textdichter der *Winterreise* ist infolge eines zu langen Heimwegs vom Besuch bei einem Freund in einer zu kalten Nacht im Jahr 1827 gestorben. Von Schuberts kurz zuvor entstandener Vertonung hat er nie erfahren.

Zweites Beispiel: Wolfgang Rihm, *Das Lesen der Schrift*. Das Konzept ist eigentlich gar nicht so neu: Schon Johannes Brahms fügte bei eigenen Aufführungen seines *Deutschen Requiems* ältere Fremdkompositionen zwischen die bestehenden sieben Sätze ein, z. B. eine Händel-Arie oder langsame Sätze aus Bach'schen Violinkonzerten. Als im Jahr 2001 Kent Nagano das Werk aufführen wollte, suchten er und sein damaliger Intendant Dieter Rexroth die Verbindung mit zeitgenössischer Musik. Und fanden sie mit Wolfgang Rihms *Das Lesen der Schrift*, welches extra hierfür entstand. Nicht schroffe Provokation wird hier gesucht; Rihm beabsichtigt, »das großartige Brahms-Requiem in seinem Innern beantworten und befragen zu dürfen«. Er dampft dessen Musik ein, macht Grundstrukturen hörbar. Die vier Orchesterstücke werden an vier Stellen in das Brahms'-sche Requiem zwischengeschaltet, der Brahms'sche Notentext bleibt dabei unangetastet. Wolfgang Rihm nennt sie selbst »Stillestücke«. In ihnen bezieht er sich auf lauter Details von der Werkbank des Komponisten Brahms: Details der Instrumentation, der Tonartenabfolge, auf bestimmte Intervallfolgen oder Satztechniken. Ziel sei es ihm gewesen, so jenen Trauer- und Trostprozess nachzuvollziehen und zu vertiefen, den schon Brahms ausdrücken wollte, jenen »Trost angesichts des körperlichen Todes« neu zu erleben, welchen Brahms damals auch sich selbst geben wollte – anlässlich des Todes seiner Mutter. Der Titel *Das Lesen der Schrift* bezieht sich also nicht nur auf die Bibelstellen, sondern meint auch ein Entziffern der Brahms'schen Partitur. Was für ein kluger Kunstgriff!

In jüngster Zeit findet man immer mehr ähnliche Projekte, die mit kompositorischen Werkzeugen neue Zugriffe auf alte Stücke versuchen. Im Rahmen des Projekts *recomposed* jagte Matthew Herbert Gustav Mahlers zehnte Sinfonie durch die Zeitmaschine, Max Richter nahm sich der *Vier Jahreszeiten* von Vivaldi an, und Peter Gregson widmete sich den Cellosuiten von Bach. Ich bin sehr gespannt, was demnächst noch folgt.

54. Grund

Weil Pasteten politisch werden können

Händel musste etwas unternehmen. Seine Konkurrenz der *Opera of the Nobility* am Haymarket Theatre war sehr erfolgreich, zuletzt mit der *Arianna in Nasso* von Nicola Popora. Um noch im gleichen Jahr (1734) mit einem ähnlichen Stück nachziehen zu können, arbeitete er für seinen *Oreste* ganz ökonomisch: Ein Libretto (von Giovanni Gualberto Barlocci) lag fertig vor; die meiste Musik konnte er aus den besten Arien seiner früheren Opern zusammenstellen. Nur die Rezitative galt es neu zu komponieren. Das Ergebnis einer solchen Methode nennt man *Pasticcio*, also auf Deutsch: Mischmasch, Pastete. Das war nicht anrüchig, sondern üblich. Oft kommt dabei aber nicht mehr als ein Potpourri heraus. Nicht so bei Händels *Oreste*: Die Arien wurden nicht blind neu betextet, sondern klug gewählt und in der Nachbearbeitung so fein geschliffen, dass ein Stück wie aus einem Guss entstand. Gutes Handwerk zahlt sich halt aus. Die Handlung beruht auf der Tragödie *Iphigenie bei den Taurern* von Euripides: Der Muttermörder Orest landet, vom Wahn verfolgt, auf Tauris. Dort trifft er auf seine totgeglaubte Schwester Iphigenie, die wiederum vom Tyrannen Thoas gezwungen wird, alle Fremden zu töten. Na ja, solche Situationen kennt man ja. Erst spät erkennen sich die Geschwister, doch gemeinsam mit ihren Gefährten gelingt es ihnen, die Gewaltherrschaft von Thoas zu brechen und zu entkommen. So weit, so bekannt aus dem Deutschunterricht. Barloccis

Fassung nimmt allerdings die persönliche Entwicklung von Orest verstärkt in den Blick und mischt so Politisches und Privates. Der zunächst Wahnsinnige muss die Furien abschütteln, dem Todesurteil entgehen, dem Freund Pylades helfen, die eigene Gattin befreien und die Schwester schützen – und wird so zum Helden, der die Freiheit verdient. Auf Tauris geht es um Flucht, Fremdenhass und Diktatur. So fern scheint uns die Insel nicht zu sein.

55. Grund

Weil manche Stücke einfach der Wahnsinn sind

Eine kleine tragbare Orgel, mit acht Tönen, nur für ein paar Melodien auf Lochstreifen tauglich – als Randolph Stow 1966 dieses Instrument und die Geschichte dahinter entdeckte, entstand die erste Idee, die zu den *Eight Songs for a Mad King* des britischen Komponisten Peter Maxwell Davies führte. Die Orgel wurde gebaut im Auftrag von George III. von England (1760–1820). Er wurde von seinen Zeitgenossen zwar für sein kulturelles Interesse geschätzt, jedoch als »Mad King« verewigt. In den Jahren vor seinem Tod litt er an einer immer wieder in Schüben wiederkehrenden Verwirrtheit; schließlich zog er sich in seine eigene Welt zurück und verbrachte im Wahn monologisierend ganze Tage in seinem Zimmer. Zugleich versuchte er zur Ablenkung, seinen Zuhörern – einigen Dompfaffen, die dort in Käfigen gehalten wurden – das Musizieren beizubringen: Er spielte auf Cembalo, Flöte und der kleinen Orgel mit den acht Tönen und sang ihnen vor. Auch ihm sind also nur noch ein paar Vögel als Begleiter geblieben. Seine Monologe sind ebenfalls Selbstbetrachtungen, erreichen aber mühelos jene pathologische Ebene, die Müller und Schubert uns vielleicht verschwiegen haben (siehe 53. Grund); für diese Schauer wäre ihr Publikum auch noch nicht vorbereitet gewesen.

Das tagelange Singen, Reden und Kreischen hielt die Stimme von George III. jedenfalls nicht lange aus. Mit der Zeit wurde sie immer unnatürlicher, was die Umstehenden am Hofe natürlich erst recht davon überzeugte, dass sie es nun mit einem »Mad King« zu tun haben. Vor dem Hintergrund dieser Geschichte erstellte Randolph Stow seine Texte, die er dem König in den Mund legt, die aber auch überlieferte Zitate des Königs enthalten. In der Zusammenarbeit mit dem Komponisten Peter Maxwell Davies wurde bald klar, dass auch die Vögel ihre musikalische Rolle bekommen müssen. Die Idee, sie durch die Instrumente darzustellen, diese in Käfige zu setzen und mit dem Sänger in Wechselbeziehungen treten zu lassen, brachte die Arbeit endgültig ins Rollen. So werden die Vögel nun durch die Streicher und Bläser repräsentiert. Der Schlagzeuger ist gewissermaßen der Aufseher des Königs; der Pianist hat indes verschiedene Aufgaben. Warum aber diese Besetzung? Hätten die Vögel nicht besser ausschließlich durch Blasinstrumente dargestellt werden können? Davies' Entscheidung für ein sehr gemischtes Instrumentarium erklärt sich durch die Vorgeschichte des Ensembles, für das er die *Eight Songs* geschrieben hatte: Es wurde »Pierrot Players« getauft, da es einige Jahre zuvor speziell für eine Aufführung von Schönbergs ähnlich instrumentiertem *Pierrot Lunaire* gegründet worden war. Und an diesem Werk scheint sich Davies noch in anderer Weise orientiert zu haben. In beiden Stücken wird die Hauptfigur durch einen Akteur dargestellt, der zwischen Ekstase und Komik pendelt und mit den verschiedenen Instrumenten Duette singt. Aber irgendwie bleiben beide Figuren unscharf: Bei Schönberg erwähnt sich Pierrot mal in erster, mal in dritter Person. Davies lässt den Hörer ebenfalls bewusst im Unklaren: Die Figur in seinem Stück könnte auch jemand sein, der sich nur für George III. hält. Es ist vielleicht gar nicht so wesentlich. Der König wird ohnehin nicht als realistische Figur gezeichnet. Der Zuschauer nimmt an seinem Wahnsinn viel zu direkten Anteil, als dass ein unvoreingenommen urteilender Blick auf diesen Irren möglich wäre. Er hört die Vögel nicht wie ein Außenstehender, sondern wie der König selbst sie wahrnähme.

Für die musikalische Ausarbeitung der *Eight Songs for a Mad King* ging Davies andere Wege als bei seinen vorigen Stücken. Zentrale Idee für die Anlage war die Kombination und Verarbeitung von möglichst viel verschiedenem musikalischen Material. Zu einem großen Teil stammt es aus der Zeit vor dem Tod des Königs, also ca. vor 1820. Auch in der Form der Zusammenstellung wird man auf die Epoche der höfischen Vergnügungen verwiesen, denn die acht Teile bilden durch ihren jeweils unterschiedlichen Tanzcharakter (Courante, Promenade, Foxtrott ...) eine Art Suite. All die musikalischen Zitate von Stücken verschiedener Komponisten erfüllen indes verschiedene Aufgaben: Sie bilden zum einen das Gerüst der Musik, setzen die stimmlichen Eskapaden des Königs in einen geschichtlichen Kontext, verstören den Zuhörer und spiegeln in verfremdeter Form auch die entgleisten Monologe sowie den zerbrochenen und von seiner Epoche entfremdeten Geist des Königs. Und verfremdet wird in dieser Musik auf vielerlei Weise, z. B. durch gleichzeitiges Gegeneinandersetzen des gleichen Materials in verschiedenen Geschwindigkeiten oder verschiedenen Tonarten. Das Konzertieren ist hier nicht immer von Kooperation geprägt. Die Musik der Instrumente scheint wie das Denken des Königs aus dem Ruder zu laufen oder sich selbst im Weg zu stehen. Dabei zitiert und kommentiert sie fortwährend die akrobatischen stimmlichen Aktionen. Solche Szenen mit Darstellung des Wahnsinns waren übrigens schon bei Henry Purcell und auch noch lange im 19. Jahrhundert in Opern beliebt, nicht zuletzt aus einem sehr praktischen Grund: Man konnte in ihnen musikalisch weiter gehen, gesangstechnische Grenzen der Zumutung verschieben, die Koloraturen noch »verrückter« gestalten.

Die Instrumente, die Vögel, sind also die Zuhörer des Königs. Was berichtet er ihnen? Zunächst, was ihn in der Seele quält und was in der Welt ihn ängstigt. Seine Angstzustände entstehen zumeist aus der gedanklichen Betrachtung von etwas Positivem oder

Harmlosem, z. B. der Landschaft oder der Themse. An einer Stelle vermisst er eine gewisse Esther, die er für seine Frau hält, die es aber nie gab. (Die Königin hieß in Wirklichkeit Charlotte.) Eine Passage über seinen eigenen Zustand und seine Meinung über den Arzt Doctor Heberden ist eine überlieferte Äußerung des Königs; auch die hierzu erklingende Musik von Händel, den George III. schätzte, wird in diesem Teil wörtlich, unverändert zitiert, was nach all den bis dahin gehörten musikalischen Streichen besonders subversiv ist. Den Höhepunkt schließlich erreicht der Wahn im siebten der *Eight Songs*, wenn der König dem Geiger das Instrument entreißt und zerstört. Laut Davies bedeutet das Zerbrechen der Violine für den König gleichzeitig den Tod des Vogels, die Bejahung seines Irrsinns sowie einen rituellen Mord an sich selbst. Nun kann er zum Abschluss seinen eigenen Tod verkünden. Wahnsinn, gell?

56. Grund

Weil Geduld belohnt wird

Das mit der 3-Minuten-Regel ist ja nun wirklich mittlerweile ein alter Hut. Ja, die meisten Musikstücke sind heute ungefähr so lang. Ein »Song« wurde also über die Jahrhunderte auf diese rezipierfreundliche Länge optimiert. Wahrnehmungspsychologen behaupten, man könne sich ohnehin nicht länger konzentrieren und erlebe diese drei Minuten als einen in sich abgeschlossenen Moment. Wichtiger sind aber wie immer die Marktforscher, die den Sendern sagen, dass die Hörer nach drei Minuten umschalten. Schade. Sie kennen doch aus Ihrem Leben sicherlich auch Situationen, in denen das Aufschieben der Auflösung den Genuss erhöht, oder nicht? Auf diesen Trichter kamen auch klassische Komponisten. Immer länger wurden die Stücke, immer mehr Platz bekam man zum Hin- und Reinhören auf der Suche nach Motiventwicklungen und harmonischen Irrwegen. Bei

Wagner wird es unüberhörbar unanständig, wenn über Minuten, nein Stunden die Auflösung des »Tristanakkords« hinausgezögert wird. Aber es lohnt sich. Also meine herzliche Bitte: Trainieren Sie! Verlängern Sie Ihre Aufmerksamkeitsspanne! Aber schrittweise vortasten und nicht gleich nach Halberstadt fahren! Halberstadt? Ja, dort in der Buchardikirche läuft ein Konzert mit dem Stück *Organ²/ ASLSP*, das John Cage 1985 für Klavier schrieb und zwei Jahre später für Orgel umarbeitete. Die Abkürzung im Titel steht für »As SLow aS Possible«. Das nimmt man ernst in Halberstadt. Kann sich die Stadt doch auf die Fahnen schreiben, dass bereits im Jahr 1361 – und damit erstmals – die Domorgel eine moderne Tastatur mit zwölf Tönen besaß. Da zwischen 1361 und dem Jahr 2000 639 Jahre liegen, soll nun auch das Stück von Cage so lange dauern. So was passiert, wenn man sich an die Noten hält.

57. Grund

Weil auch Fingerübungen auf Odyssee gehen können.

Mitte der 1850er-Jahre lief es nicht so gut bei Johannes Brahms; er war in einer Schaffenskrise. Immerhin versauerte oder -sumpfte er nicht, sondern stürzte sich ins Notenstudium alter Meister, schlug mal wieder nach beim alten Palestrina (so wie Goethe das bei Shakespeare tun würde) und warf sich in technische Übungen. Mit seinem Freund und Lieblingsgeiger Joseph Joachim tauschte er wöchentlich knifflige Kanonthemen aus und schrieb u. a. eine Orgelfuge in der völlig abseitigen Tonart as-Moll (mit sieben b-Vorzeichen!). »Das wundert mich, daß Brahms contrapunktische Studien treibt, was ihm gar nicht ähnlich sieht« schrieb der väterliche Freund Robert Schumann an seine Frau Clara 1854. Zwei Jahre später war Schumann tot; Brahms' Schreibblockade verschlimmerte sich trotzdem. Er »wisse nicht mehr, wie er unbeschwert Musik schreiben solle«. Dennoch entstanden weitere »Übungen«, die künstlerisch weit über technische Knobeleien hinausgingen – so auch die Sätze der *Missa canonica*, die Brahms erst an Joseph Joachim und nach einigen Verbesserungen in der Textverteilung an den Göttinger Universitätsmusikdirektor Otto Julius Grimm schickte. 1857 komponierte Brahms bereits ein *Kyrie in g* (WoO 17; mal wieder so eine komische Abkürzung. Soll diesmal heißen: Werk ohne Ordnungsnummer) und sandte es ebenfalls an Grimm. Ob es zu der *Missa canonica* zu rechnen ist, bleibt strittig, und ob die restlichen Messteile fehlen oder nie komponiert worden sind, bleibt unklar. Von irgendwas müssen Forscher ja leben. Gloria und Credo wären jedenfalls als Kanonbastelei schwieriger zu lösen gewesen, da sie deutlich längere und dramatischere Texte enthalten. Brahms schrieb selbst: »Das Kyrie, was ich Dir schicke, ist bloße Studie«. Auch im Aufbau gibt es Unterschiede. Das Kyrie ist fugal, der Rest der Messe kanonisch. Hier findet sich z. B. auch keine einzige Achtelnote. Muss ja kein Nachteil sein. Grimm bemängelte, die Altstimmen seien zu tief für den praktischen Gebrauch. Brahms war durch die Beschäftigung mit der »Alten Musik« so vom damals noch mit Männern besetzten, tieferen Altus angetan, dass er gar nicht daran gedacht hatte, dass mittlerweile Frauen diesen Altpart übernehmen. Grimm versuchte sich selbst an einer Umschrift des Sanctus und arrangierte auch andere Sätze um. Offensichtlich sollte das Stück zur Aufführung vorbereitet werden; aber dazu kam es nicht. Nach einiger Zeit forderte Brahms die Partitur schließlich zurück und verbrannte sie wahrscheinlich wie viele andere seiner Werke. Noch lange blieb das Werk nur aus den Briefwechseln bekannt. Doch Brahms hatte die Rechnung ohne Grimm gemacht; der hatte die Messe zuvor abgeschrieben. Um 1907 verlor sich die Spur der Abschrift, als seine Tochter Marie Grimm starb. Nach zwei Weltkriegen blieb wenig Hoffnung. Doch irgendwann zwischen 1978 und 1981 ist Grimms Kopie samt seiner Umarrangements in Massachusetts aufgetaucht, wurde versteigert, 1983 uraufgeführt und 1984 als *Missa canonica* veröffentlicht. Erst jetzt wurde klar, wie genau eines der bekanntesten Chorwerke von Brahms – und überhaupt des 19. Jahrhunderts –, nämlich die Motette *Warum ist das Licht gegeben*, auf diesen Messsätzen beruht.

Das Sanctus beginnt langsam und fließend, aber mit unaufhaltsamem Nachdruck, gewinnt Fahrt. Nach dem sehr knappen ersten Osanna wird im Benedictus gleich die Verwandtschaft zur viel bekannteren Motette klar. Der dortige Teil »Lasset uns unser Herz samt den Händen aufheben« basiert eindeutig auf dem Benedictus-Satz, der Motettenbeginn »Warum ist das Licht gegeben dem Mühseligen« hingegen auf dem anschließenden Agnus Dei. Dieses schildert in seinen schmerzhaften Intervallen nicht nur die Mühsal, sondern mit noch spröder und verlorener wirkenden Einsätzen jenes Lamm, das die Sünden der Welt trägt. Das »Dona nobis pacem« wirkt darauf befreiend – trotz aller spielerischen Kanonkunst mit natürlich und frei sich entwickelnden Harmonien. Die Messe endet wieder in langem Fließen – und will eigentlich doch nicht enden. Bei allen zitierten Stilmerkmalen aus der italienischen Spätrenaissance und bei aller vertrackten Kanonknobelei kann sie in Harmonik und Melodik ihre musikalische Heimat, das 19. Jahrhundert, nicht leugnen, bleibt sie ganz Brahms. Aus einer Fingerübung wurde eines der großartigsten Chorstücke nicht nur der deutschen Sprache, nicht nur des 19. Jahrhunderts.

58. Grund

Weil man sich über seinen Arbeitsvertrag hinwegsetzen kann

Hat denn der Bach seine Amtsverpflichtung nicht gelesen? Er sollte als Thomaskantor »zu Beybehaltung guter Ordnung in denen Kirchen, die Music dergestalt einrichten, daß sie nicht zu lange währen, auch also beschaffen seyn möge, damit sie nicht opernhafftig herauskommen, sondern die Zuhörer vielmehr zur Andacht aufmuntere«. So unterschreibt es Bach bei Amtsantritt im Mai 1723. Schon im Jahr drauf lehnt er sich mit der *Johannes-Passion* weit aus dem Fenster; zur Karwoche 1727 wird er mit der *Matthäus-Passion* jedes zuvor bekannte Maß überschreiten – in der Opernhaftigkeit wie in der Länge und nicht zuletzt im musikalischen Reichtum.

Den Leipzigern gefällt es; mittlerweile strömen sie an Karfreitag nicht mehr wegen der Predigt in die Kirche, sondern um jener »musicalisirten Passion« zu lauschen, deren beide Teile diese Predigt umringen. Von der ersten Aufführung ist leider praktisch kein Zeugnis erhalten. Später fertigte Bach allerdings eine außergewöhnlich sorgfältige Partiturabschrift an, für die er sogar verschiedenfarbige Tinten verwendete, um für Übersicht zwischen den Rollen und Textebenen zu sorgen. Und das war nötig: Es musizieren zwei Chöre mit jeweils einem Orchester, einer eigenen Continuogruppe und einem Solistenensemble, dazu noch ein Evangelist und (im Eingangsstück) ein zusätzlicher Sopranchor. Der Text setzt sich zusammen aus Bibelstellen des Matthäus-Evangeliums, Kirchenliedern und neuer, freier Dichtung. Immer wieder wechselt die Perspektive zwischen direkter Aktion, Bericht und Betrachtung.

Genauso vielfältig gestaltet sich dann natürlich auch die Musik. Bach entlehnt ungeniert bei der Oper Rezitativ- und Arienformen, kombiniert sie mit gewagt harmonisierten Gemeindechorälen und aufwendig konstruierten Chören – alles aber stets im Dienste der Dramaturgie, der Wirkung auf den Zuhörer. Absichtlich lässt er dabei Grenzen verschwimmen: Während der ansonsten nur berichtende Evangelist vom Mitleid erfasst selbst zur Arie ansetzt (»O Schmerz, hier zittert das gequälte Herz«), schaltet sich der Chor II als Stellvertreter der Gemeinde mit einem Choral dazwischen (»Was ist die Ursach aller solcher Plagen?«). Dies Mitleid ist der zentrale Sinn der ganzen Unternehmung, nicht der Ausdruck von Jesu Erhabenheit – wie in der *Johannes-Passion*. Begann diese noch mit dem preisenden »Herr, unser Herrscher«, bittet die *Matthäus-Passion* »Kommt, ihr

Töchter, helft mir klagen«. Immer wieder betrachtet dabei der Chor das »Haupt voll Blut und Wunden« neu, geben in den Arien verschiedene Charaktere ihren Gefühlen Ausdruck. Wer genau spricht, bleibt manchmal unklar. Ist es Maria Magdalena? Oder Zion? Oder ein Gemeindemitglied?

Jesus hingegen ist immer von einem ihm eigenen, sanften Streicherklang umgeben. Nur seine letzten Worte »Eli, eli, lama asabthani« (»Mein Gott, mein Gott, warum hast du mich verlassen?«) werden nicht von den Streichern begleitet – Jesus hat den Heiligenschein abgelegt und leidet als Mensch. Unmittelbar vor dem Schlusschor nehmen Solisten und Chor am Grabe ihren individuellen Abschied: »Nun ist der Herr zur Ruh gebracht. – Mein Jesu, gute Nacht!« ist nicht für wenige das ergreifendste Stück Musik überhaupt.

Die ungeheure Bildhaftigkeit der musikalischen Sprache, die Fülle der theologischen Bezüge und der versteckten Symbolik lassen heute kaum glaubhaft erscheinen, dass die *Matthäus-Passion* beinahe 100 Jahre lang unaufgeführt blieb. 1829 hat der gerade mal volljährige Felix Mendelssohn das Stück für den Zeitgeschmack neu eingerichtet; seinen Strichen fielen fast die Hälfte der Choräle und sogar zwei Drittel der Solostücke zum Opfer. Die Berliner Sing-Akademie resümierte dennoch: »Ausführung gelungen; Wirkung groß; Einnahme bedeutend.«

59. Grund

Weil auch aus Juristen etwas werden kann

»Habe heute einen intelligenten jungen Mann aus Zwickau getroffen – sehr an Literatur und Musik interessiert. Leider will er Jurist werden.« Nicht mal das; kein einziges weiteres Wort hat Heinrich Heine über sein Treffen mit Robert Schumann am 28. Mai 1828 in München notiert. Dieser war – als frischgebackener Abiturient – gerade mit einem Freund auf »Jünglingswallfahrt« durch die Sehenswürdigkeiten Bayerns, empfand aber beim Aufenthalt in München »nur die Bekanntschaft mit Heine ... einigermaßen interessant u. anziehend. Ich stellte mir in Heinen einen mürrischen, menschenfeindlichen Mann vor, der schon wie zu erhaben über den Menschen und dem Leben stünde, als daß er sich noch an sie anschmiegen könnte. Aber wie anders fand ich ihn und wie ganz anders war er, als ich mir ihn gedacht hatte. Er kam mir freundlich, wie ein menschlicher, griechischer Anacreon entgegen, er drückte mir freundschaftlich die Hand ... nur um seinen Mund lag ein bittres, ironisches Lächeln, aber ein hohes Lächeln über die Kleinigkeiten des Lebens u. ein Hohn über die kleinlichen Menschen; doch selbst jene bittere Satyre, die man nur zu oft in seinen Reisebildern wahrnimmt, jener tiefe, innere Groll über das Leben, der bis in das äußerste Mark dringt, machte seine Gespräche sehr anziehend.«

Fast ein vollständiges Porträt, denn da waren sie alle schon zu bemerken: das Lächeln, die Bitterkeit, die Ironie, der Groll. Zwölf Jahre später wird sich Schumann komponierend ihrer noch einmal erinnern, wird die ihm schon lange vertrauten Gedichte Heines vertonen. Bis dahin schreibt er fast nur für Klavier und sammelt Lebens- und Liebesleiderfahrung, die schließlich in jenem beinah unerklärlichen »Liederjahr« 1840 produktiv explodieren wird. Endlich – nach so langen Scherereien mit ihrem Vater und mit dem Gesetz – kann er Clara Wieck heiraten. Endlich kann er wieder für Gesang schreiben. »... das Singen und Musizieren macht mich beinahe tot jetzt; ich könnte darin untergehen. Ach, Clara, was das für eine Seligkeit ist, für Gesang zu schreiben; die hatte ich lang entbehrt«, schrieb er ihr im Februar 1840. Wem das Herz voll ist, dem geht der Mund über. Mit dem *Liederkreis op. 24* beginnt das Liederjahr, und Schumann zeigt gleich, wes Geistes Kind hier die Noten sind. Im Eingangsstück *Morgens steh' ich auf und frage* umgeht er geschickt die Gefahr, einen Witz zu erklären, sondern reicht dem Gesinnungsgenossen Heine die Hand. Trotz der so glücklichen Zeiten ist es gar nicht verwunderlich, dass es in so vielen der Stücke dieser Zeit um eine enttäuschte Liebe und schließlich um den Tod geht – so auch in den drei schlichten, kleinen Szenen des »Armen Peter«, der erst seine Geliebte in den Armen eines anderen sehen muss und schließlich nur im Grab »am besten liegen mag«. Immer wieder ist es der verschmähte Liebhaber, den Schumann in den Blick nimmt. Schon Heine wollte nicht, dass man sein *Buch der Lieder* biografisch interpretiert, gar den Dichter aus dem Ich sprechen hört. Dies sei eine »Entjungferung des Gedichts«, schrieb er seinem Verleger. Auch bei Schumann besteht kein Anlass, in der Beziehung mit Clara noch dominierende Eifersucht anzunehmen. Die Rahmenbedingungen seiner Kunstproduktion hatten sich geändert; der Weg war frei für Neues: Aus Heines *Buch der Lieder* entnahm er 20 Lieder, von denen er vier später wieder strich, und nannte den leicht umgestellten Zyklus selbst *Dichterliebe.* In nur einer Woche komponierte Schumann diese hochverdichteten Miniaturen. Vertraut ist der grundlegende Volksliedton, neu sind die längeren Vor- und Nachspiele im Klavier, aber vor allem dessen Rolle. Das Klavier weiß mehr als die Singstimme, kommentiert diese, rückt gerade oder öffnet Falltüren. In den Tonarten ist der Zyklus eine Rundtour mit enharmonischen Verwechslungen, also Tönen, die man so oder so verstehen kann, die andeutet: Es ist eine alte Geschichte. Und sie beginnt immer wieder neu: immer wieder Glück, Desillusionierung und die verschiedensten Versuche, das alles zu verarbeiten.

Es beginnt schön, noch schöner – im »wunderschönen Monat Mai«. Aber der Mai hält schon hier nicht, was er verspricht. Gab es überhaupt ein Versprechen? Man erfährt eigentlich nichts über den Gegenpart, über die Gedanken und Gefühle der Geliebten, nur über die Auswirkungen beim liebenden Dichter, die bald qualvoller, unerträglich werden. Ein Lachen, das im Herzen stecken bleibt. Schließlich gibt es nur noch einen Wunsch: die Liebe zu begraben, zu vergessen. Aber daraus wird so schnell nichts. Der Dichter macht sich über seinen eigenen Vorschlag lustig, indem er die Details der

Begräbnisfeier mit touristischen Höhepunkten vergleicht. Es ist zu bezweifeln, dass hier tatsächlich ein reinigendes Ritual funktioniert.

Immer wieder steht das Schlagwort der Ironie im Raum, wenn es um Heines Dichtung und Schumanns Vertonungen geht. Aber beide haben dies Stilmittel nicht erfunden. Musikalische Ironie findet sich in Bachs *Bauernkantate* wie in Mozarts Opern und Schuberts Liedern. Aber in der *Dichterliebe* erweist sich die Meisterschaft Schumanns auf diesem Gebiet. Er bildet den Doppelsinn nicht plump ab und »erklärt den Witz«. Er hilft eher den Gedanken beim Irregehen, z. B. wenn ein ansonsten angenehm tänzelnder Gesang, das »Flöten und Geigen«, sich einfach nicht musikalisch entwickeln möchte, sondern absichtsvoll nervtötend in seinem Kreisen verharrt – oder wenn das von Heine schon heiter erzählte »Ein Jüngling liebt ein Mädchen« so freundlich hüpfend präsentiert wird, dass man der Musik Glauben schenkt und die Tragik der Geschichte erst erkennt, als es schon zu spät ist. Die stärkste Diskrepanz aber ist in *Ich grolle nicht* zu hören. Hier drücken uns Schumann und Heine gleich doppelte Ironie auf. Es wird nämlich sehr wohl gegrollt, und zwar mit großem Nachdruck. Man kann hübsch lächerlich finden, wie der »Dichter« seine Gefühle verleugnet. Aber diese Verzweiflung ist gar nicht lustig. Schumann treibt das Spiel auf die Spitze und nimmt das Leid wiederum ernst. Diese Gleichzeitigkeit von sarkastischer Distanz und mitfühlendem Verständnis findet sich ähnlich erst wieder bei Gustav Mahler – und sie lässt uns das Blut gefrieren, wenn wir uns darauf einlassen.

60. Grund

Weil es immer auch ganz anders geht

Wie völlig anders die Vertonungen der Heine-Texte (siehe voriger Grund) wenige Jahre später durch Franz Liszt gelingen: Hier wird nicht mit dem Florett gefochten. Das mal verhaltene, mal unaufhaltsame Aufwallen des Herzens findet ihren je spezifischen, starken Ausdruck. Man kann nicht umhin, expressionistisch zu nennen, was z. B. in *Vergiftet sind meine Lieder* passiert. Tatsächlich scheint jemand eine ätzende Säure über die Noten gegeben zu haben. Die Musik ist vergiftet, das Lied ist unheilbar krank. Bei den viel später entstandenen Liedern von Johannes Brahms hingegen scheint der Gesang direkt aus dem Klavier herauszuströmen. Es gibt keine Diskrepanz zum Gesangspart. Ist Schumann der große Analytiker, so ist Brahms doch vielleicht der psychologisch geschickteste unter den genannten Liedkomponisten. Das Klavier erklärt nicht zusätzlich, was in der Seele »eigentlich« passiert, diese teilt sich vielmehr von vornherein offen einem intimen Freund mit. Dem Hörer wird größeres Vertrauen entgegengebracht. So wird auch verständlich, warum Brahms den Ausdruck der großen Bühne, die Oper, mied. Diese Haltung hätte dort kaum transportiert werden können. Dass sein Liedschaffen verhältnismäßig unbekannt ist – hat er doch weit mehr Lieder geschrieben als Schumann –, liegt wohl eher an seinen großen Erfolgen auf anderen Gebieten.

Zurück zum Anfang: »Anfangs wollt ich fast verzagen, / Und ich glaubt, ich trüg es nie; / Und ich hab es doch getragen / Aber fragt mich nur nicht, wie?« Was ist »es«, das hier ertragen wird? Dietrich Fischer-Dieskau, der wohl einflussreichste Liedsänger des 20. Jahrhunderts, nennt als mögliches Beispiel ein Paar zu enge Lackschuhe. Dazu mag sich jeder seinen Teil denken. Natürlich steht wieder die zerbrochene Liebe im Raum, doch Heine hatte das kurze Gedicht ursprünglich für einen Freund geschrieben, der schwer verletzt aus dem Krieg heimgekehrt war. Und das Tröstliche besteht ja gerade darin, dass jeder Hörer »es« zu dem machen kann, was er will. Dann aber möchte die Fassung von Robert Schumann doch weiter gehen und eine Aussage treffen. Denn sie ist kein Lied, sondern unverkennbar ein Choral, ein ganz bestimmter: »Wer nur den lieben Gott lässt walten / Und hoffet auf ihn alle Zeit, / Den wird er wunderbar erhalten / In aller Not und Traurigkeit.« Das Schwere des Gemeindegesanges überträgt Schumann dabei in die harmonisch etwas verzerrte Akkordbegleitung. War es seine Angst, dass die Heirat mit Clara doch noch an rechtlichen Hürden scheitert? Und bedeutet der Choral nun, dass bei allem Leid und Zweifel immer ein Rückhalt möglich ist? Es gibt auch Stimmen, die sagen über dieses Lied das Gegenteil: Nicht die Religion, sondern erst die Kunst ermögliche den Ausweg, denn nur sie könne die Verbindungen zwischen den Ebenen, zwischen dem Gedicht und der in der Musik angebotenen Lösung (dem wo auch immer zu findenden Rückhalt) sinnlich erfahrbar machen. Hier hätte Heine wahrscheinlich widersprochen; aber er hat Schumanns Lieder wohl nie zu Gehör bekommen,

61. Grund

Weil man sich ruhig mal an die Schöpfung wagen darf

Er hatte alles erreicht, wurde in ganz Europa als der führende Komponist gefeiert. Aber Joseph Haydn wollte neben dem großen auch den dauerhaften Ruhm. Und das ging in seinen Augen nicht allein mithilfe reiner Instrumentalmusik. Seit er bei seinen Londoner Aufenthalten in den 1790er-Jahren (siehe 32. Grund) gesehen hatte, mit welchem Aufwand und vor allem mit welchem Erfolg Händels Chorwerke aufgeführt wurden, war ihm klar: Er muss auch in diesem Fach seine Meisterprüfung ablegen. Doch die zündende Idee für einen geeigneten Gegenstand wollte sich nicht so schnell einstellen. Der Anekdoten zur Lösung sind viele: Nachdem Haydn einem damals bekannten Geiger (François-Hippolyte Barthélemon) sein Leid auf der Suche nach einem tauglichen Stoff klagte, soll dieser ihm eine Bibel gereicht haben: »Hier ist das Buch. Fangen Sie mit dem Anfang an.«

Die Schöpfungsgeschichte als Thema war indes kein völlig neuer Gedanke, es war aber bisher zu kaum mehr als einer Handvoll Vertonungen gekommen. Irgendwann in der ersten Hälfte des 18. Jahrhunderts scheiterte eines dieser Projekte zunächst: Aus den drei Quellen der Genesis, der Psalmen und John Miltons Epos *Paradise Lost* von 1667 hatte ein gewisser Lidley (oder Linley – weiter ist nichts über ihn bekannt) ein Libretto erstellt, zu dem Händel die Musik liefern sollte. So wird es jedenfalls später erzählt; von Händel selbst weiß man dazu nichts. Johann Peter Salomon, ein Freund von Händel in London, gelangte in den Besitz einer Kopie des Librettos und gab es Mitte der 1790er-Jahre an Haydn weiter. Dieser wiederum reichte es in Wien einem Freund, Gottfried van Swieten, der wohl persönlich die Übersetzung übernahm. Haydn hat nach dieser deutschen Version komponiert. Als das Werk später gedruckt werden sollte, musste natürlich auch das internationale Publikum bedacht werden. Die Rückübersetzung ins Englische übernahm wieder van Swieten, leider nicht besonders gekonnt. Darum erschienen in der Folge verschiedene englische Versionen, die jedoch immer nur verbesserte Rückübersetzungen sind. In England griff man schon bald lieber gleich zur deutschen Fassung. Was für ein Hin und Her!

Fort mit dem italienischen Oratorium! Was zwei Jahrhunderte zuvor der Florentiner »Camerata degl' Invaghiti« mit der Erfindung der Oper gelang (sie versuchten eigentlich, eine angenommene Form des antiken Dramas wiederzubeleben), erreichten die ganz vergleichbar organisierten und motivierten »Associirten Cavaliere« in Wien mit dem deutschen Oratorium nur schleppend. Diese Gruppe aus Adligen, Gelehrten und Kunstsinnigen ließ schon seit etlichen Jahren große barocke Chorwerke umarbeiten (mehrmals z. B. von Mozart), konnte aber außer Geld nur wenig zu diesem Reanimationsversuch beitragen. Früher oder später musste ein originäres, ein wirklich neues Werk her, das endlich das italienische Oratorium in seine Schranken weise! Man lag Haydn schon länger in den Ohren. Einer der Cavaliere, jener Baron van Swieten, eine der umtriebigsten und einflussreichsten Personen im damaligen Kulturleben, Diplomat, Bibliotheksverwalter und ohnehin vermögend, förderte die Musik nach Kräften. Er war es, der Haydn letztendlich zur Vertonung des Schöpfungslibrettos ermunterte. Baron van Swieten war wie gesagt ein wichtiger Mann und von hohem Rang – und das war ihm selbst auch bewusst. Im Libretto notierte er eine Fülle von Hinweisen für Haydn, wie dieser den Text musikalisch umzusetzen habe. So kam von ihm z. B. der Vorschlag, die Worte »Es werde Licht« nur ein einziges Mal fallen zu lassen. Bereits zu Beginn macht Haydn klar, dass in diesem Werk etwas ganz Neues passiert; in der »Vorstellung des Chaos« bricht er mit den Hörgewohnheiten. Mit dem grundlegenden Ton des Quintenzirkels, dem c, beginnt zunächst ein Verwirrspiel. Eine Kadenz (und damit die Festlegung auf die Tonart c-Moll) wird lange aufgespart. Auf »und es ward Licht« schlägt die Musik plötzlich um: Fortissimo statt Piano, C-Dur statt c-Moll. Von dem Effekt dieser Stelle muss Haydn so überzeugt gewesen sein, dass er sie sogar den Musikern vorenthielt. Schalkhaft ließ er sie bis zur Aufführung warten. Die Rechnung ging auf. Das Orchester war so überwältigt, dass es erst nach einigen Minuten weiterspielen konnte. Bei diesem allzu bekannten und noch dazu nicht besonders konfliktreichen Stoff muss schließlich die Musik für Abwechslung und Überraschung sorgen: Da stehen bürokratisch geregelte Passagen neben scheinbar völlig frei komponierten; mal sind die mehrstimmigen Stellen ganz streng im alten Stil, also quasi mit Bach-Perücke, konstruiert, mal nehmen die Stimmen nur ganz ungezwungen zitierend aufeinander Bezug; es wird erzählt, gefürchtet, gejubelt, gepriesen und getanzt – vor allem aber gestaunt über all die Erhabenheit.

Dass Oratorien außerhalb der Kirche aufgeführt wurden, gefiel dieser nicht; dass Haydns »Schöpfung« wiederum in der Kirche erklingen sollte, gefiel ihr ebenso wenig. Vielerorts ließ die Kirche die Aufführung verbieten, in manchen Fällen blieb es für übereifrige Kirchenmusiker nicht nur bei der Androhung der Exkommunikation. War das Werk so unchristlich? Diesen Adam und diese Eva erkennt man jedenfalls kaum als jenes Paar wieder, dessen Leichtsinn, Neugier und Gehorsamsverweigerung schließlich zur Verbannung aus dem Paradies führten. Sie stehen vielmehr als perfekte Menschen vor Gott und preisen ihn. Unverhohlen repräsentieren sie dabei freimaurerische Ideale: Würde, Stärke, Mut, Schönheit und Weisheit. Von Sünde ist nicht die Rede – es wird nur nebenbei davor gewarnt, nicht allzu viel besitzen und wissen zu wollen – und auch nicht von Leid: Es fehlt jeglicher neutestamentarische Verweis. Das Stück scheint sich gar nicht auf eine Konfession festlegen zu wollen, handelt dabei aber von mindestens zwei der zentralen philosophischen Fragen, ohne sie abzuhandeln: 1. Was ist der Mensch? (Woher kommen wir?) 2. Wie soll er sich verhalten? In allererster Linie geht es aber ums schiere Staunen.

Gewiss müsste man ohne die »Schöpfung« die Geschichte der Oratorien seit 1800 ganz anders schreiben. Ihre Auswirkungen auf die Komponisten sind deutlich, deutlicher aber noch auf deren Rezipienten. Man sitzt jetzt anders im Konzert; zur Unterhaltung und Erbauung tritt die Kontemplation hinzu. Die Kirche verlor um 1800 deutlich an Boden. Aufklärung und Säkularisierung schufen damit allerdings auch Leerstellen; so war die Möglichkeit sehr willkommen, ohne steife Messzeremonie metaphysischen Schauer zu erleben, ein höheres Wesen in gemeinschaftlicher Aktion zu verehren. Erst jetzt traf man sich zu jener gottesdienstähnlichen Kunstandacht, die bis heute den klassischen Konzertbetrieb prägt – und oft für nachhaltige Verkrampfung sorgt. Haydn ließ ins Programmheft die freundliche Bitte drucken, keinen Zwischenapplaus zu geben und damit keine Wiederholungen zu fordern, »weil sonst die genaue Verbindung der einzelnen Theile, aus deren ununterbrochenen Folge die Wirkung des Ganzen entspringen soll, nothwendig zerstöret, und dadurch das Vergnügen, dessen Erwartung ein vielleicht zu günstiger Ruf bey dem Publikum erwecket hat, merklich vermindert werden müßte«. Könnte man auch einfacher sagen.

62. Grund

Weil für die Schöpfung ein Grund nicht ausreicht

Seit der Uraufführung riss neben dem Jubel allerdings auch die Kritik am Stück nicht ab. Neben dem als zu simpel gestrickt belächelten Text regte man sich vor allem über eins auf: Tonmalerei – darüber war man doch längst hinaus! Sie war schon lange vor Haydn ein heikles Thema in der Musiktheorie: Wann darf man? Darf man überhaupt? Was darf man? Darf nur Belebtes dargestellt werden? Oder gerade nicht? Darf man z. B. einen Kuckuck mithilfe des Kuckucksrufs zum Leben erwecken? (Dies hätte Haydn vielleicht nicht gemacht.) Darf man den Sonnenaufgang mit einer aufsteigenden Tonleiter nachzeichnen? (Das hat Haydn gemacht.) Und was er nicht alles malte: die Naturgewalten, vor allem das Wasser in allen Erscheinungsformen (Bach, Meer, Wellen, Regen, Schnee …); dazu natürlich allerlei Getier von Wurm bis Walfisch. Die Art des Hinweises ist dabei vielfältig: Mal ahmt die Musik einen Gestus nach, mal eine Bewegung, mal direkt den Klang – wobei in der Regel erst in der Musik dargestellt wird, was anschließend der Erzähler erwähnt. Keine Frage: Beim Publikum kam die Fülle der Bilder an: »die Musik hat eine Kraft der Darstellung, welche alle Vorstellung übertrifft; man wird hingerissen, sieht der Elemente Sturm, sieht es Licht werden, die gefallenen Geister tief in den Abgrund sinken, zittert beym Rollen des Donners, stimmt mit in den Feyergesang der himmlischen Bewohner. Die Sonne steigt, der Vögel frohes Lob begrüsst die steigende; der Pflanzen Grün entkeimt dem Boden, es rieselt silbern der kühle Bach, und vom Meersgrund auf schäumender Woge wälzt sich Leviathan empor.« So schreibt es der Wiener Korrespondent des *Neuen Teutschen Merkur* und hat damit bestimmt recht.

Vielleicht bietet aber gerade diese naive, ländliche Einfachheit die Basis dafür, dass ein so unerschöpfliches Thema wie der Schöpfungsmythos überhaupt musikalisch erörtert werden kann. Auf das Grundnatürliche kann nur ungekünstelt geantwortet werden. Wollte man nur wenige Jahre zuvor als Tonsetzer Anerkennung finden, mussten die Stücke bei allem Glanz und Genuss zwischen den Zeilen auch die in ihnen gestellten und gelösten musikalischen Probleme, die kunstvolle Technik hörbar machen – gewissermaßen als Synthese barocker Kontrapunktkunst und empfindsamer Tonsprache (man denke z. B. an Mozarts späte Sinfonien). In der »Schöpfung« sieht das anders aus. Es ist immer das Einfache, Schlichte gewollt; allzu Kunstvolles wird versteckt. Wirkung wird auf anderen Wegen erzielt, z. B. durch reine Klanglichkeit wie starke, unerwartete Kontraste. Überhaupt sind es die im Text angelegten Gegensätze, die den Bau dieses Werks zusammenhalten: Himmel und Erde, Sonne und Mond, unbelebte und belebte Natur, Pflanzen und Tiere, Mann und Frau. All sie werden auch musikalisch gegeneinandergesetzt, verknüpft und zur Synthese gebracht. Hier kam Haydn seine immense sinfonische Erfahrung zugute. Wir erinnern uns: In einem typischen Sinfoniesatz werden anfangs zwei zunächst gegensätzlich erscheinende Themen (quasi These plus Antithese) zunächst im Quintabstand vorgestellt; anschließend werden musikalisch Himmel und Hölle in Bewegung gesetzt, auf dass sie schließlich auf derselben Tonstufe erklingen können (Synthese). Hegel hätte das gefreut.

Am 30. April 1799 trafen sich die wenigen geladenen und größtenteils adligen Gäste zur Uraufführung im Wiener Palais Schwarzenberg – vor der Tür standen unzählige weitere vergeblich Schlange. Bald folgten zusätzliche Aufführungen, zunächst noch für handverlesene Kreise. Ein Jahr später gab es endlich öffentliche Konzerte und mit dem Druck der Noten dann für die »Schöpfung« kein Halten mehr; es wurde der größte Erfolg eines musikalischen Werkes, den die Welt bis dato gesehen hatte. Haydn erreichte sein Ziel.

63. Grund

Weil man seiner Zeit um Jahrhunderte voraus sein kann

Wissen Sie, was Zwölftonmusik ist? Setzen Sie sich einfach ans Klavier und hauen Sie hintereinander auf die Tasten. Es darf der gleiche Ton (die Oktave spielt hier ausnahmsweise keine Rolle) allerdings erst wieder vorkommen, nachdem alle anderen dran waren. Das sorgt für Gleichberechtigung; und man vermeidet so, dass sich das Ohr auf eine Tonart einschießt. Klingt vertraut, nicht wahr? Ja, so klingt es halt immer, wenn man sich über Zwölftonmusik lustig macht. Beim folgenden Experiment habe ich schon Musikwissenschaftsstudenten, gestandene Kompositionsschüler und hochbegabte Nachwuchsmusiker »erfolgreich« aufs Glatteis geführt: Ich nahm die erste Seite aus Mozarts Streichquartett in C-Dur KV 465, das man heute unter dem Spitznamen »Dissonanzenquartett« kennt, und tilgte Verfasser, Titel und Jahreszahl. Ohne das Stück zu hören, sollte nun gemutmaßt werden, um was es sich handelt. Auf die Besetzung (Streichquartett) kommt man recht schnell, da die Bratsche einen eigenen, charakteristischen Notenschlüssel hat. Aber Streichquartette gibt es seit Jahrhunderten. Und sie sind nach wie vor Paradegattung für Anspruchsvolle. Sogar wenn man das Stück nun anhört und die Diskussion behutsam lenkt, kann man nahelegen, dass es sich vielleicht um ein Stück gemäßigter »Zwölftonmusik«, jedenfalls erkennbar aus dem 20. oder sogar 21. Jahrhundert, handelt. Man muss nur rechtzeitig abbrechen, bevor das flotte und ganz erkennbar mozartige Streichquartett nach der langsamen Einleitung so richtig loslegt. Es sind nämlich einerseits – wie in der Zwölftonmusik üblich – keine Kreuze oder »Bs« als Tonartvorzeichen bei den Notenschlüsseln zu finden, dafür tauchen diese zur Fülle in den Stimmen auf. Und andererseits hat Mozart hier eine so eigenwillige und spannungsreiche Musik geschrieben, dass die Tonart in der Tat erst schleierhaft bleibt und man nicht so recht weiß, woher die Töne kommen und wohin sie wollen. Wenn man dann noch ein Streichquartett (also jetzt das Ensemble, nicht das Stück) vor sich in den Lautsprechern hat, das auch Lust am Auskosten dieser Töne hat, glaubt man nicht mehr, dass das Musik aus der Zeit vor Napoleon ist.

Es gibt übrigens doch Zwölftonmusik, die sich auch für all jene zum Ohrwurm eignet, welche sich selbst unmusikalisch nennen: Die *Cool*-Fuge aus Leonard Bernsteins *West Side Story*. Barocke Form trifft hier auf Zwölftonreihe der Zweiten Wiener Schule und jazzigen Stil. Ein mehrfacher Crossover, der dabei noch wie aus einem Guss wirkt. Einfach klasse. Aber jetzt muss ich den Ohrwurm wieder loswerden.

64. Grund

Weil uns ein Philologenirrtum Orgellob bescherte

Was für ein schöner Anlass zum Komponieren: ein Fest für die Schutzpatronin der Musik, die Heilige Cäcilie. Zu ihrem Ehrentag, dem 22. November, ließ die Musical Society in London seit 1683 Oden schreiben. Da war noch nicht bekannt, dass erst um 1500 eine Fehlinterpretation eines frühchristlichen Textes die Verbindung von Cäcilie zur Orgel – dem allerallerhimmlischsten Instrument überhaupt – und damit zur Musik an sich hergestellt hatte. Vergeben und vergessen! 1692 war jedenfalls Purcell an der Reihe und setzte mit

Hail! bright Cecilia auf einen Text von Nicholas Brady gleich neue Maßstäbe. Bereits die Einleitung besteht aus sechs Teilen und stellt in deutlichen Kontrasten die später einzeln auftretenden Instrumente vor: Trompeten, Oboen, Blockflöten, natürlich Streicher, eine Bassflöte (bzw. Fagott) und sogar die Orgel. Ähnlichkeiten zu bekannten Festmusiken Händels sind dabei kaum zu überhören. Eigenartigerweise beginnt das Lob der Cäcilie mit tiefen »Hail«-Rufen des Solobassisten. Der Chor schreitet ein und stellt klar: Die himmlische Kunst (»celestial art«), das ist kontrapunktische Vokalpolyphonie! »Hark! Each tree« lässt den Wald sprechen. Aus den verschiedenen Hölzern werden Instrumente, die nun in musikalischem Wettstreit ihre Stärken vergleichen: die lyrische Blockflöte und die flinke Violine, repräsentiert von Bass- und Altsolist.

In »'Tis natures voice« wird die Musik wieder schlichter, legt sich nicht einmal auf ein Schema fest (z. B. eine Arie), sondern beginnt als eher informelles Rezitativ über die Stimme der Natur. Lange dachte man, Purcell habe bei der Erstaufführung dieses Solo selbst gesungen. Dagegen spricht, dass er eigentlich Bass war und der damalige Stimmton mit wahrscheinlich 466 Hertz ohnehin so hoch lag, dass bezweifelt wird, ob hier ein hoher Tenor oder nicht doch ein Alt gefordert war. Dies ist aber nur ein scheinbarer Widerspruch. Die verschiedenen Gesangstechniken, diese für Männer recht hohen Töne zu erreichen, lassen sich nicht einfach in »Brust-« oder »Kopfstimme« unterscheiden; es gibt zudem Hinweise darauf, dass eine stabile Falsetttechnik von längeren Stimmbändern begünstigt wird. Auch unter heutigen Countertenören finden sich viele, die über ein kräftiges Baritonregister verfügen. Rein sangestechnisch wäre es Purcell also wohl möglich gewesen. Da allerdings für die Erstaufführung ein gewisser Mr. Plate, einer der damals geschätztesten Altisten, vorgesehen war, wird sich das Kritiklob »with incredible graces by Mr Purcell himself« («mit unglaublichen Zierden von Herrn Purcell selbst») seinerzeit vielleicht doch auf die kunstvolle Einrichtung und Verzierung der Gesangslinie bezogen haben.

Ging es in hier noch ganz um den Affektausdruck der Worte, vor allem der Verben, zieht Purcell in »Soul of the World!« die Schraubverbindung zwischen Musik und Text weiter an und verdolmetscht über Klangmalerei und Affektausdruck hinaus nun unmittelbar die Textbedeutung in musikalischen Sinn. So wird, was »aus verschiedenen Teilen besteht«(»made up of various parts»), durch kontrapunktisches Nebeneinander dargestellt und in vollständigen Kadenzen nach allen Regeln des guten Satzes zusammengeführt, was »in wahrem Maß verbunden« (»of true proportion joined«) ist, bis schließlich Musik und Text zum gemeinsamen Ziel, der »perfect harmony« finden.

Endlich kommt die Orgel ins Spiel, denn sie übertrumpfe alle Instrumente der weltlichen Musik, die die menschlichen Leidenschaften erregen; nur sie könne die himmlische Kunst herausfordern. Nach der Darstellung dieses mechanischen Wunderwerks (»Wondrous machine«) müssen Geige und Bratsche das Feld räumen. Auch die liebreizende Flöte, die sanfte Gitarre und die kriegerische Querpfeife können trotz all ihrer Stärken nichts ausrichten. Der angesichts der offensichtlichen Überlegenheit der Orgel sinnlose Streit zwischen diesen einfacheren Instrumenten wird noch einmal in einem Wechselsang (»Let these among themselves«) zwischen zwei Bässen resümiert, bevor der Schlusschor die Musik des Eingangschors aufnimmt und mit einigen gewagten Harmonien – besonders auf das Wort »infinite« – und Einfällen zum Schlussjubel steigert.

Der 22. November, der Festtag der Heiligen Cäcilie, wurde für Purcell zum Schicksalsdatum, denn in dessen Morgenstunden im Jahr 1695 starb er. Bei der Trauerfeier erklangen seine *Funeral Sentences*; es darf angenommen werden, dass dabei dieselben Sänger an seinem Sarg standen, mit denen er diese Stücke neun Monate zuvor für Queen Mary einstudiert hatte.

65. Grund

Weil der größte Erfolg aller Zeiten immer noch auf sein Comeback wartet

»Es ist ein großes Zauberstück
Voll Teufelslust und Liebe;
Von Meyerbeer ist die Musik,
Der schlechte Text von Scribe.«

– sagt jedenfalls Heinrich Heine von jenem Stück, über das ich mich nun ein wenig länger auslassen möchte. So schlecht kann das Libretto von *Robert le Diable* nämlich gar nicht sein. Lassen wir mal die Fakten sprechen: Ab der Uraufführung 230 Vorstellungen in Folge. Innerhalb von drei Jahren Inszenierungen in 77 Häusern. 750 Vorstellungen allein in Paris. Millioneneinnahmen nur mit diesem einen Werk. George Sand, Balzac, Berlioz und Chopin verehrten das Stück. Es war der größte Opernerfolg des gesamten 19. Jahrhunderts. Ach, was sage ich? Der größte Erfolg aller Zeiten! Und heute? Heute kennt man vielleicht den Titel – aber wie oft hat man Robert, den Teufel, schon auf der Bühne gesehen? Im 20. Jahrhundert wurde er in England z. B. nicht ein einziges Mal gegeben. Woran liegt das? Nur ein Wandel im Geschmack? Oder wurden die Aufführungen einfach zu teuer? Bei der Premiere tummelten sich gut 400 Mitwirkende auf der Bühne und im Orchestergraben. Und man braucht gleich eine ganze Reihe von sehr fähigen Solisten. Grand opéra halt! Die Erklärung reicht nicht aus. Man kann nicht behaupten, dass nach dem Ersten Weltkrieg nur noch minimalistisch inszeniert wurde. Und es gibt ja Mittel und Wege, so eine dicke Besetzung etwas einzudampfen. Ich kann mir eher denken, dass wir es – vor allem in Deutschland – da mit Stimmungsmache gegen den Juden Meyerbeer zu tun haben.

Wenn ein Stück allerdings über fast 70 Jahre die meistgespielte Oper bleibt, kann es nicht mehr daran liegen, dass in ihr etwas Neuartiges geschieht. Es ist vielmehr pfiffige, stimmige, farbige Unterhaltung, die musikalisch sehr abwechslungsreich ist und sich dramaturgisch keine Schwächen leistet. Alles ist schlüssig begründet, auch der Tanz findet seine Aufgabe. Bei aller Unterhaltung ist es nie NUR Unterhaltung. Oft wurde Giacomo Meyerbeer angekreidet, dass er keinen eigenen Stil entwickelt habe, sondern sich in Italien, Deutschland und Frankreich bediente und daraus einen großen Mischmasch zusammenkomponierte. Nur: Ist das so schlecht? Denken Sie mal an Bachs *Goldberg-Variationen*: Er macht sich einen intellektuellen Spaß daraus, über dem gleichen Basslauf in verschiedenen »Zungen« und musikalischen Nationalsprachen Variationen zu schreiben. Meyerbeer nutzt die unterschiedlichen Musiktraditionen, um jeder Szene die optimale Atmosphäre zu geben. Dass das eingefleischten Ästhetiktheoretikern nicht passt, war ja vorauszusehen. In einer Zeit, da es – wieder vor allem in Deutschland – wichtig ist, zu welchem Lager man gehört, ist der ganz Freie ein Feind in JEDEM Lager.

Meyerbeer legte in der Tat weniger Augenmerk auf die Form, auf formale Erwartungen (nach dem Motto »es muss aber unbedingt irgendwo eine *Kabaletta* rein«). Ihn trieben die Charaktere, die Emotionen, das Drama. Dass er mit seinem an der Wirkung orientierten, die harten Regeln missachtenden Konzept so großen Erfolg hatte, wurde von vielen deutschen Kritikern nicht gutgeheißen – sowohl von den konservativen, denen er nicht konservativ genug war, als auch den fortschrittlichen, denen seine Methode zu unmethodisch, zu pragmatisch und auf Effekt ausgelegt war. Mit der gleichen Missachtung schielt heute manchmal die Autorenfilmszene auf die millionenschweren Hollywoodreißer.

In der Musik(theater)geschichte scheint es immer wieder um Revolutionen, um Kämpfe um neue Formen zu gehen. Mal wird das gesprochene Wort abgelehnt, dann Verzierungen oder musikalische Wiederholungen verdammt, schließlich von der Inszenierung mal mehr Effekt, mal mehr Realismus gefordert. Steht das Drama im Vordergrund oder die Unterhaltung? Muss Niederes und Höheres,

Lustiges und Ernstes getrennt werden? Die französischen Zeitungen erhoben Meyerbeer jedenfalls trotzdem offiziell an die Spitze der »deutschen Schule«. Nun sei das Ende des »vergnüglichen Musizierens« angebrochen. Das »l'âge de plaisir« mache dem »l'âge de force, d'énergie, de maturité« Platz. Das ging gegen keinen Geringeren als Rossini, der sich mit seinem *Wilhelm Tell* von der Opernbühne verabschiedete und fortan lieber Kochbücher schrieb.

Die Rolle der Oper in früheren Jahrhunderten wird ja oft mit dem heutigen Kino verglichen. Bei *Robert le Diable* wird der Vergleich besonders greifbar: Es ist DER Kostümschinken schlechthin. Alles war schon da: die historische Vorlage, der Perspektivwechsel zwischen intimen Momenten und Massenszenen, das Lokalkolorit, der Spannungsbogen, die Beschwörung starker, unterschiedlicher Stimmungen mit Licht und Klängen, der Konflikt von Gut und Böse, die Ballett- und Kampfeinlagen und ein Showdown am Ende, der noch ganz andere Filmklassiker zu zitieren scheint, wenn im Bassregister der mit dunklen Mächten gesegnete Bösewicht dem Helden schließlich verkündet: »Ich bin Dein Vater.« (siehe 33. Grund)

66. Grund

Weil nymphomane Zombienonnen einen eigenen Grund wert sind

Nymphomanische Zombienonnen, halb nackt und exkommuniziert – genauso kam Felix Mendelssohn das berühmte Nonnenballett vor: »Wenn im ›Robert le Diable‹ in der Friedhofsszene die verstorbenen Nonnen eine nach der anderen kommen und den Helden zu verführen suchen, bis es der Äbtissin endlich gelingt; wenn der Held ins Schlafzimmer seiner Geliebten dringt und sie zu Boden wirft: Es hat Effekt gemacht, und das Publikum hat geklatscht, wie es auch in Deutschland nachklatschen wird. Aber ich habe keine Musik dafür, denn es ist gemein. Und wenn das die heutige Zeit verlangt und notwendig findet, so will ich mit Freuden nichts anderes als Kirchenmusik schreiben.« Wie anders da der Librettist Eugene Scribe über seinen Text zum »Robert« denkt: »die Exzesse der Romantik haben zu einer Gegenreaktion geführt, von der ich glücklicherweise profitiert habe! Das Publikum war dieser von Blut durchtränkten und von Inzest und Ehebruch durchsetzten Dramen überdrüssig, man war der unmoralischen Frauen und der Prostitution müde.« Andere Länder, andere Sitten?

Scribe wusste genau, wie der Wind stand, wonach das Publikum verlangte. Man wollte nicht mehr die x-te Auflage eines griechischen Mythos hören, sondern echte Geschichte so vertont, dass sie mehr als unterhält – und dabei mit unheimlichen, übernatürlichen Elementen gewürzt. Scribe wusste, wie man eine Geschichte packend erzählt. Am Anfang sparte er sich lange Einführungen, entließ die Zuschauer aber mit einem Cliffhanger in die Pause. Zu seinem »livret bien fait«, dem »ordentlichen Libretto«, gehörten: eine logische, stringente Handlung im Hintergrund, eine intelligente Abfolge der Szenen im Vordergrund, Handlungsumschwünge und verzögernde Informationsfreigabe sowie am Ende das Aufeinandertreffen anhand einer wichtigen Erkenntnis. Kommt Ihnen das aus den letzten Marvel-Superhelden-Verfilmungen bekannt vor?

Auf dieser Grundlage konnte Meyerbeer seinen ganzen kompositorischen Werkzeugkasten benutzen, erweiterte ihn sogar um neue Instrumente. Schließlich wollte er möglichst viele Klangfarben zur Verfügung haben – auch um das Überirdische musikalisch ausdrücken zu können. (Ein schöner neuer Effekt z. B.: nur die Hälfte der Streicher mit Dämpfern spielen zu lassen.) Die Klangfarbenregie findet bei *Robert le Diable* nun auch ihr Äquivalent in der Beleuchtung: Zum ersten Mal wird die Bühne von Gaslampen erhellt; die Klosterszene spielt im ungewohnt fahlen Mondlicht. Das war neu und wird gleich für eine aufwendige Lichtregie genutzt. Wo wir schon beim Halbschatten, beim »Chiaroscuro«, sind: Ich glaube nicht, dass hier ganz simpel Gut gegen Böse steht. Zu welcher konkreten, schlimmen Tat soll Robert denn überhaupt verleitet werden? Und worin besteht seine ach so große Heldentat? Ist er am Ende überhaupt erfolgreich? Wenn man das Ganze psychologisierend betrachtet, liegt der Fall anders: Eine (ach so reine!) Frau geht mit einem Mann ins Bett, der sie mitsamt Kind sitzen lässt. Sie verteufelt ihn darauf, das Kind idealisiert die Mutter; andere Frauen schneiden daher für den jungen Mann nicht so gut ab. Er hält sich auf Abstand zu ihnen, betrachtet sie aus der Ferne. Nun sucht der Vater wieder Kontakt zu seinem Sohn (Ist das wirklich so schlimm?).

Papa will den Sohnemann aufklären. Das hieße aber für diesen nun, einzugestehen, dass die Mutter doch nicht so ein ideales Wesen ist. Und diesen Fluch zu brechen, sie vom Sockel zu stoßen, ihr die klammernde Macht über ihn zu entreißen, das ist Roberts eigentliche Heldentat in der Friedhofszene, sein wirklich aktiver, erwachsener Moment in der Handlung. Wenn sich am Ende alles zum beschrienen Guten wendet, der Vater in der Versenkung verschwindet, so ist dies Roberts Passivität geschuldet. Er wartet ab und lässt die Frauen handeln. Er stellt sie zurück auf den Sockel. Er siegt nicht aus Mut oder moralischer Kraft. Ein seltsamer Held. Der übrigens bei der Premiere aus Versehen selbst seinem Vater hinterher in die Versenkung fiel. Das heißt: Es war natürlich der Sänger Adolphe Nourrit, ein hochmusikalischer und intelligenter Kerl. Das Publikum war begeistert über den Handlungsumschwung, seine Mitsänger auf der Bühne dachten, Nourrit sei tot. Doch er stieg unverletzt aus der Unterbühne hoch und brachte unter tosendem Beifall das Stück zu Ende. Nur wenige Jahre später sollte Nourrit allerdings mit einem absichtlichen Sturz aus dem Fenster seinem Leben ein frühes Ende setzen. Beim Versuch, seine Stimme gemäß der neuesten Mode umzuschulen und die hohen Töne mit voller Brust zu singen, büßte er sein bis dahin auch in der Titelrolle des Robert so bewundertes Kopfregister ein. Der gefeierte Held war ein gebrochener Mann. So änderte sich auch der Operngesang; und aus Robert dem Teufel wurde irgendwann jener etwas eindimensionale Heldentenor, den Meyerbeer beim Komponieren noch gar nicht im Ohr hatte.

67. Grund

Weil man zum Rausch keinen Alkohol braucht

Klassikhörer stehen im Ruf, eher zu den Asketen oder zumindest Abstinenzlern zu gehören. Man muss sich ja schließlich gut konzentrieren können, nicht wahr? Und da ist jedes Rauschmittel, und sei es nur Rieslingschorle, Gift für die sachgerechte Schalleinflößung. Drogen finden sich in anderen Musikgattungen, da aber so richtig: Im Jazz wird gequalmt, im Blues gesoffen, im Reggae gekifft und im deutschen Schlager gekokst. So weit, so gut. Stimmt übrigens nicht immer. Manchmal ist es auch nur Showkalkül; Dean Martins Bühnenwhisky war immer Apfelsaft. Und so stimmt auch das rauschmittelfeindliche Vorurteil hinsichtlich der Klassik nicht. Wie sollte es auch anders sein? Man muss ja nur in die Noten schauen, um fündig zu werden. Bach spielt nur den Moralisten, wenn er sich in Arien und Kantaten über »Tobackspfeife«, Kaffeetrinken und Schokoladengenuss mokiert, ließ er sich doch reichlich von allem liefern – was ihm angesichts der vielen eigenen und zu unterrichtenden Kinder an der Thomasschule auch gegönnt sei.

Vielleicht hat das Askese-Vorurteil einen anderen Hintergrund: Beim Genuss klassischer Musik benötigt man keine Zusatzstoffe; der Rausch ergibt sich. Das sage nicht nur ich. Kein Geringerer als Vorzeigedirigent Christian Thielemann sagt: »Musik ist ein gesundes Rauschgift.« Wo sagt er das? Auf der CD *Dirigieren mit Christian Thielemann* aus der Reihe *Der kleine Hörsaal*; damit legt er der heranreifenden Generation rechtzeitig eine willkommene Alternative ans Herz.

In Werken der klassischen Musik wird hingegen kräftig zugelangt. Schon 1623 findet sich in der entzückenden Madrigal-Erzählung *Barca di Venezia a Padova* von Antonio Banchieri ein Bayer (tatsächlich!), der seine Mitreisenden auf der Bootstour zum Trinken auffordert. Zum vollständigen »Grüß Gott« reicht es nicht mehr; ihm gelingt nur noch ein »'sgott«. Die Zeiten ändern sich offensichtlich nicht.

Und die Reihe der Musikbeispiele reißt bis heute nicht ab – vom untrainierten Haremswächter Osmin in Mozarts *Entführung aus dem Serail*, der sich im Duett *Vivat Bacchus* vom Diener Pedrillo zum »Zypernwein« verführen lässt und nach nur einer Nummer bereits unterm Tisch liegt, über die vom Liebestrank Vergifteten in Wagners *Tristan und Isolde* und die sich in Blutlustekstase tanzende Salome bei Richard Strauss bis hin zum vollständig entäußerten rituellen Opfertanz in Strawinskys *Le sacre du printemps* findet man auskomponierte Räusche.

68. Grund

Weil man mit einer Sinfonie Gewerkschaftsarbeit machen kann

Haydn ist auf dem besten Weg, mein Lieblingskomponist zu werden. Ein großer Name, gewiss. Aber welche seiner Melodien pfeift man heute? Welche Ohrwürmer fallen Ihnen ein? Da sieht es seltsamerweise recht dürftig aus. Dabei war er geistreich ohne Grenzen. Wollen Sie mal Neues auf die Ohren kriegen? Wollen Sie Mozart auf die Schliche kommen? Greifen Sie zu Haydn! Neulich kamen wir jedenfalls in einer kleine Musikerrunde auch zu diesem Ergebnis: Hätte es Mozart nicht gegeben (was für ein Albtraum!), wäre Haydn viel bekannter und stünde zwischen Altvater Bach und aufmüpfigem Sohn Beethoven als guter Geist der Klassik.

Nicht nur für die Musik, auch für seine Musiker war er ein guter Geist. In seiner 45. Sinfonie setzte er sich für das vom Fürsten versprochene Einhalten der Urlaubsregelung ein. Im langsamen Satz verstummen nach und nach die Spieler und verlassen die Bühne. Der Fürst verstand das Zeichen und entließ die Musiker aus ihrer sommerlichen Verpflichtung zu ihren Familien, die schon lange warteten. Lautere Töne gab es hingegen bei Haydns *Sinfonie mit dem Paukenschlag*: Weil die Gäste bei den sehr spät angesetzten Konzerten reihenweise einnickten, baute er seinen satten Schlag ein, der für innere wie äußere Aufrichtung im Publikum sorgte. So was klappt natürlich nur, wenn man das Stück noch nicht kennt.

69. Grund

Weil man sich mit gelassenem Witz über das Ende der kleinen Eiszeit freuen kann

1725: Antonio Vivaldi ist 47 Jahre alt und hat seit zehn Jahren praktisch nichts Gedrucktes veröffentlicht. Warum ausgerechnet jetzt? Um Geld ging es ihm wohl nicht. Das war auf anderen Wegen schneller zu verdienen. Vivaldi spielte in Venedig auf allen Hochzeiten, war Impresario am angesehenen Teatro Sant' Angelo, verdiente mit dem Schreiben von Opern gutes Geld, unterrichtete die begabtesten Schülerinnen am Ospedale della Pietà, erhielt für seine (kaum erfüllten) kirchlichen Dienste ein kleines Salär, war der gefragteste Geigenvirtuose der Stadt. Besonders leicht fiel ihm jedoch das Komponieren von Konzerten, also *concerti*. Und diese wurden gar nicht erst umständlich für den Druck vorbereitet. Er warf je nach Wunsch und Können des Auftraggebers aus Bausteinen ein Konzert aufs Papier.

Hinter dem Druck der zwölf Konzerte von Opus 8 hingegen, zu denen auch *Le quattro stagioni*, die heute so bekannten *Jahres-*

zeiten zählen, standen andere Motive. Der Titel dieser Sammlung verrät einen bestimmten Anspruch. Bei der Übersetzung von »Il Cimento dell'armonia e dell'invenzione« muss man vorsichtig sein. *Cimento* kann so etwas wie Probe und Wagnis heißen (»Höhepunkt« schwingt auch mit), wird allerdings häufig mit »Wettstreit« übersetzt. Um ein streitendes Gegeneinander geht es aber nicht, sondern um eine Herausforderung, in der *armonia* und *invenzione* spannungsreich, aber in perfektem Gleichgewicht zur Geltung kommen sollen. Armonia wiederum ist keineswegs nur die Harmoniefolge in den Tonarten oder der schöne Zusammenklang, sie bezieht sich auf alle Parameter und Bausteine der Musik und auf deren handwerkliche Beherrschung. Invenzione ist der spezielle Einfall, das Abweichen von der Norm, der charakteristische Geistesblitz, das Neuartige.

Doch so neu waren die *Jahreszeiten*-Konzerte ja gar nicht mehr. Vivaldi hatte sie wahrscheinlich zwischen 1716 und 1720 geschrieben, zu einer Zeit, als er in Mantua in Diensten stand. Man stelle sich vor: Bis Mitte 30 verbrachte er sein Leben praktisch nur in der Lagunenstadt; und dann das Leben auf dem Land: die Tiere, Pflanzen, die viel stärkeren Veränderungen der Landschaft und der Tätigkeiten der Menschen im Laufe des Jahres. Die Welt in Venedig war gleichförmiger. Die Unterschiede in den Jahreszeiten waren auch vorhanden, nur waren dies nicht die meteorologischen Jahreszeiten, sondern die Spielzeiten, die *stagioni* der Theater, allen voran die Karnevalssaison, die dem Opernkomponisten Vivaldi die meisten Aufträge brachte. Schließlich hat ein einzelnes Theater in der Karnevalsspielzeit oft mehrere neue Opern auf den Spielplan gebracht.

Nach wenigen Jahren in Mantua war Vivaldi nach Venedig zurückgekehrt. Doch hier wuchs die Häme gegen ihn. Sollte er seinen schon früh erworbenen guten Ruf als Komponist noch einmal festigen? Er hatte einst 1711 mit den Konzerten seines Opus Nr. 3 (genannt *L'estro armonico*) die Gattung entscheidend geprägt, war europaweit bekannt geworden. Aber das ist schon viele Jahre her. Nun ergießt sich Spott über ihn. Er sei überehrgeizig, schmeichele zu viel, komme seinen Pflichten als Priester nicht nach, er komponiere seine Konzerte schneller, als der Kopist die Noten aus der Partitur in die Stimmen übertragen könne – worin ja vor allem der Vorwurf liegt, dass sie interessanter sein könnten, wenn er sich dabei etwas mehr Zeit ließe. Und er, der Priester, habe sich eine Geliebte aus Mantua geholt. Will man das Gerücht ins Positive wenden, hat er in Mantua nicht nur die Weltlichkeit des Festlandes, sondern auch die Liebe kennengelernt, wahrscheinlich in Form jener jungen Sängerin, der er dort begegnete und die er nun in Venedig protegierte. Da traf es sich wohl nicht schlecht, dass in seiner Schublade schon länger einige Kompositionen lagen, die beim Publikum gut angekommen waren. Insgesamt zwölf Konzerte verband er zu jenem *cimento*, der so zwar zu einer etwas heterogenen Sammlung wurde, aber nach der Veröffentlichung europaweit einschlug und bis heute die anderen Werke Vivaldis in der Publikumsgunst weit überragt.

Vielleicht machte auch ein neues Problem dem Notenstecher zu schaffen. Damit das Publikum bei all der neuartig-programmatischen Musik mitkommt, hat Vivaldi jedem Konzert im Druck ein erläuterndes Sonett vorangestellt. Und um für die Musiker bereits klarzumachen, wann was mit den Noten gemeint ist, wurden zwischen den Noten Verweise auf die Sonettzeilen und zusätzliche Hinweise eingefügt, z. B. auf einen bellenden Hund im zweiten Frühlingssatz.

Das Thema der Jahreszeiten war nicht unbekannt, jedoch hatten sich die Künste bisher meist auf allegorischer Ebene mit ihnen beschäftigt. Die Darstellung der konkreten Lebenswirklichkeit – zudem im Instrumentalkonzert –, das war etwas Neues. Aus der Oper kannte man Schlaf- und Gewitterszenen, Arien und Lamentopassagen. Und als Opernkomponist war Vivaldi auch mit ihnen und mit der Darstellung von Affekten vertraut. Diese nun tonmalerisch in Konzertmodell (drei Sätze: schnell–langsam–schnell) mit spieltechnischer Virtuosität zu verbinden, gab Vivaldi zugleich die Freiheit, hier und da die Form zugunsten des Inhalts zu dehnen – z. B. wenn manche Wiederholungen nur noch angedeutet werden. An anderer

Stelle wiederum stärkt er im Gegenzug die Regelhaftigkeit, wenn über Satzgrenzen hinweg Bezüge aufgebaut und Motive aufgegriffen werden.

Die ersten Sätze der Konzerte geben in ihren Ritornellen, den refrainartig wiederkehrenden Zwischenspielen, jeweils die Grundstimmung des Sonetts wieder, während die Solostellen wörtlicher den Text auslegen: *La Primavera*, der Frühling, ist die Zeit der arkadischen Freuden. Quellen säuseln, Vögel singen um die Wette, werden von noch harmlosen Blitzchen gestört. Im zweiten Satz schläft ein Hirte so fest, dass ihn auch die »bellende« Bratsche nicht stört. Das schließende Allegro bringt einen ungekünstelten, heiteren Tanz über gesund-ländlichem Bordunbass, der aber zwischen den Ritornellen schon andeutet, dass es nicht beim ungetrübten Vergnügen bleiben wird. Der Sommer beginnt dann auch *allegro* (heiter), aber nicht zu sehr (*mà non molto*) und mit unklarem Taktschlag – denn in der Hitze strengt jede Bewegung an. Auch die Vögel bekommen zu spüren, dass etwas in der Luft liegt: Nord- und Südwind kämpfen miteinander. Im Lamento des zweiten Satzes, in der Ruhe vor dem Sturm, wird der Hirte von Fliegen gepiesackt und durch Donnergrollen vor dem anschließenden Gewitter gewarnt, das sich im Schlusspresto entlädt.

Beim Erntedankfest im Herbst verirrt sich ein taumelnder Säufer fast in den Harmonien, findet keinen Halt, kann sich nicht für ein Tempo entscheiden und steckt damit sogar das verunsicherte Ritornell, also das Zwischenspiel, an. Schließlich fällt er in jenen Schlaf, dem der gesamte zweite Satz gewidmet ist. Keine Solovioline erhebt sich hier über die umherwabernden Akkorde, die andeuten, dass wir es nicht ausschließlich mit guten Träumen zu tun haben. Umso deutlicher wird dann der Schlusssatz. Mit gefasstem Schwung im aufrechten Dreiertakt jagt die adlige Gesellschaft das Wild, das nach vielen Fluchtversuchen doch erliegt. Im Eingangsakkord mit seinen verharrenden Stimmen wird das verkrampft zitternde Frieren im Winter greifbar. Die Temperatur scheint die Musik im Griff zu haben, die sich kaum noch zu etwas bewegen lässt. Auftauen dann im Mittelsatz: Feuer knistert, Regen plätschert, die Solostimme freut sich darüber. Dass der letzte Satz von Lust und Leid des Eislaufens handelt, muss nicht verwundern. Mitte der 1710er-Jahre endete die kälteste Phase der »Kleinen Eiszeit« in Europa. Im Winter 1708/09 hatte Vivaldi sogar erleben können, dass die Lagune zufriert. Das begleitende Sonett schließt mit den Worten »Questi è 'l Verno, mà tal, che gioia apporte«. (Das hier ist der Winter, aber was für eine Freude bereitet er so!) Welche Freude? In den letzten Takten der Musik hört man davon nichts. Oder sind doch die Freuden des Kaminfeuers gemeint? Sind nicht all die Freuden des ganzen Jahres nur möglich, weil Mücken abgewehrt, Unwetter überstanden und Räusche ausgeschlafen werden müssen? Vielleicht sind diese vier Konzerte ja als Ermutigung zu hören, mit *armonia* und *invenzione*, mit Ruhe und Witz dem Leben zu begegnen.

Kapitel 8

Konserviertes

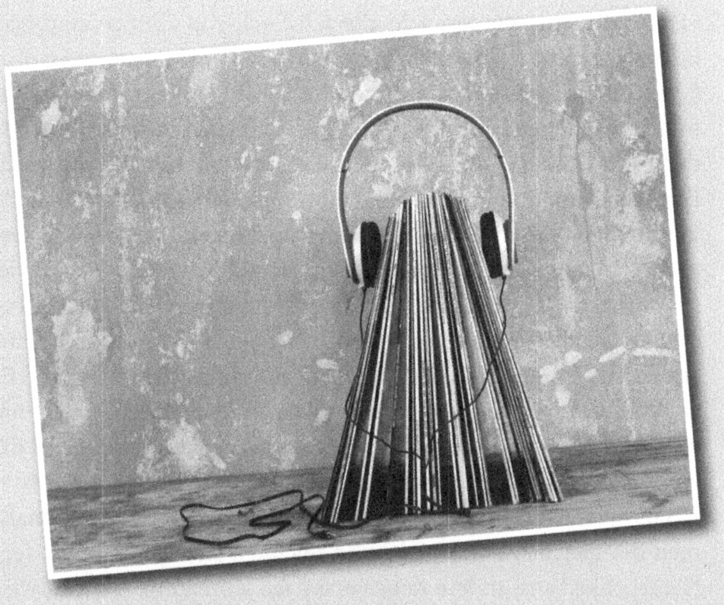

70. Grund

Weil die Antwort meistens lautet: Carlos Kleiber

Okay, jetzt geht es ans Eingemachte, an die Klangkonserve. Sprechen wir über Aufnahmen. Denn unsere Hörerfahrung ist vor allem durch sie geprägt. Dass der Beginn der Aufnahmetechnik mit einem Epochenwechsel in der Interpretationskultur zusammenfiel, ist vielen vielleicht nicht bewusst. Die ältesten Bach-Aufnahmen sind also keineswegs besonders »nah am Original«. Allein in den letzten paar Generationen hat sich viel geändert: Bei Bach kann man Stücke finden, bei denen zwischen schnellster und langsamster Aufnahme der Faktor 2 liegt, sogar bei Gesangsstücken, zum Beispiel beim Eingangschor des *Weihnachtsoratoriums* »Jauchzet, frohlocket!« Und dennoch kann es den Musikern gelingen, dass beide Interpretationen in sich schlüssig klingen. Bei Mozart ist das schon viel schwieriger. Da steckt der Teufel (nicht nur) im Detail. Schnellste und langsamste Aufnahme liegen meist gar nicht so weit auseinander. Der Unterschied kommt einem allerdings viel größer vor. Es sind vielmehr Artikulation, Dynamik sowie klangliche Gewichtung zwischen den Stimmgruppen im Orchester und den Solisten, die die verschiedenen Interpretationen prägen.

Gerne mache ich mir den Spaß und vergleiche etliche Aufnahmen des gleichen Stücks. Manche zeichnen sich durch besondere Natürlichkeit aus, andere zeigen erst nach Jahren ihre Stärken, wieder andere begeistern von der ersten Sekunde an mit einem Charisma, das es erst noch zu entschlüsseln gilt. Dabei gehöre ich nicht ausdrücklich einem bestimmten Anhängerlager an. Ob historische oder moderne Instrumente zum Einsatz kommen, garantiert halt noch keine inspirierte Interpretation. Nur bei einem Aspekt bin ich wählerisch. Ich höre die ganz alten Aufnahmen gern ungefiltert, nicht entrauscht. Hat man sich erst mal akklimatisiert und »reingehört«, kann man durch das Rauschen und Knistern wie durch einen Gazevorhang hindurch zuhören und sich besser zusammenreimen, wie es wohl wirklich geklungen haben mag. Das beantwortet aber nicht die Frage, ob es eine gute Einspielung ist. Wenn ich mich bei einem Stück frage, wer wohl die beste Einspielung, den besten Konzertmitschnitt vorgelegt hat, ist die Antwort meist einfach: Carlos Kleiber.

71. Grund

Weil es Stücke gibt, die man lieber mehrmals hört

»Nicht um 1000 Gulden möchte ich das nochmals schreiben.« Er hätte sie sich aber verdient. Einen solchen Kraftakt hatte Anton Bruckner bis dato noch nicht vollbracht. Mehr als zwei Jahre hatte er an seiner »Fünften« gefeilt. Der von Selbstzweifeln geplagte Komponist gehorchte aber leider einigen Freunden, die ihn baten, seine Werke umzuarbeiten und zu glätten. Eine solche Offenheit führte schließlich dazu, dass der Kapellmeister Schalk das Stück für die Uraufführung fast bis zur Unkenntlichkeit »verschönern« konnte. Dieser Version hielten dann die Orchester die Treue – bis zur eigentlichen Uraufführung 1935, die Bruckners »echte Fünfte« wiederherstellte. Da bei diesem Stück, wie schon ein Rezensent der Uraufführung bemerkte, »ein einmaliges und erstmaliges Anhören wohl kaum hinreicht«, sei auf die Möglichkeit des Vor- und Nachhörens auf CD und einschlägigen Streamingdiensten verwiesen. Lassen Sie sich also nicht im Konzert auf dem falschen Fuß erwischen! Seien sie allzeit bereit! Hören Sie Bruckners Fünfte in Ruhe erst ein paar mal zu Hause, am besten mit Partitur.

72. Grund

Weil sich das Rausfliegen lohnt

Mozart ist ja sooo einfach. Nein, selbst die New Yorker Philharmoniker unter Artur Rodziński und Pianistenlegende Artur Schnabel fliegen im Konzert mal raus. Und das wurde sogar so im Radio gesendet! Warum es mir allerdings gefällt, dass sie selbst bei einem so »einfachen« Stück dieses Rausfliegen riskierten und warum diese Aufnahme aus dem Jahr 1946 zu meinen Lieblingseinspielungen des A-Dur-Klavierkonzertes KV 488 gehört, verrate ich weiter unten. So viel jetzt schon: Die Musiker erreichen – wenn auch nicht ohne einige weitere Blessuren – den Schlussakkord und ernten jubelnden Applaus. Der Applaus bleibt bei diesem Werk selten aus. Es gehört zu den beliebtesten Stücken Mozarts: Beliebt beim Publikum, weil es enorm eingängig und unterhaltsam ist und weil es mit dem zweiten Satz eine der abgründigsten Kompositionen Mozarts enthält; beliebt beim Konzertveranstalter, weil es nur eine sehr kleine Besetzung erfordert: außer Streichern nur je zwei Hörner, Fagotte und Klarinetten sowie eine Flöte. Ein Konzert ohne Pauken und Trompeten! Und beliebt bei den Pianisten, weil es keine technisch besonders herausfordernden Stellen gibt – nur eine einzige Solokadenz. Die hat Mozart selbst in die Partitur geschrieben, was für ihn ungewöhnlich ist und Fragen aufwirft. Denn er hätte die Kadenz eigentlich jedes Mal neu improvisiert. Für wen war das Werk dann gedacht? Er notierte den Abschluss der Komposition in sein eigenes Verzeichnis: 2. März 1786. Und da wäre anzunehmen, dass er – wie in den Jahren zwischen 1784 und 1786 üblich – sein Konzert eigenhändig in einem der von ihm auch selbst veranstalteten Abonnementskonzerte, einer sogenannten Akademie, vorstellte und sich damit auch gleich vor dem reichen und kenntnisreichen Publikum Wiens als bester Pianist der Stadt präsentierte. Musste diesmal jemand für ihn einspringen? Das wäre nicht unwahrscheinlich, denn seine sogenannten »mittleren Jahre« in Wien waren für Mozart gleichzeitig die arbeits- und erfolgreichsten seines Lebens. Er war ungeheuer produktiv, komponierte in allen Genres, hatte Schüler, ließ kein Fest aus, veranstaltete Konzerte und: Er konzipierte, schrieb und probte den *Figaro*. Dass der Abschluss des Klavierkonzertes in A-Dur KV 488 gerade mit der Schlussphase an der Arbeit zu dieser Oper zusammenfällt, wirft auch ein Licht auf den musikalisch manchmal verwandten Ton – bis hin zum Finalsatz nach Art des Schlusses einer heiteren Buffooper, der die Zuhörer mit den gleichen Worten ins Foyer zu entlassen scheint: »Corriam tutti a festeggiar« – auf Deutsch: »Schnell – auf zum Champagnerbuffet«.

Neben den Kadenzen und Verzierungen wurde auch in den Orchesterpassagen der Klavierkonzerte vom Pianisten improvisiert. In Mozarts handschriftlicher Partitur sieht man, dass die linke Hand die Stimme des Kontrabasses verdoppelt, während die rechte eine Begleitung improvisiert. Schon im 19. Jahrhundert wurde der Stenografie-Charakter dieser Stellen bemerkt – z. B. von Carl Reinecke (siehe 17. Grund), der sich energisch dagegen aussprach, Mozarts Konzerte nur als Vorstufen zu Beethoven und als Etuden im Unterricht zu gebrauchen. Robert Levin, ein ausgezeichneter Mozartforscher und -interpret, der beratend auch an der nicht minder ausgezeichneten Einspielung von Malcolm Bilson (am Hammerflügel) und John Eliot Gardiner (am Dirigentenpult) beteiligt war, nennt diese Musik »eine Synthese aus Eleganz, Charme, koboldhaftem Schalk, Wagemut, operettenhafter Dramatik, Pathos und Tragödie«. Die dafür nötige Haltung beherrschte man aber auch schon vor 70 Jahren, zu hören am Beispiel von Artur Schnabel und den New York Philharmonics, die beim »einfachen Mozart« rausfallen.

Der zweite Satz dieses Konzertes macht es einem nun allerdings wirklich schwer, hier Mozart nicht schon als Romantiker zu begreifen und zu denken: Ist das schön! Aber eben nicht nur schön. Es lässt einen erschaudern, schwitzen, und am Ende lässt es einen mit leichterem Herzen und als besserer Mensch zurück. Man hat das Gefühl, nicht nur gut unterhalten worden zu sein. sondern auch etwas gelernt zu haben. Wie unfassbar kunstvoll dieser Satzanfang schon konstruiert ist! War der erste Satz noch recht konventionell gebaut, signalisieren im zweiten schon die äußeren Parameter, dass wir uns auf vermintes Gelände begeben. Allein die Tonart schon: fis-Moll! Das ist musiktheoretisch zwar naheliegend zu erklären, nämlich als »Tonikaparallele« von A-Dur, der Haupttonart des Stückes, aber trotzdem so ungewöhnlich, dass Mozart diese Tonart für einen ganzen Satz sonst überhaupt nur ein einziges Mal in seinem Leben benutzt hat. Zudem ist der Satz mit Adagio überschrieben. Mozart hat selbst einmal gesagt, dass für den zweiten Satz Andante nicht unterschritten werden dürfte. Und *adagio* (behutsam) ist nun mal langsamer als *andante* (halbwegs zügig gehend).

Oh, so schnell kann es geschehen. Drei Noten im Klavier – und alle Trübsal ist weg. Der Pianist schwingt sich mit Oktavaufschwung in den Sattel, und los geht die wilde Jagd des dritten Satzes im *Allegro assai.* Und was für ein Spaß dieser Ritt ist! Man vermisst keine Kadenz und merkt gar nicht, wie viele Themen einem um die Ohren fliegen in diesem etwas kompliziert konstruierten Rondo, Noch-besser-Wisser sprechen von einer Art *Sonatenrondo*, das gleichzeitig in Stilfragen einem Buffoopernfinale ähnelt. Diese Musik besteht gewissermaßen aus Figuren einer Szene, die mit-, gegen- und aneinander vorbei agieren. Wie geistreich gestalten manche guten Musiker diese Szene: Da wird stolz geschritten, absichtlich gestolpert, stur gestanden und in eiliger Not gerannt; z. B. wenn Alfred Brendel am Klavier sitzt und Neville Marriner diese Sitzung leitet.

Es gibt auch Jazzmusiker (Nichts gegen guten Jazz! Ganz im Gegenteil! Der wäre ein eigenes Buch wert.), die sich an dem Stück versuchen. Ich möchte hier lieber keine Namen fallen lassen. Wenn man aber einen Großteil der Musik streicht und nur an der jeweils lautesten Stimme entlangharmonisiert, raubt man ihr das geistreiche Spiel zwischen den Stimmen, das Mozart da anzettelte. Überzeugender sind da für mich die Klazz Brothers, die die Grundstruktur des

Satzes gleich über Bord werfen und nur das erste Thema zu eigenen Variationen nutzen – und das Ergebnis entsprechend nennen: *Wenn son danzon.* Für die wenigen Nichtkubaner unter uns: *danzón* ist ein Tanz, *son* ist eine – nein, DIE – kubanische Musikgattung. Die Klazz Brothers – jedenfalls gar nicht so schlecht: mit kubanischer Percussion sich von Mozarts Komposition zu lösen und dann geschmackvoll verzieren. Manch anderer hingegen bleibt obrigkeitstreu bei Mozarts Vorschlag und weiß nicht so recht, was er damit machen soll.

Was bleibt zu hoffen? Ich hoffe, dass der Markt nicht weiter überschwemmt wird mit nichtssagenden Interpretationen, in denen sich technisch hervorragender Solistennachwuchs mit wenig Orchesterprobenarbeit profilieren will. Ich hoffe, dass durch die jüngsten Entdeckungen und Erkenntnisse wieder mehr Mut und Risikobereitschaft entsteht. Risiko für neue oder zusätzliche Verzierungen, Improvisationen im Col-Basso-Spiel und neue Kadenzen; und Mut zum Entdecken der Überfülle an wirklich musizierbaren Details und Bezügen in der schon existierenden Partitur. Dafür verlangt Mozarts Musik allerdings sorgfältige Phrasierung in den … ich hätte nun beinahe gesagt: in den Begleitstimmen. Aber wenn man diese eben nicht als Begleitstimmen, sondern als kammermusikalisch gleichberechtigte Partner versteht, dann entschädigt diese Musik mit einer solchen Überfülle, dass man nur verblüfft lachen kann – und dieses Stückes nicht müde wird. An Kristian Bezuidenhout: Haben Sie gemerkt? Dies Lob galt Ihnen! Sie haben bewiesen, was für ein enorm beredter und dabei sinnlicher Zugriff auf den Hammerflügel möglich ist.

73. Grund

Weil Papierrollen Geister an den Flügel setzen

Erst kürzlich war ich zum ersten Mal in meinem Leben in England. Dabei hatte ich das große Vergnügen, sogleich die englischstmögliche Erfahrung meines Lebens zu machen. Wir besuchten eigentlich einen Freund, aber der fuhr mit uns raus zu seinen Schwiegereltern aufs Land. Die wohnen da in einem Landhaus. Und wenn ich Landhaus sage, so meine ich hier jene Version des englischen Landhauses, wie sie auch das ZDF sich nicht schöner erträumen könnte. Hinter den ungelogen meterdicken Steinmauern sammelt der Hausherr unter anderem altägyptische Münzen, früheste buddhistische Sanskrit-Manuskripte, englische Concertinas (eine besondere Harmonika-Art) und überhaupt allerlei Musikinstrumente. Bitte stellen Sie sich jetzt aber keinen verschrobenen Kauz, sondern einen lebenslustigen Mann vor, der einfach gerne über interessante alte Dinge plaudert. Noch interessanter als die Schriftrollen war für mich allerdings seine Sammlung sogenannter Welte-Rollen, die auf der Welt ihresgleichen sucht. Auf diesen Papierrollen sind uns nämlich Klavier-Einspielungen vieler großer Komponisten und Pianisten erhalten, die es nicht auf die Schallplatte geschafft haben.

Die Firma Welte & Söhne hatte Anfang des 20. Jahrhunderts in Freiburg ein Gerät entwickelt, mit dem man praktisch direkt an den Fingerspitzen das Klavierspiel aufzeichnen konnte. Es wurde auf diesen Rollen also nicht der Klang gespeichert, sondern Zeitpunkt und Stärke des Anschlags. Wie genau das funktionierte, ist noch nicht ganz geklärt, da das Aufzeichnungsgerät im Krieg zerstört wurde und die Firma während der Aufnahmesitzungen auch ein kleines Geheimnis daraus machte. Immerhin haben viele der damals schon kostbaren Abspielgeräte überlebt. Entweder wurde die entsprechende Technik in einen Flügel eingebaut, oder ein sogenannter »Vorsetzer« nahm die Pianistenrolle ein und betätigte die Tasten. Und genau so ein Gerät konnte ich auch vor Ort in England auf dem Lande bestaunen. Wenn diese Geräte gut eingestellt sind – was angesichts der komplexen, pneumatischen Mechanik irrsinnig aufwendig ist –, dann kann man erleben, wie plötzlich Max Reger, Gustav Mahler, Richard Strauss, Edvard Grieg (um nur die Bekanntesten zu nennen) und unzählige Klavierlegenden des 19. Jahrhunderts vor einem sitzen und zu spielen anfangen, zum Beispiel auch Josef Lhévinne (siehe folgenden Grund).

74. *Grund*

Weil man sich auch mit Unpersönlichkeit einen Namen machen kann

Adel und Geld ist es zu danken: Großherzog Konstantin Konstantinowitsch Romanow hörte den elfjährigen Josef Lhévinne bei einer Klaviersoirée. Dieser spielte Beethovens *Mondscheinsonate* und Liszts Bearbeitung von Wagners *Pilgermarsch* aus dem *Tannhäuser*. Konstantin befahl umgehend, Josef solle am Moskauer Konservatorium unterrichtet werden – ein anwesender Bankier müsse dafür die Kosten tragen. Der hat sich bestimmt gefreut. Der Vater durfte den Lehrer auswählen und entschied sich für den damals auch noch recht jungen Wassili Safonow. Bei seinem ersten Klavierlehrer, dem Schweden Nils Krysander, hatte Josef Lhévinne bereits eine sorgfältige Ausbildung genossen; am Konservatorium musste er jedoch wieder ganz von vorn beginnen. Safonow bestand – manch heutigem Sporttrainer nicht unähnlich – darauf, Lhévinnes Anschlagtechnik völlig neu aufzubauen: Hand und Finger sollten fest sein – also unter Spannung stehen –, Ober- und Unterarm jedoch völlig locker und entspannt. Es sollte sich anfühlen, als schwebten sie in der Luft. Die strenge Systematik der neunjährigen Konservatoriumszeit sah sogar vor, dass in den ersten fünf Jahren fast ausschließlich Tonleitern,

Skalen und Arpeggien geübt wurden – es galt allerdings, diese Tonfolgen bereits musikalisch zu gestalten, ihnen verschiedenste Ausdrücke zu verleihen. Danach konnte man das Erworbene endlich an »echter« Musik anwenden. Wie es die Lehrer verlangten, wurde erst an den Stücken gearbeitet, wenn sie vollständig memoriert waren. Und das Auswendiglernen sollte nicht nur die Noten, sondern bereits alle Vorstellungen von den musikalischen Ideen und Bildern enthalten, die vermittelt werden sollten; so forderte es Lhévinne auch von seinen späteren Schülern. Wer schließlich in der Abschlussprüfung die erste, rein technische Runde nicht meisterte, wurde gar nicht zur Kür, zum Vorspiel der einstudierten Stücke, zugelassen. Beispiel zum Reinhören gefällig? Chopins Étude op. 25 Nr. 12, die fast nur aus Arpeggien besteht, zeigt bei Lhévinne den Lohn des Trainings: Da wird nichts gewischt oder nach Griffschema abgespult; immer wieder wird die Begleitung anders artikuliert, wird der Melodie ein frischer Rahmen geboten.

1892 schloss Lhévinne seine Ausbildung am Konservatorium mit der Goldmedaille ab, die in diesem Jahr insgesamt viermal verliehen wurde; zu den weiteren Preisträgern gehörten keine Geringeren als Rachmaninow und Skrjabin. Es folgten bejubelte Konzerttourneen in Europa, 1896 unterbrochen durch den Militärdienst in Russland. Seine Frau Rosina Bessie hatte wie er das Moskauer Konservatorium mit der Goldmedaille absolviert. Sechs Jahre jünger als ihr Mann, überlebte sie ihn um 32 Jahre. Heute ist sie wegen ihrer langen und einflussreichen Lehrtätigkeit an der Julliard School bekannter als er selbst. Er trat mit ihr häufig im Duo auf, sie kümmerte sich dafür um seine Konzertkarriere. Nach Unterrichtstätigkeit in Tiflis kehrte Lhévinne als Professor an das Moskauer Konservatorium zurück, um bald nach Berlin umzusiedeln. Im Ersten Weltkrieg wurde er interniert (er war ja Russe), wanderte anschließend nach New York aus und war damit einer der ersten, die die russische Tradition pianistischer Ausbildung nach Amerika führte. Die eigenwillige Schreibweise seines Nachnamens hat Lhévinne dort auf Rat eines

Kollegen angenommen (üblich wäre Lewin oder Levin gewesen); davon versprach er sich, besser im Gedächtnis des Publikums haften zu bleiben. Es folgten Konzerttourneen in der ganzen westlichen Welt. 1924 veröffentlichte er das kleine und seinerzeit erfolgreiche Lehrbuch *Basic Principles in Pianoforte Playing.* Das Unterrichten interessierte ihn viel mehr als das Konzertieren; Soloauftritte schränkte er gegen Ende seines Lebens stark ein.

Mit den Welte-Rollen ist uns das Spiel des Mittdreißigers überliefert. In diesen frühesten Zeugnissen seines Spiels begegnet dem Hörer Josef Lhévinne, wie er auch das internationale Publikum zu Beginn des Jahrhunderts begeisterte. Leider hat er sein primäres Konzertrepertoire nie eingespielt; Liszts Transkription von Meyerbeers *Robert le diable* (siehe 65. Grund) und Andrei Schulz-Evlers Bravourversion der *Schönen blauen Donau* gehörten wie Schumanns Toccata jedoch zu seinen Paradestücken, die er sich meist für die Zugaben aufsparte. Die wenigen in den 1920er- und 1930er-Jahren entstandenen Tonträgeraufnahmen – teilweise von denselben Stücken – zeigen, dass vieles von dem, was man heute der Welte-Technik anzukreiden geneigt ist, vielmehr persönlicher Stil des Pianisten ist – gerade in Fragen des Timings. An einigen Stellen sind Lhévinnes Läufe und Arpeggien so unfassbar brillant, dass es scheint, nur eine Maschine habe dies vollbringen können. In Skrjabins *Nocturne für die linke Hand* kann man zudem hören, wie differenziert er die Verzierungen gestalten konnte – und wie genau das Welte-System diese reproduzieren kann.

Dass Lhévinne mit seiner pedalarmen und unsentimentalen Spielweise dennoch das Schöne und Sangliche der Stücke in den Vordergrund stellen wollte, scheint zunächst paradox; doch sind auf dieser trockenen Grundlage Melodie und Begleitung manchmal sauberer zu trennen, wirkt Legato schon im Ansatz stärker. Seine selbst unter Pianisten ersten Ranges außergewöhnliche technische Sicherheit wurde selbst von Rubinstein, Rachmaninow und Horowitz beneidet. Und unter Technik verstanden sie keineswegs nur die Fähigkeit, Notentexte fehlerfrei abzuspielen, sondern die Beherrschung des Tones auch in allen möglichen Schattierungen. So wirkt Lhévinnes Spiel immer schön, nie harsch. Manchmal würde man sich vielleicht mehr Mut zum Hässlichen wünschen; Lhévinne gelingt es aber im Gegenzug, auch jenen Stücken einen nonchalanten Glanz und musikalischen Sinn zu verleihen, die unter anderen Händen nur Strickmuster bleiben – wie Czernys *Oktavenetüde*. Rubato gestattete er sich zwar in hohem Maße, aber immer nur auf engem Raum; die (so wörtlich) »geraubte« Zeit musste umgehend zurückerstattet werden. Auch findet man bei ihm kaum jenes gebundene Rubato, das so typisch für die Pianisten jener Zeit war und heute nahezu verschwunden ist: ein unbeirrtes Metrum in der linken Hand, das der rechten Hand ein davon unabhängiges Verzögern und Beschleunigen erlaubt. Bei Lhévinne verblüfft das Gegenteil: herausragende Synchronizität auch in den schwierigsten Doppeltrillern und oktavierten Läufen. Der Komponist und Musikkritiker Virgil Thompson fasste 1940 anlässlich eines seiner letzten großen Konzerte in der Carnegie Hall Lhévinnes Spiel zusammen: »Herrn Lhévinnes Darbietung, insbesondere von Schumanns Toccata und Chopins Etüden, war sowohl eine Lehrstunde als eine Eingebung. Er bemühte sich nicht zu bezaubern oder zu verführen oder zu predigen oder zu beeindrucken. Er spielte, als würde er einem Fortgeschrittenen-Seminar erklären: ›Dies ist die Musik, und dies ist der Weg, sie zu spielen.‹ […] Alles, was er macht, ist richtig und klar und vollständig. Alles, was er nicht macht, ist die ganze Liste jener Dinge, die den musikalischen Ausdruck geringerer Männer verderben.«

Gerade in den Chopin-Aufnahmen wird der Unterschied zum Großteil anderer Interpreten aus Lhévinnes Generation klar: Alles klingt unaufwendig und unangestrengt – getreu der Regel: »eine Melodie nicht sentimentalisieren, wenn sie bereits überreif ist.« Erst gegen Ende der Stücke erlaubt sich Lhévinne dann doch noch eine Spur Sentiment – das Aufgesparte wirkt umso stärker. Oft wurde ihm vorgeworfen, er spiele mit zu wenig Kraft; gerade seine enorme technische Leichtigkeit ist aber nur zu erreichen, wenn man sehr viel Kraft in Reserve hat. Und diese wollte er nur einsetzen, wenn das Stück es wirklich erfordert, und dann auch nur sehr gezügelt. Genauso vorsichtig und gezielt nutzte er das Pedal. Weder Exzessen noch Sentimentalitäten wollte er Macht über den Notentext gönnen; immer sollte die Person des Pianisten im Hintergrund bleiben. Dass er jedoch genau damit einen ganz persönlichen Stil geprägt hat, ist ein Treppenwitz der Interpretationsgeschichte.

75. Grund

Weil beim Freigeist Beethoven kein Lagerdenken ausreicht

Beethovens 7. Sinfonie unter Wilhelm Furtwängler 1943 mit den Berliner Philharmonikern in Berlin: Trotz Monoaufnahme sitzt man in einem großen Raum. Hier hat alles Gewicht und Spannkraft, auch dann, wenn die Musik noch zu suchen scheint. Man kann nie sicher sein, was als Nächstes passieren wird. Das dauernde Tempoverschieben und Abschattieren wirkt nicht aufgesetzt. Die Musik reagiert lebendig, ist überrascht, wird wütend, zögert, kommt zum Stehen, bricht aus. Dieses Musizieren will uns nichts mitteilen, es ist schon so sehr mit sich selbst und seinen Problemen beschäftigt, dass es für uns Besucher dieses Blockbuster-Kinoereignisses einfach spannend bleibt. Man vergisst, ob das schön klingt oder sinnvoll oder korrekt oder historisch plausibel. Es nimmt einen einfach mit – im Guten wie im Bösen.

Bei Toscanini muss man nicht zwischen den Notenzeilen lesen: klare italienische Vokale statt deutscher Umlaute, Musik in rechten Winkeln, ohne Pedal oder Dämpfer. Wenn alle Musiker so an einem Strang ziehen, ist schon erstaunlich, wie gut nur durch Änderungen im Ausdruck ein Gefühl der Beschleunigung erzeugt wird. Wie viel man da noch von den beherzten Streichern hört! Da sind ja plötzlich Mittelstimmen! Für solche Aha-Momente legt sich heute vor allem die historische Aufführungspraxis ins Zeug.

Besonders pragmatisch ging Richard Strauss die Sache an, übersprang in der Mitte des vierten Satzes 275 Takte und kürzte ihn damit praktisch auf die Hälfte. Auch im letzten Akkord kennt er kein Pardon: Wisch und weg! Der Satz sollte auf eine Schellackseite passen! Auch ohne diese Kürzung wäre es aber eine der schnellsten Aufnahmen.

Vom Beethoven-Spiel wird manchmal unter Plattensammlern behauptet, erst nach dem Krieg habe das Interpretieren, das Auslegen begonnen. Zuvor habe man einfach Musik gemacht. Erst nach dem Krieg wollte man analysieren, Inhalte der Stücke hervorkehren? Etwas ist schon dran. Die »Alten« waren keine Deuter. Richard Strauss dirigierte ohne großen Elan und spielte lässig, was da in den Noten steht. Wilhelm Furtwängler lässt – vorgeblich ohne Kalkül – die Musik sich entwickeln. Arturo Toscanini drückt uns die Partitur ins Gesicht. Aber gerade diese beiden Letzteren waren es, an denen sich in den nächsten Jahrzehnten die Dirigenten noch lange orientierten. Zu welchem Lager rechnete man sich? Toscanini oder Furtwängler? Italien oder Deutschland? Die Wiege der Musik oder deren altsprachliche Oberstufe? Partiturtreue oder Monumentalität? Objektivität oder Subjektivität? Der bekannteste Fackelträger der Beethoven-Sinfonien in Deutschland wurde Herbert von Karajan. Sein Zyklus mit den Berliner Philharmonikern erreichte als erste LP-Box die Millionenauflage und prägte damit für eine ganze Generation den Schallplattenerstkontakt mit Beethovens Sinfonien. Bei dieser Aufnahme wünscht man sich allerdings etwas von Furtwänglers Spontaneität. Die hohen Streicher legen sich mit extrem viel Glanz über das Orchester. Das ist Symphonie im Zeitalter ihrer technischen Machbarkeit. Wer gerne auf der Überholspur zum Flugplatz düst und seinen Privatjet selbst steuert, findet auch Gefallen an dieser Beethoven-Verchromung.

Eine ganz besondere Rolle spielen die Klangästhetik und die Frage des Konzertsaals bei Martin Haselböck. Er rekonstruiert mit seinem Projekt *Resound Beethoven* die Uraufführungskonzerte am historischen Ort. Im Fall der Siebten war das der Große Saal der Wiener Universität, heute Sitz der Österreichischen Akademie der Wissenschaften. Wer jetzt für Haselböcks Orchester Wiener Akademie eine kleine Kammerbesetzung erwartet, muss enttäuscht werden. Haselböck fährt in Stärke der Uraufführung auf: über 60 Musiker. Seinerzeit handelte es sich um ein Benefizkonzert für Kriegsverwundete. Da wollte man sich nicht lumpen lassen. Man sitzt nah am Orchester, die Bläser direkt vor den Augen, die Streicher eher außen. Schnelle Tremoli erscheinen als einzelne Noten, nicht als Zittern in der Stimmgruppe; Verzierungen und leichte Bögen bringen lebendigen Atem in die hohen Streicher; die Bässe greifen beherzt zu. Der Saal serviert dies alles auf dem Tablett. Die Macht der Musik überwältigt hier schon rein physisch. Hier geht es um was. Die ungewohnten und beredten Klangmischungen sowie die sehr persönlich auftretenden Solobläser hinterlassen den Eindruck einer hitzigen Diskussion. Ein gesunder Spaß – und in seinem forschen Spiel gar nicht so weit von Strauss oder Toscanini in den Dreißigern entfernt.

2006 zeichnete Jos van Immerseel mit seiner *Anima Eterna* den Zyklus auf und machte sich zuvor ausführliche Gedanken. Er setzte Bläser nach historischer Wiener Bauart ein, forschte zu Art und Einsatz von Vibrato und Bogenstrich und sicherte das mit Belegen aus Violintraktaten ab. Aber man hört hier nicht etwa eine Partitur mit bibliografischen Fußnoten herunterrasseln. Die Kontrabässe nutzen zum Beispiel verschiedene Bögen, um eine besonders reiche Farbpalette zu bieten. So gewichtet, gespielt und durchsichtig aufgezeichnet ergibt sich wirklich ein neues Stück. Nicht nur in der historisch wohlinformiert aufspielenden Ecke ist dies eine der beglückendsten Aufnahmen. Man nimmt feinste dynamische Prozesse wahr, ohne dass hier irgendetwas trocken, übermäßig scharf oder schulmeisterlich klingt. Das ist gewiss kein Saft-und-Kraft-Beethoven der Berliner; und »Schönheit« steht hier auch nicht an erster Stelle, zumindest nicht das, was als Vorstellung von einem schönen Ton in den Philharmoniefoyers herumspukt. Wenn die Geigen nicht alles überstrahlen, hört man viel mehr von all den anderen Stimmen. Und so wird die Musik subjektiv schneller, da in der gleichen Zeit mehr passiert.

Von Paavo Järvi und der Deutschen Kammerphilharmonie Bremen gibt es zwei Einspielungen von Beethovens Siebter, die leicht zu verwechseln sind. Zuerst erschien 2007 eine Studioaufnahme auf CD bei RCA, entstanden 2004 UND 2006. Das Booklet verrät zwar nicht, welche Sätze oder Takte aus welchen Jahren stammen, listet aber penibel die Besetzungsabweichungen auf. Die zweite Aufnahme mit dem ausgebildeten Schlagzeuger Järvi am Pult der Bremer entstand 2010 als Konzertmitschnitt beim Beethovenfest in Bonn und erschien auf DVD. Wie immer sitzen in der Kammerphilharmonie Bremen Ausnahmegeiger am Konzertmeisterpult: Florian Donderer auf CD und Daniel Sepec auf DVD. Ich gebe beiden Mitschuld am hinreißenden Geist, der hier durchs Stück weht. Auch bei den Bläsern wird es interessant: Ventilhörner mischen sich hier mit engmensurierten Trompeten. Järvi kehrt das Fremdartige, Skrupellose sehr schön hervor – eine Sinfonie wie ein Biss in einen frischen Apfel.

Kapitel 9

Wirkung

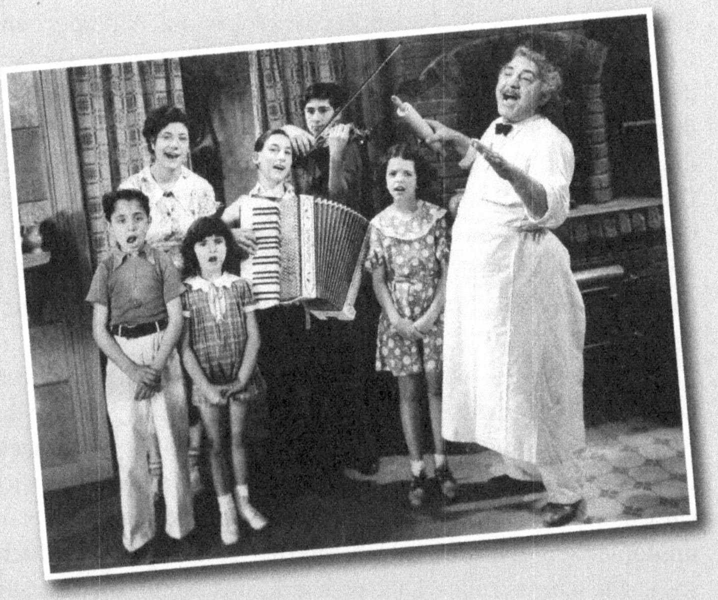

76. Grund

Weil klassische Musik gesund ist

Klassische Musik kann das Denken anregen, den Schlaf befördern, den Blutdruck im Maß halten, Stress abbauen und die Immunabwehr stärken. Wer will das nicht? Klingt gut. Zwei Stunden klassische Musik bitte! Haben Sie was Leichtes? Ich muss nämlich nebenbei noch was erledigen. Da warten noch ein Call und ein Meeting. Sie ahnen es schon: In diesem Kapitel geht es um Wirkungs- und Gesundheitsfragen. Musiktherapie gibt es ja schon länger, aber seit der Jahrtausendwende ist dieses Forschungsgebiet nahezu explodiert. Musik kann entspannen, trösten und heilen und nicht zuletzt die schulische Leistung verbessern. Studenten waren nach dem Genuss klassischer Musik offener und haben freimütiger über ihre Gefühle und Probleme gesprochen sowie im Experiment schneller und bessere Antworten geliefert, wenn sie statt des trüberen Herbst- das flottere Frühlingskonzert aus Vivaldis *Jahreszeiten* auf die Ohren bekamen.

Klassische Musik aktiviert Belohnungs- und Lustzentren sowie kognitive Hirnfunktionen. Im Idealfall gibt es einen Schauer der Botenstoffe Endorphin und Dopamin; man kann auch sagen: Gänsehaut. Gilt das nun für alle klassische Musik? Nun, wenn ich ein schlecht komponiertes Stück von einem schlecht ausgebildeten, unmotivierten und unsensiblen Künstler gespielt höre, vielleicht sogar auf scheppernden Lautsprechern, was dann? Die Antwort überrascht: Wenn mir diese Musik gefällt, dann ja! Dann kann auch diese Musik mein Leiden lindern. Nur so erklärt sich mir übrigens mancher Leute Vorliebe für (räusper) Franz Liszt.

Sogar im Straßenverkehr bringt klassische Musik etwas zur Verletzungsprophylaxe. Die Auswahl des richtigen Stücks zählt. Hören Sie nicht auf der Überholspur Wagners *Walkürenritt* (Betonung für Besserwissende auf der ersten, nicht der zweiten Silbe, also auf *Wal*)!

Greifen Sie lieber zur CD *Adagio im Auto*, die der Pianist und damalige Bundesverkehrsminister Peter Ramsauer einspielte. Das ist natürlich gut gemeint. Hörer und Stück müssen aber zusammenpassen. Ich höre lieber keine Musik auf der Autobahn. Sonst konzentriere ich mich nur auf die Lautsprecher und folge viel eher dem Geschehen in den Mittelstimmen als auf der Mittelspur.

Bei den Romantikern traf mal wieder guter Instinkt auf leicht benebelten Idealismus: »Jede Krankheit ist ein musikalisches Problem – ihre Auflösung eine musikalische Auflösung.« So jedenfalls Novalis. Als Mittel gegen alle möglichen Krankheiten und seelischen Verletzungen hat der Musiktheorieprofessor Christoph Rueger eine »musikalische Hausapotheke« zusammengestellt.

77. Grund

Weil man ein besserer Mensch wird – oder sich zumindest nach manchen Stücken so fühlt

Der Kastratensänger Farinelli (da fehlt kein Vorname, denn das war nur sein Künstlerpseudonym; eigentlich hieß er Carlo Broschi) war insgesamt 22 Jahre lang als königlicher Depressionsbekämpfer am spanischen Hof angestellt. Nun darf man natürlich nicht so blauäugig sein, Traurigkeit und depressive Erkrankungen in einen Topf zu werfen. Aber als Stimmungsaufheller in trüb-grauen Zeiten scheint Musik ein mächtiges Mittel zu sein.

Auch wenn klassische Musik im weiteren Sinne Stress senkt und gut für den Cortisol-Spiegel ist, sollte man sie nicht zur Homöopathie rechnen, obwohl es ihr hier und da gelingt, »Gleiches mit Gleichem zu heilen«. So helfen traurige Stücke, traurige Momente zu überwinden. Man fühlt sich nach mancher Musik jedenfalls anders als zuvor, besser. Die Seele wird durchgelüftet und der Rücken aufgerichtet. Alles ist wieder da, wo es hingehört, der neblige Blick lichtet sich, dem Feinde wird verziehen. Wie kann es uns mit Glück und Freude erfüllen, wenn wir etwas Schlimmes miterleben, und sei es nur in der Musik? Musik ist halt wieder simuliertes Handeln. Man fühlt sich angekommen und ernst genommen. Oder nennen Sie es halt Katharsis. Im Durchmachen der Trauer überwinden wir sie.

Sollte es Sie mal erwischen, schlage ich statt des allgegenwärtigen *Lacrimosa* aus Mozarts *Requiem* einen Satz von Beethoven vor, genauer gesagt den zweiten (*Largo e mesto*) aus seiner Klaviersonate Nr. 7 op. 10 Nr. 3 (ganz schön viele Zahlen). Und wenn es Gesang sein soll, hat Händel eines der traurigsten Dur-Stücke aller Zeiten parat: *Lascia ch'io pianga* (Lass mich mein Schicksal beweinen) aus seinem *Rinaldo*.

78. Grund

Weil man mit Mozart klüger wird – oder das zumindest glaubt

Mozart macht schlau, oder zumindest schlauer. Haben Sie auch gehört, oder? Seit 25 Jahren geistert der »Mozart-Effekt« durch die Schlagzeilen. Wie lange muss ich denn nun Mozart hören, damit ich klüger werde? Oder gilt das nur, solange ich zuhöre? Darf es auch Rachmaninoff sein? Und wie lange hält der Effekt an? Verbessert das auch das Gedächtnis? All das wird untersucht, aber fast im Jahresrhythmus gibt es neue Experimente und Ergebnisse, die die alten wieder relativieren.

Bei mir jedenfalls ist es so: Wenn ich kreativ sein muss (z. B. bei der Steuererklärung), kann ich gar keine Musik hören. Wenn ich fleißig sein muss, aber dabei den Kopf frei haben kann (z. B. bei der Steuererklärung), läuft es ganz gut mit Kammermusik der Wiener Klassik.

Das fühlt sich an wie Schmieröl fürs Hirn. Der Kopf wird leichter, das Denken fällt nicht mehr so schrecklich, na sag schon, wie heißt es noch mal? Schwer! Vielleicht ist der Effekt aber subversiver: Da mir die Musik gefällt, habe ich gute Laune und denke, diese stamme von guten Ideen. Wenn Gesang dabei ist, geht allerdings gar nichts, nicht mal Autofahren. Unterhalten kann ich mich zwar, aber ich bekomme halt nix mit von dem, was das Gegenüber sagt. Lernen? Keine Musik. Eine Erzählung lesen? Erst recht nicht.

Zarte Anzeichen gibt es zurzeit dafür, dass bei der Suche nach Lösungswegen klassische Musik hilft. Die Wirkung hält aber nur ein Viertelstündchen an. Zumindest höhere Konzentrationsfähigkeit und bessere Denkleistung konnte bei Menschen nachgewiesen werden, die als Kinder ein Instrument zu spielen lernten. Auch in der Schule waren sie in Deutsch und Mathe besser und insgesamt fleißiger. Aber wo ist da nun der kausale Zusammenhang? Oder gibt es eine gemeinsame Ursache?

Ob Mozart also schlau macht, weiß ich nicht. Vielleicht sollten wir uns eher fragen, ob es Musik gibt, die doof macht, um die dann zumindest in den öffentlich-rechtlichen Sendeanstalten nur zu hinreichend vorgerückter Stunde zu senden, wenn man ohnehin schon doof ist.

79. Grund

Weil die Musik aus der Nacht kommt

In der Nacht ist es still? In der Nacht ist vor allem manches anders: unser Empfinden, unsere Möglichkeiten, unsere Pflichten und Rechte. Man ist vielleicht *schlaftrunken* oder sogar *umnachtet*. In dieser Zeit des Ahnens, Fühlens, Andeutens, Geschehenlassens ist man der Musik als der »Kunst der Nacht und Halbnacht« (so Nietzsche) näher. Mit der Nacht und dem Nächtlichen in der Musik haben sich Wahrnehmungspsychologen, Kulturgeschichtler und Musikhermeneutiker beschäftigt. (Was es nicht alles für Berufe gibt!)

Und sie stellten fundamentale Fragen: Hat die Musik in der Nacht gar ihren Ursprung? Galt sie der Unterhaltung am Lagerfeuer? Als Mittel gegen Angst und Finsternis? Sind deshalb die späteren Konzerte meist auch die interessanteren? Tritt deshalb die Hauptband erst nach der Vorband auf? Man wird immer wieder zu »Langen Nächten« der Musik, der Literatur oder der Museen eingeladen. Ist »die Nacht zum Tag zu machen« also eigentlich schon ein Schritt in die falsche Richtung? Was haben Nachtwächter und die Königin der Nacht gemeinsam? Fragen über Fragen! Dabei haben nicht erst die Romantiker das Dämmerlicht verzaubert. Immer war Zauber und Mystik mit im Raum, wenn es dunkel wurde. Oder gilt doch eher das ernüchternde Wort der Herodias aus Oscar Wildes *Salome*, die ihren Gatten, der sich im Angesicht der Mondsichel poetisch zu verkünsteln droht, zu Bette bittet? (»Der Mond ist der Mond. Das ist alles. Wir wollen hineingehn.«)

Ob das Einschlafen nun als gut oder schlecht empfunden wird, Lieder findet man für alles: vom Wiegenlied über barocke Todesahnung (typischer Arientitel: *Ruhe sanft*) und den in der Romantik zum todmüden Müller verklärten Selbstmörder (z.B. in Franz Schuberts Liederzyklus *Die schöne Müllerin*), über Cembalovariationen zum Einschlafen für Schlaflose bis zur Begleitmusik für den seit einigen Jahren boomenden Kirchenschlaf. Klassische Musik scheint machtvoll die Schwelle zum Wegdämmern zu hüten. Wie schafft sie das? Meine Hypothese: durch ihre Nähe zum Traum. Als Bote des Unerklärten und Unbewussten ist der Traum den Künsten ohnehin blutsverwandt. Bei Eichendorff wird es dann das Lied selbst, das schläft – genauer gesagt hier: in den träumenden Dingen. Das Unaussprechliche kann wenigstens geträumt werden und steht damit den Tönen zur Verfügung. Zwischen Nachtmaren und »Sweet dreams« öffnet sich ein Feld, das größer als die Welt selbst ist – und auf das Komponisten der verschiedenen Zeiten mit Wonne zugriffen. Mit dem Aufwachen kommt dann selten die Erleuchtung. Gibt es deshalb so wenig Musik, die für diesen Moment geschrieben wurde? Hat sich seit den eigens dafür gedachten *Morgenliedern* des Mittelalters überhaupt etwas getan? Gewiss, es gab noch jene Stücke »pour le lever du roi«, also zum Aufwachen des Königs im Rund vieler Umstehender (daher übrigens der Ausdruck »Keine Umstände machen!«), aber hier war das Publikum ja nun wirklich elitär. Ich rufe den klassischen Komponisten von heute zu: Schreibt mehr Musik zum Aufwachen! Wir können den Android-Klingeltönen nicht das Wecken überlassen.

80. Grund

Weil man sich so schön gruseln kann

Die vielen *Erlkönig*-Vertonungen oder *Die erste Walpurgisnacht* von Felix Mendelssohn Bartholdy – köstlich unterhaltsam und viel zu selten im Konzert gebracht – sind beileibe nicht die einzigen Stücke, in denen es um Geister, Grusel, Tote oder Untote geht. Vor dem Tod ist nämlich keiner sicher: Bräute und Bräutigame, Töchter, Söhne und Väter, Soldaten und Könige. Nach Unfall oder Mord kehren sie als Geister wieder. Man muss auf der Hut sein – zumal nachts, wenn auch noch Wasserfeen und Erlkönige auflauern. Nicht nur Goethe, Mörike und Herder kannten die poetische Macht der Geister- und Gruselmotivik, konnte man doch hier hemmungslos Verlust, Verführung und Verzicht ausloten, Schein und Scheinbares erhellen oder sich über Aberglauben lustig machen. Komponisten reizte es wohl, mit ihren Mitteln die doppelten Böden in diesen Gedichten und Balladen freizulegen und uns mit mehr oder weniger bewussten Ängsten zu konfrontieren.

Dass ihm nicht nur das Geistliche, sondern auch das »Geisterliche« liegt, bewies so Josef Gabriel Rheinberger, seinerzeit einflussreicher Kirchenmusiker, in etlichen Liedern mit klassizistisch-behutsamer Hand. Hier ist der Schrecken noch gepflegter Grusel. Beklommener wird die Harmonik seines Zeitgenossen Johannes Brahms. So weit Robert Schumanns *König in Thule*, Gretchens erstes Lied im *Faust*, stilistisch von Hugo Distlers *König Milesint* auch entfernt sein mag, so eint beide doch ihre erzählerische Kraft, die sie fast nur aus fein differenzierten Variationen ziehen. Im Vergleich dazu gibt sich Carl Loewe großzügig beim Verteilen der Seelenbewegungen auf Klavier und Sängerin – ganz nach Art eines Kunstlieds von Franz Schubert, welcher wiederum gleich ganze Gruselkantaten schrieb. In einer von ihnen bejubelt Moses' Schwester Mirjam Israels Sieg und ergötzt sich an den ersaufenden Ägyptern. Zwecks alttestamentarischer Heroik greift Franz Schubert zu Komponierwerkzeugen aus dem Erbschatz; Kritiker der posthumen Uraufführung sahen hier »kräftigen Ernst eines Händel mit Beethovens Feuergeiste« verschmolzen. Mendelssohn hätte das wohl sehr gefreut. Unter den noch lebenden klassischen Komponisten sei Burkhart M. Schürmann erwähnt, der z. B. in seiner Vertonung von Herders *Edward* immer drängender fragt: Wer hat wen warum erschlagen?

81. Grund

Weil man keinen Geringeren als Casanova als »Script Doctor« gewinnen kann, um mit Musik zu erklären, warum Schurken so sympathisch sind.

Der Mann war auf der Höhe seines Erfolges, sein Name in aller Munde, sein letzter Coup ein Riesenerfolg. Mit *Le nozze di Figaro* hatte Mozart 1786 das Publikum in Prag bereits erobert, ein Jahr später gelingt es ihm, mit *Il dissuluto punito ossia il Don Giovanni* noch eins draufzusetzen. Der Titel ist nur für heutige Ohren sperrig. Beide Werke entstanden gemeinsam mit dem Librettisten Lorenzo da Ponte; beim *Don Giovanni* lässt sich nicht ausschließen, dass auch Giacomo Casanova ein paar Ideen aus seinem eintönigen Alltagsleben beisteuerte; er war schließlich ein Bekannter von Lorenzo Da Ponte, befand sich in den Tagen vor und während der Uraufführung des *Don Giovanni* ebenfalls in Prag und war für ähnliche Leistungen und Neigungen bekannt wie die gleichnamige Hauptfigur. Der schon seinerzeit vielfach bearbeitete Don-Juan-Stoff (mittlerweile ist schon von bis zu 5.000 Fassungen die Rede) wird bei Mozart und Da Ponte zum *Dramma giocoso*, also zur »lustigen Geschichte«. Nach 2.065 erfolgreichen und sauber vom Diener verzeichneten Verführungen scheint den Lebemann Giovanni das Glück verlassen zu haben. Nun wird aus dem Jäger der Gejagte, der – gänzlich ungewohnt – Rechenschaft ablegen und die Konsequenzen tragen soll. Ausschließlich *giocoso* ist die Geschichte also nicht. Im Gegensatz zu den meisten anderen Don-Juan-Opern der Zeit bedienen sich Komponist Mozart und Librettist da Ponte nicht nur bei Schalk und Horror, sondern schauen differenzierter in die Figuren und ihre Regungen. Sie sichten die ganze Bandbreite vom oberflächlichen Liebesgeplänkel bis zum todernsten Racheschwur. Dass Giovanni die Freiheit predigt, keine Regeln akzeptiert und von allen als Feind gesehen wird – und dabei doch gleichzeitig den Mittelpunkt ihres Lebens bildet –, fasziniert heute wie damals. Am Ende des Stücks fragen sich die Übriggebliebenen: Was machen wir denn nun jetzt bloß ohne ihn? Die Antworten klingen in ihrer übertriebenen Bodenständigkeit nicht glaubwürdig und fast zu langweilig, als dass man meinen könnte, er sei wirklich nicht mehr unter den Lebenden und habe diese auch nie zu irgendetwas inspirieren können. Und hört man in den letzten Takten nach dem Schluss- und Abgesang der Spießer ganz genau hin, dann hört man sie immer noch in den Geigen züngeln, die Flammen des Don Giovanni, dem wir auf Dauer nicht entkommen – und vielleicht auch gar nicht entkommen wollen.

82. Grund

Weil es gute Gründe zum Weinen gibt

Ja, vielleicht hätte mir die Mitarbeiterin aus dem Kongressbüro des »c.i.s.« ihre Anfrage für einen kleinen Symposionsvortrag nicht unbedingt handschriftlich auf einer – immerhin wirklich reizenden – Postkarte schicken sollen. Wie sich später herausstellte, hätte ich über das »Wienerische« ja auch sehr gerne gesprochen. Ich hatte mich schon gewundert: so ein Thema bei einem solchen Anlass (gefeiert wurde ein Jubiläum)! Das »Weinerliche«, na meinetwegen. Was tut man nicht alles für ein anschließendes kleines Bier in den »Tessiner Stuben« und eine Nacht in der Jugendherberge. Also gut, »Über das Weinerliche in der Musik«. Also gut, 25 bis 30 Minuten plus Diskussion. Ja, eine Tonanlage sei vorhanden.

Als ich mit der – im Nachhinein also leicht sinnlosen – »hochwissenschaftlichen« Recherche für den damaligen Vortrag begann, erschütterten mich sowohl Qualität als auch Quantität der Forschungsergebnisse. Google lieferte 39.300 Treffer, und das meiste davon beschäftigte sich entweder mit Blues oder Countertenören. Ich hasse Blues. Und Countertenöre sind mir egal (ganz im Gegenteil, aber lassen Sie mich hier mal ein bisschen sauer wirken). Der Rest beschäftigte sich entweder mit der Kritik an dem wohl zu weinerlichen Vortrag irgendeines Sängers oder mit dem »weinerlichen Lustspiel im Sinne Lessings«. Na wenigstens etwas. Sonst hätte ich wirklich gar keine Lust mehr gehabt. Und das waren nur die Treffer zu »weinerlich« und »Musik«.

Wenn man das Begriffsfeld ausweitet, kommt man zu noch viel unangenehmeren Ergebnissen. Da haben wir ja auch noch Rührseligkeit, Larmoyanz, Trauer und Melancholie. Es werden ja mittlerweile ganze Konzertprogramme nur zum Thema Melancholie konzipiert. Wie deprimierend. Hierzu ein Zitat von Thomas Bernhard:

»*Das ist doch alles ein ausgemachter Quatsch.*« Und überhaupt: Der folgende Absatz kann sowieso raus. Frage an das Lektorat: Und was ist eigentlich aus meinem tollen Vorschlag geworden, das 111-Gründe-Buch auch in gesungener Fassung herauszubringen? Das mit dem friesischen Countertenor-Quintett war nur ein Scherz, wirklich! Ich glaube jedenfalls, wir können hier kürzen bis ...

[...]

... und schließlich viertens: apropos Bach! Legion sind die barocken Tränenflüsse allein in den Arien und Chören der großen Passionen bei Bach, z.B. in der *Matthäus-Passion*: »meiner Augen Tränenflüssen«, »daß die Tropfen meiner Zähren«, »O Mensch, bewein dein Sünde groß«, »Wir setzen uns mit Tränen nieder«. Aber auch in den Titeln ganzer Kantaten: *Meine Seufzer, meine Tränen*, *Ihr werdet weinen und heulen* und natürlich: *Weinen, Klagen, Sorgen, Zagen*.

Kann man das noch toppen? Oh ja. Und dazu müssen wir tatsächlich schon wieder einmal nach Wien (nicht schon wieder!). Nun nimmt das Flennen gar kein Ende mehr. Vielleicht kennen Sie ja den Komponisten des Liedes *Lachen und Weinen*? Nein? Eine der größten früh verstorbenen Heulsusen war natürlich Franz Schubert – und ich meine nicht nur sein Lied D. 926 *Das Weinen*.

Ich wollte dem Publikum damals beim c.i.s.-Vortrag zu gern an dieser Stelle Schuberts Liederzyklus *Die Winterreise* in Gänze vorspielen, aber ich musste feststellen, dass ich gar keine Aufnahme besitze und auch niemanden kannte, der eine hat. Und obwohl ich auch Mitglied des c.i.s. bin, wurde mir nicht gestattet, sie stattdessen selbst vorzutragen – mit dem Argument, der Effekt im Publikum stünde dann doch in einem zu krassen Widerspruch zum Thema meines Vortrags. Zuhörer, die sich den Bauch vor Lachen halten, passen nicht zum »Weinerlichen« in der Musik. Dass es trotzdem möglich ist, über ein ganzes Konglomerat potenziell weinerlicher Themen zu singen, über die Liebe, über den einsamen Wanderer, über ein verlorenes Herz, über den Himmel, die Sterne, den Mond, über die

Fremde, über das Alter, ohne auch nur im Mindesten in Rührseligkeit und Weinerlichkeit abzugleiten, beweist uns einer der ganz großen italienischen Bassbaritonsänger des letzten Jahrhunderts, Ezio Pinza, einer der ewigen Don Giovannis. Hören Sie beizeiten mal in seine Aufnahme von *The Little Ol' State of Texas* aus dem Jahr 1951. Begleitet wird er dort von den »Sons of the Pioneers«. Eine wirkliche Sternstunde des klassischen Gesangs, wie so viele Perlen der klassischen Musik glücklicherweise zu finden auf archive.org.

An dieser Stelle möchte ich darauf hinweisen, dass es immer noch die Möglichkeit gibt, dem c.i.s. (Centrum der Internationalen Schaperforschung) als Mitglied beizutreten. Dessen letzte Veröffentlichung liegt zwar schon viele Jahre zurück, aber die Kongresse, Symposien und Jubiläen sind immer eines: ein großer Spaß. Antragsformulare versende ich gerne per Telex.

83. Grund

Weil das Unverfügbare für Resonanz sorgt

Mein Freund H. hört gerne Progressive Rock. Im richtigen Leben ist er Soziologe. Sagt er. Nehme ich ihm nicht ab. Na ja, gut, er hat einen Lehrstuhl für Soziologie. Und Studenten. Und er leitet ein Soziologie-Kolleg. Und er schreibt soziologische Bücher; die werden sogar in viele Sprachen übersetzt. Und er wird im Fernsehen über diese Bücher interviewt. Und vom französischen *Figaro*. Okay, vielleicht ist er doch Soziologe. Immerhin hat er ein paar ganz gute Ideen, z. B. die von der Weltbeziehung, die gelinge, wenn sie eine »resonante Weltbeziehung« sei, welche wiederum nur dann funktioniere, wenn »Unverfügbarkeit« im Spiel ist. Die resonante Weltbeziehung meint dabei erstens nix Esoterisches und zweitens noch mehr als jener »Flow«, in den man sich begeben kann, wenn man plötzlich ganz in einer Sache aufgeht. Ein gute, gelingende, resonante Musikerfahrung verändert einen, ist nicht absichtlich handhabbar. Wenn es einen ergreift, wenn man sich darin verliert, wenn es einem in die Glieder fährt, wenn man also Macht abgibt, kann dieser Dialog zwischen mir und »dem da draußen« in der Welt gelingen.

Dazu gehört, dass ich vorher die Wirkung eines Stückes oder einer Band nicht kennen oder für das nächste Mal vorhersagen und damit reproduzieren kann. Und darum taugt zur resonanten Weltbeziehung das Selbermusizieren noch mehr als der Konzertbesuch und dieser wiederum mehr als die CD. Auch manche Art von Musik ist geeigneter als andere. Erst mal hängt es natürlich von meinen Vorlieben ab. Aber je vielschichtiger und künstlerisch offener ein Stück ist, desto mehr Ansatzpunkte gibt es, die ein Scheitern oder Gelingen dieser Erfahrung ermöglichen. Ist etwas zu platt, zu einfach, kann man sich daran müde hören. Und deshalb rechne ich den Progressive Rock auch zur klassischen Musik, denn es geht hier nicht um Besetzungsfragen (das wäre dann eher Symphonic Rock), nicht darum, wie es klingt, sondern wie komplex und offen die Musik gebaut ist. Darum ist Mike Oldfields *Tubular Bells* vielleicht klassische Musik, bestimmt aber besser für eine gelingende resonante Weltbeziehung geeignet als Kommerzschlager.

84. Grund

Weil die Welt stillstehen kann

Stille. Nichts. Nur das Knistern der Holzbänke in der Kirche war zu hören, als Verdis *Requiem* vorbei war. Für mich war es das erste Mal, dass ich das Stück live hörte. Noch dazu sang ich im Chor. Die Johanneskirche war brechend voll, sogar im Mittelgang saßen die Menschen. An dem Abend haben Küster und Feuerwehr wohl alle verfügbaren Augen zugedrückt. Es dauerte gefühlt eine Ewigkeit, bis das erste Klatschen zu hören war. Der Mitschnitt bewies es: fast eine Minute Stille. Nicht, weil die Dirigentin so lange ihre Körperspannung hielt – den Taktstock hatte sie schon wieder aufs Pult gelegt –, sondern weil das Stück noch nichts anderes zuließ. Da mussten sich erst noch viele Töne und Gedanken setzen, bevor der Applaus wieder Tabula rasa im Herzen machen durfte. Bei einem anderen Chorkonzert habe ich nicht nach, sondern vor Beginn der Musik die größte Stille erlebt. Auf einer Tournee in Peru sangen wir auch in einer Kirche in einem Armenviertel der Stadt Trujillo. Die Verantwortlichen waren sehr besorgt, ist so was doch die absolute Ausnahme. Der Kirchenbau war nur eine einfache Industriehalle mit einer Fassadenattrappe. Dadurch hatte dieser »Schuhkarton« aber auch eine wirklich gute Akustik. Wir sangen erst europäische romantische Chorstücke, dann eine südamerikanische Messe. Auch hier war die Kirche bis auf den letzten Platz besetzt. Aber was noch beeindruckender war: Wenn man die Augen schloss, konnte man meinen, dass sie leer sei. Nicht mal Atmen war zu hören. Südamerikanisches Publikum stellt man sich eigentlich anders vor. So kann man sich irren. Umso herzlicher war der Applaus am Ende.

Diese besonderen Momente der Stille sind ungeheuer kostbar und sorgen für nachhaltige Freude (siehe 10. Grund).

Aber man soll sich, wenn es nach mir geht, auch im Alltag viel mehr um Stille bemühen. In Robert Gernhardts Buch *In Zungen reden* kann man erfahren, was Gott im Detail im verlorenen elften Gebot »Du sollst nicht lärmen.« forderte, u. a. »Bedudelt keine Flughäfen.« Oder »Und diese sollt ihr verabscheuen unter den Instrumenten, daß ihr sie nicht spielet in euren Wohnungen, denn ein Greuel sind sie: das Waldhorn, der Brummbaß und die Quetschkommode.«

Falls es aber zu spät ist und der Hörschaden eingetreten, bietet klassische Musik ein gutes Mittel gegen den Tinnitus. Man kann in ihren Stücken mit geeigneter Software die ungewollten Frequenzen gut verstecken und gezielt verstärken und das Ohr damit trainieren, diese innerlich runterzuregeln.

85. Grund

Weil man Rückwärtsgewandte mit ihren eigenen Waffen schlagen kann

In den 1830er-Jahren waren die Messen der Wiener Klassik geradezu zum Symbol für den »würdelosen Niedergang der Kirchenmusik in der klassischen Epoche« geworden, oder sagen wir: gemacht worden. Die Bewegung hinter dieser Kritik, der »Cäcilianismus«, entdeckte in noch älterer Musik zwei Gegengifte: den Gregorianischen Choral und die Chormusik Palestrinas. Nur in der »alten Kirchenmusik« könne man wahre Religiosität vermitteln. Die in vielerlei Hinsicht (Besetzung, kompositorischer Aufwand, Länge) für damalige Verhältnisse großen Messkompositionen von Mozart oder Haydn wurden nicht mehr im Gottesdienst gespielt. In den protestantischen Kirchen nahmen Orchestermusiker nur noch in den Bänken Platz.

Selbst die Chorwerke Händels und Bachs mussten bei ihrer Wiederentdeckung in die Konzertsäle ausweichen. Auch Felix Mendelssohn Bartholdy schrieb seine großen Oratorien nicht für eine Aufführung in Altarnähe. Seine *Deutsche Liturgie* allerdings komponierte er 1846 tatsächlich für den Gottesdienstgebrauch, genauer gesagt für den am Berliner Dom. Als »Generalmusikdirektor für kirchliche und geistliche Musik« am preußischen Hof musste er sich nun auch an die kirchenmusikalischen Vorschriften halten, wie sie in der Neuen Preußischen Agende seit einigen Jahren vorlagen. Ein Minderbegabter hätte sich wahrscheinlich eingeschränkt oder sogar in einer Zwickmühle gefühlt. Mendelssohn konnte aber beweisen, dass er sich nicht zu spröden liturgischen Griesgrämigkeiten nötigen ließ, sondern dem Cäcilianismus mit seinen eigenen Waffen zeigte, wie auch hier beherzte, feinsinnige A-cappella-Chormusik möglich ist, die über bloße Restauration und den Blick in den historischen Rückspiegel hinausgeht.

Aus den Stücken der *Deutschen Liturgie* können drei Sätze zu einer kleinen Messe zusammengestellt werden: Kyrie, Gloria, Sanctus. Die normalerweise nacheinander erklingenden Messteile Kyrie eleison und Christe eleison sind gleich in Eins geflochten. Wegen der knappen Textbasis konnte Mendelssohn hier schnell zum technisch reizvollen Fugenspiel übergehen. Der längere (und deutsche) Text des Gloria benötigte schon ausführlichere choralartige Bereiche, in denen Mendelssohn aber die Möglichkeiten des Doppelchores für sich nutzt. So singen mal beide Chöre abwechselnd, mal stellt er den Männer- dem Frauenchor gegenüber. Dieser längste Satz verzichtet keineswegs auf sorgfältig gebaute, polyphone Passagen und wirkt damit wie eine kleine Motette. Im Sanctus – wieder mit deutschem Text – wird gleich zu Beginn das Spiel mit dem Doppelchor auf die Spitze getrieben; immer im Wechsel (bei klassischer Doppelchoraufstellung geteilt links–rechts) kommt ein Heilig-Ruf von beiden Seiten hinzu, bis beide Chöre vollstimmig preisen. Mit den vielseitigen Effektmöglichkeiten eines Doppelchores, wie sie einst am Markusdom in Venedig entwickelt worden waren, war Mendelssohn in Italien vertraut geworden; dort hatte er auch Palestrinas Satztechnik studiert. Gewiss trug die archaische Ausstrahlung dieser Musik zu einem Gefühl der Erhabenheit, des Ernstes und der Andacht bei. Zwar konnten die Stücke der *Deutschen Liturgie* daher nicht so üppig wie seine größeren Chorwerke geraten – wie z. B. sein gleichzeitig entstandener *Elias* – doch liegt ihre Stärke vielmehr in einer unaufdringlichen Souveränität: Geschickt vereinen sich hier alte Formmodelle wie Motette und Choral mit den harmonischen Möglichkeiten des 19. Jahrhunderts. Wäre doch gelacht gewesen!

Kapitel 10

Letzte Zwecke

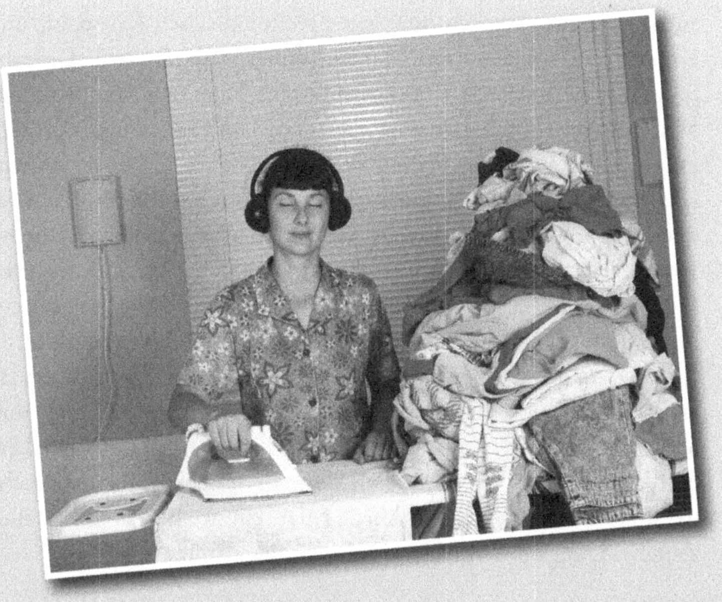

86. Grund

Weil es nicht nur l'art pour l'art ist

Letzten Endes und zum guten Schluss(-kapitel) kann klassische Musik auch ohne erstinstanzlichen Kunstanspruch praktische Zwecke erfüllen. Man kann sie nicht nur um ihrer selbst willen lieben, sondern auch, weil sie sich so schön gebrauchen und missbrauchen lässt. Man kann Geld mit ihr verdienen, sich das Leben erleichtern, sie zu Karrierezwecken oder zur psychologischen Kriegsführung einsetzen. Nennen wir dies mal die »außermusikalischen« Gründe. So gibt es beispielsweise mittlerweile eine Fülle von Kompilationsalben, die (über-)forderndem Arbeitsleben und Schulstress wirksam entgegenstehen sollen. Bei mir sträubt sich da was. Klassische Musik ist doch kein Coachinginstrument, das uns anschließend wieder effektiver arbeiten lässt. Anscheinend doch. Aber das Phänomen der zweckgerichteten Klassik-CDs beschränkt sich nicht auf den professionellen Bereich, sondern dient uns auch im häuslichen. Ein renommiertes Label brachte die Alben *Barock zum Baden* und *Klassik zum Bügeln* auf den Markt. Wirklich! Kein Scherz! Die meinen das ernst. Ich schlage als weitere Titel vor: *Mussorgsky zum Maischen* und *Steuererklärung mit Strawinsky.* Auf der immer noch im Handel erhältlichen CD *Melodien zum Einschlafen* findet sich leider nicht mehr der ursprünglich geplante Untertitel »Die langweiligsten Stücke aller Zeiten«. Ging wohl irgendwie beim Grafiker unter.

87. Grund

Weil man siegen kann, ohne dass jemand verliert

Ich gebe es zu: Ich mag keine Musikwettbewerbe. Ich gehe auch zum Sport nicht ins Stadion; schon in der Schule waren die Bundesjugendspiele für mich der schlimmste Tag des Jahres. Habe ich Mitleid mit dem Verlierer? Oder Angst, selber der Verlierer zu sein? Ach, das sollen Psychologen entscheiden. Mir sind jedenfalls Konzerte lieber, bei denen ich mit anderen an einem Strang ziehen kann. Dann können alle siegen, ohne dass jemand verliert. Klingt kuschelig, oder? Ganz allein bin aber auch ich nicht: »Competitions are for horses, not artists.« forderte Béla Bartók kategorisch. Der Musikeralltag sieht natürlich ganz anders aus, und sei es nur beim Wettbewerb um Plätze an den Hochschulen oder bei Projektorchestern.

88. Grund

Weil klassische Musik und leibliches Wohl nicht zu trennen sind

In jenen seligen Zeiten, als Musik noch nicht hauptsächlich zur Hintergrundbedudelung benutzt wurde, konnte man in den Restaurants andere Klänge hören: das Knistern des Ofens, die freundlichen Worte des Kochs an seine Gehilfen, das Schreien der Hühner. So stelle ich mir jedenfalls die Idylle vor. In Wirklichkeit wurde natürlich gesungen und getanzt, dass sich die Balken bogen. Im Gegenzug waren Komponisten als besonders verfressen bekannt. Mozart ließ sich spätnachts noch ganze Platten in sein Komponierhäuschen schicken und gestattet seinem Don Giovanni noch kurz vor dem nun wirklich finalen Ende eine reich gedeckte Tafel, an der sich sein noch verfressenerer Diener Leporello (etwa ein Alter Ego?) so gierig beim Fasan bedient, dass er mit vollem Munde singen muss. Musik aus dem Leben.

Der nicht unter Appetitlosigkeit leidende und auch in den Harmonien vollgriffig auftischende Max Reger bestellte in seiner selbst so bezeichneten »Sturm- und Trankzeit« gerne in Auerbachs Keller beim Kellner »zwei Stunden Beefsteak«. Rossini hingegen nutzte die Zeit im Ristorante in Venedig und schrieb seine Arie *Di tanti palpiti,* während er auf das bestellte Risotto wartete. Er habe in seinem Leben nur zweimal geweint: als ein Stück von ihm beim Publikum durch- und eine getrüffelte Gans bei einer Bootsfahrt ins Wasser gefallen war. An anderer Stelle wird er so zitiert: »Ich habe dreimal geweint, einmal als meine Mutter starb, einmal, als ein Stück eines Kontrahenten beim Publikum besser ankam als meines …«, und es folgt wieder die getrüffelte Gans. Wissenschaftlich-quellenkritische Analyse sollte nun zu dem Schluss kommen, dass das gemeinsame Faktum das Wichtigste und Wahrscheinlichste ist. Musik und Essen waren aber ohnehin für ihn nicht zu trennen, im Leben wie im Denken. Das eine diente als Metapher für das andere. »Was die Liebe für die Seele ist, das ist der Appetit für den Leib. Der Magen ist der Kapellmeister, der das große Orchester unserer Leidenschaften dirigiert. Essen, Lieben, Singen, sind die Akte der komischen Oper, die Leben heißt.« Kein neuer Gedanke. Schon Shakespeare ließ Orsino (ital. = Teddybär) in seiner *Twelfth Night* (*Was ihr wollt*) sagen:

»If music be the food of love, play on;
Give me excess of it, that, surfeiting,
The apetite may sicken, and so die.«

(Schlegel fand dafür die deutschen Worte:

»Wenn die Musik der Liebe Nahrung ist,
Spielt weiter! Gebt mir volles Maß! daß so
Die übersatte Lust erkrank' und sterbe.«)

89. Grund

Weil man mal wieder auf die Pauke hauen kann

Mögen Sie Kloppereien? Auch dann gibt es für Sie einen guten Grund, klassische Musik zu lieben. Denn Skandale und Ausschreitungen sind bei klassischen Konzerten keineswegs ein Ding der Vergangenheit. Dass bei Strawinskys *Le sacre du printemps* die Fetzen flogen, ist allseits bekannt, scheint sich mittlerweile aber als ziemlich übertrieben herauszustellen. Doch noch in den 1930ern nahm George Antheil zu Konzerten eigener Werke eine Pistole mit auf die Bühne. Man weiß ja nie und hat so seine Erfahrungen. Meist blieben jedenfalls weder Mobiliar noch Publikumswangen unversehrt.

Erst kürzlich drohten akustische Unzulänglichkeiten in der Elbphilharmonie die Stimmung kippen zu lassen. Aber mit Heldentenor Jonas Kaufmann wollte man sich vielleicht nicht anlegen. Zugreifender wurde man da in Malmö. Man spielte Gustav Mahlers 5. Sinfonie. Das Gewandhausorchester aus Leipzig wollte sich gerade von Dirigent Andris Nelsons galant zum verhaltenen Adagietto-Satz leiten lassen, als Geraschel vom Balkon allzu sorglosen Verzehr verriet. Die subtile musikalische Wirkung war dahin. Nach Ende des Stückes bewegten sich Hände in Gesichter, die nicht die eigenen waren. Das Konzerthaus Malmö reagierte für kommende Konzerte mit Knigge-empfehlungen und Etikettetipps. Alles immerhin noch harmlos im Vergleich zu dem Kampf, der 1849 in New York anlässlich zweier verfeindeter *Macbeth*-Aufführungen ausbrach: 25 Tote.

Wenn selbst die sonst so umgänglichen Schweden sich bei Mahlers *Adagietto* prügeln, haben sie sich vielleicht von dem deutschen Film *Der bewegte Mann* inspirieren lassen. Dort passiert nämlich genau dasselbe. Im kleinen Programmkino sitzen zwei Gruppen von Menschen. Die eine Gruppe will Luchino Viscontis Filmklassiker *Tod in Venedig* sehen, der auf Thomas Manns Novelle *Der Tod in*

Venedig beruht (dass der Artikel wegfiel, lag bestimmt wieder an irgend so einer Rechtefrage). Der Film machte aus dem Schriftsteller Gustav von Aschenbach bei Mann einen Komponisten und verpasste seinerzeit Mahler mithilfe des *Adagiettos* einen enormen Beliebtheitsschub. Gerade als das Stück zu hören ist, erkennt die andere Besuchergruppe: »Dat is nie im Leben der neue Stallone!« Man wollte eigentlich in *Ruckzuck is die Fresse dick*. Das wurde dann live nachgeholt.

90. Grund

Weil man mit klassischer Musik Politik machen kann

Oh, ein guter Grund, aber ein Grund mit Gewicht. Da muss ich vorsichtig sein. Und will es damit vielen Musikern nachmachen, die klassische Musik zu politischen Zwecken eingesetzt haben. Wobei es der Politik recht geschieht: Erst mal war sie es ja, die die Macht der Musik genutzt hat. Besonders dienlich sind da Hymnen, erst recht, wenn sie nicht auf Saiten gestrichen, sondern an der frischen Luft aus Kehlen und Blechtrichtern zum Besten gegeben werden. So ist auch der Schlusschor aus Beethovens 9. Sinfonie zur Europahymne geworden. Der hat ohnehin etwas Hymnisches. Aber Haydns Kaiserhymne, deren Melodie mittlerweile bekanntermaßen zur deutschen Nationalhymne wurde, kommt mir in ihrer staatlichen Version doch wie eine Parodie vor. Hier wird zur Hymne, was mit den vielen fallenden Läufen doch im Kern beruhigend wirkt. Wenn sie nicht blaskapellisiert wird, sondern im ursprünglichen Quartettsatz das Ohr erreicht, kann ich mir kein Strammstehen, keinen stumpfen Nationalismus vorstellen. Haydn hat selbst die beruhigende Wirkung dieses Stücks genutzt. Vielleicht ist sie also als Hymne gerade geeignet und sogar eine subversive, kluge Wahl gewesen.

Italiens gar nicht mehr so heimliche Nationalhymne ist der *Gefangenenchor* aus Verdis Oper *Nabucco*, obwohl Verdi das anfangs gar nicht geplant hatte. In Rom stand 2011 Riccardo Muti am Pult des Opernhauses, als dem Opernchor eine so berückende Darbietung gelang, dass das Publikum eine Wiederholung einforderte. Muti gab nach, hielt aber vor der Wiederholung kurz inne und richtete ein paar Worte an das Haus, die nahelegten, dass auch sein schönes Italien bald so fern und verloren sein würde, wie der Chor es behauptet (»o mia patria sì bella e perduta«), wenn sich nicht etwas ändere. Bei der Wiederholung sang das ganze Publikum mit, einigen Orchestermitgliedern versagte hörbar vor Schluchzen das Instrument. Fünf Tage später war Berlusconi in der Aufführung. Wie an dem Abend der Chor rezipiert wurde, ist nicht näher überliefert.

Viele Musiker haben Konzerte genutzt, um Botschaften zu senden, meistens waren es Botschaften, die sich für ein Miteinander aussprachen. Zubin Mehta machte eine Konzerttour im unruhigen Kaschmir, Daniel Barenboim setzte sich als Jude in Israel für Wagner ein. Manche werden auch deutlicher. Der Pole Krystian Zimerman rief dem Publikum in Los Angeles entgegen: »Get your hands off my country.« Er könne nicht das Volk von den Politikern abstrahieren, die es gewählt hatte.[4]

Die Politiker sollten vielleicht häufiger selbst auftreten. Emmanuel Macron spielt ausgezeichnet Klavier (wirklich ausgezeichnet: 3. Preis am Konservatorium in Amiens), Norbert Lammert hat bereits die Berliner Philharmoniker dirigiert (Brahms, *Ungarischer Tanz*), und von Helmut Schmidt sind sogar Klavieraufnahmen bei der EMI erschienen. Wie wäre es also mal mit Kammermusik der Fraktionsvorsitzenden? Nonverbale Verständigung zu meistern würde vielleicht viele Missverständnisse umgehen und Debatten verkürzen. Napoleon hatte es verstanden: »Die Musik hat von allen Künsten den tiefsten Einfluß auf das Gemüt. Ein Gesetzgeber sollte sie deshalb am meisten unterstützen.«

91. Grund

Weil im klassischen Kunstlied auch Schlimmstes zur Sprache kommen kann

Soldatenlieder sind die Fortsetzung des Kampfgebrülls mit anderen Mitteln. Sie steigern Adrenalinspiegel und Gemeinschaftsgefühl und können religiös-kultische Aufgaben übernehmen. Noch in Erinnerungsreichweite des Dreißigjährigen Krieges veröffentlichte Johann Georg Albinus 1675 *Felderfrischende Soldatenlieder im Kirchenliedton*. Einerseits bietet sich Musik also als psychologisches Mittel an, dem Soldaten über seine Lage hinwegzuhelfen: Mit einem munteren Marsch auf den Lippen geht es leichter in eine möglicherweise ausweglose Grenzsituation. Wanderlieder für den Holzweg also. Andererseits bieten sich Soldatentum und Krieg als Sujets für das Kunstlied an, da dieses in der Lage ist, Absurdes fassbar zu machen. »Im Begriff des Soldatenlieds ist das Entsetzliche eingeschlossen« – so der Musikwissenschaftler Hans Heinrich Eggebrecht (siehe 21. Grund). Muss man unterscheiden zwischen den Liedern, die ohne Begleitung beim Marschieren von Soldaten gesungen werden, um die Truppenmoral aufrechtzuerhalten, und jenen, die sich oberflächlich als solche gerieren, einem jedoch das Blut gefrieren lassen? Ja, denn sie widersprechen sich in ihrem Anliegen. Nein, denn seltsamerweise sind auf beiden Seiten zwischen den Zeilen Ironie und Sarkasmus zu finden. Es kommt auf die Haltung beim Singen an. Diese kann in der Scheinnormalität das Entsetzliche, das Eggebrecht meint (dessen eigene Kriegseinsätze und -erfahrungen mittlerweile Untersuchungsgegenstand der Historiker sind), auch dort aufdecken, wo perfide nur von Begeisterung die Rede ist. Denn selbst die plakativsten Soldatenlieder sagen gleichzeitig: »Wir müssen uns zu dieser Begeisterung überreden« – im Gegensatz zu Liebesliedern oder z. B. Schillers *Ode an die Freude*, welche aus sich heraus Begeisterung darstellen, die keinen weiteren Antrieb benötigt.

Diese Zerrissenheit zwischen Müssen und Wollen und das ständige Selbstbelügen werden schon seit Jahrhunderten im zivileren Lied aus privater Sicht geschildert; es singen die wartenden oder hinterbliebenen Mädchen, Mütter und Kinder, die Heimkehrenden und die nicht Heimkehrenden über ihre Vorahnungen und Sehnsüchte, sparen nicht mit Untertönen und klagen an. »Erstmals köstlicher Humor« finde sich sogar laut Liedgesanglegende Dietrich Fischer-Dieskau in der Vertonung von Mörikes *Tambour* durch Hugo Wolf. Dass aber auch diesem heiteren Stück (mit Schnarchen im Klavier) über einen Soldaten, der sich seine Mutter mitsamt ihren Kochkünsten an die Front herträumt, kein Abgrund fehlt, legt der vorletzte Vers nah: »Ach weh! Jetzt hat der Spaß ein End!« Zum Schluss funktioniert dann doch wieder der Selbsttrost im idyllischen Dur. Ganz anders bei Gustav Mahler. Dieser wusste, wovon er sang, wuchs er doch im Garnisonsstädtchen Iglau in Mähren auf; Märsche, Trompetersignale und Soldatenlieder prägten hier die akustische Kulisse. Neben seinen anderen Liedern über Soldaten, die nie verherrlichend einen siegreichen Helden schildern, sondern eher die gescheiterten Randfiguren, steht *Wo die schönen Trompeten blasen* von 1898 als gespenstische Miniaturballade. Mahler hat den Text aus zwei Wunderhorntexten zusammengestellt; beide Gedichte verknüpft er inhaltlich über die »grüne Erde«, wo man leben will, und den »grünen Rasen«, wo der Krieger fällt. Das Mädchen heißt den (Geist des) Geliebten willkommen. An dieser Stelle moduliert Mahler hörbar mit der harmonischen Brechstange – der Kontakt zum Geliebten ist ein selbst in der Kunst nur schwer überbrückbarer Graben. Die Sphären des Mädchens und des Soldaten, der wohl nicht wiederkommen wird, stellt Mahler musikalisch gegeneinander: 2/4- oder 3/4-Takt, Dur oder Moll, Streicher oder Bläser. Nein, ganz so einfach macht er es nicht. Die Sphären überschneiden sich, übernehmen doppelte Funktion, in erster Linie tun dies die titelgebenden Trompeten. Wenn von den »schönen Trompeten« die Rede ist, fallen diese tatsächlich aus ihrer bisherigen Signalhornrolle in einen lyrischeren Ton und geben ihre verfremdete Version von *Muss i denn zum Städtele hinaus.* Das Schöne der Trompeten reicht nicht bis zum Ende; die garstigen Kriegstrompeten behalten auch musikalisch die Oberhand. Nur Tod und Weinen bleiben.

Wie hier Schönheit erzeugt, genutzt und infrage gestellt wird, lässt das Blut gefrieren. So was kann klassische Musik halt auch. So was kann vielleicht keine Kunstform so gut wie sie.

92. Grund

Weil heute kein Kino-Superheld ohne klassische Musik auskommt

Filmmusik wäre natürlich ein eigenes Buch wert, ist sie doch ein selbstständiges Genre und Handwerk mit eigenen Nöten, Erfahrungen, Regeln und Pflichten. Aber ohne klassische Musik ist sie nicht zu denken. Denn hier hat sie ihre Wurzeln. Die klassische Musik hat einige ihrer besten Talente an den Film verloren: Sergei Prokofjew schrieb für Sergei Eisenstein, Erich Wolfgang Korngold ließ sich nach Hollywood locken – was 1934 niemandem zu verdenken ist. Viele taten es ihm nach. In und um Los Angeles entstand bald ein Exilzentrum für europäische Musiker und Komponisten. Der Film griff zu, zunächst für die ernsteren Filme bei den Expressionisten, für die leichteren bei jenen, die sich auch im Musical zu Hause fühlen, z. B. Kurt Weill. Aber da sind wir dann schon bei Musikfilmen; das ist was anderes. Von der echten Filmmusik hört nämlich nur der Kinobesucher im Sessel etwas, nicht die Rolle auf der Leinwand. Manchmal geht das aber auch reizvoll durcheinander; man denke da an den Kameraschwenk, der plötzlich zeigt, dass die Musik aus dem Radio kommt.

Nun muss der Produzent aber mit dem Regisseur reden: Lassen wir extra Musik komponieren? Oder bedienen wir uns bei Bestehendem? Letzteres wäre einfach, aber wird dann ein guter Film daraus? Man müsste sekundengenau das Material anpassen. Hier und da kann es funktionieren, z. B. in Lars von Triers *Melancholia* mit Musikausschnitten aus Richard Wagners *Tristan und Isolde*. Üblich ist lange schon, den halbwegs geschnittenen Film mit Platzhalterstücken zu unterlegen, anhand derer der eigentliche Filmkomponist dann etwas Passendes komponieren soll. So machte es auch Stanley Kubrick in *2001*. Am Ende entschied er sich um, verwendete von der extra geschriebenen und eingespielten Filmmusik gar nichts und griff einfach selbst zu Stücken von György Ligeti sowie von Richard und Johann Strauss. Dass Filmkomponisten sich an bestehenden Stücken orientieren, sollte aber nichts Anrüchiges haben. John Williams ist äußerst erfolgreich (*Der weiße Hai*, *Star Wars*) und kann gleichzeitig bei vielen Stücken die Vorlagen nicht verleugnen. So erinnern manche Stellen in seiner Sternenkriegsmusik an hier anonym bleiben wollende Planeten aus der gleichnamigen Suite von Gustav Holst. (Okay, es war Mars, aber nicht weitersagen!)

Dass ohne Richard Wagners Leitmotivtechnik heute die Filmmusik hingegen nicht auskommt, ist allbekannt und leicht übertrieben. Bei Wagner werden die Melodieschnipsel oft viel stärker versteckt und angepasst. Was Instrumentation, Melodiegestaltung und Harmonien angeht, so ist Filmmusik jedoch eindeutig ein Kind der Spätromantik, gerade in Science-Fiction-Filmen. Für *Star Trek* wurde sogar für jede Fernsehfolge der Kompositionsapparat neu angeworfen. Aber so ist das nun mal: Filmmusik muss in erster Linie Aufgaben erfüllen. Sie muss kurzfristig justierbar sein, den Zwecken der jeweiligen Szene dienen, psychologisch exakt passen und sogar absichtlich so unprägnant sein, dass sie nicht ablenkt und man sich nicht gut an sie erinnern kann. Sie taugt also nicht notwendigerweise zum Ohrwurm. Eckart Altenmüller hat die Sache durchschaut: »Die Filmmusiker sind die wahren empirischen Emotionsforscher.«[5]

93. Grund

Weil Woody Allen mit dem Duschen recht hat

Wenn keiner zuhört, singe ich, und zwar Tenor. Manchmal auch, wenn jemand zuhört. Dann stehen aber meist noch einige andere Tenöre um mich herum, und es fällt nicht so auf. Einer der großen Filmemacher hat das mit der zum Singen nötigen Intimität verstanden: Woody Allen. In seinem Film *To Rome with love* spielt er einen alternden und verzagten Opernregisseur, der am Ende seiner Karriere eine letzte große Entdeckung macht: Er hört den Bestattungsunternehmer und Familienvater Giancarlo (Wie sonst sollte ein italienischer Tenor wohl heißen?) unter der Dusche singen. Und wie er singen kann! Gespielt wird Giancarlo von Fabio Armiliato, der alle drei Tätigkeiten exzellent beherrscht: Schauspielen, Singen und Duschen. Er hat seiner Rolle allerdings voraus, dass er Duschen und Singen trennen kann. Giancarlo kann das nicht. Er kann nur unter der Dusche. Das soll kein Hinderungsgrund sein. Es kommt zur Inszenierung von Leoncavallos *Pagliacci*. Giancarlo übernimmt die Hauptrolle, den Bajazzo. Wie soll das gehen? Ganz einfach: Es gibt ja mobile Duschkabinen. Die kann man sogar auf eine Opernbühne rollen. Und so duscht sich Fabio Armiliato in der Rolle des Giancarlo in der Rolle des Bajazzo die Maske des Clowns aus dem Antlitz, der sich selbst eigentlich mit Singen zum Lachen bringen und die Maske anlegen will (»Ridi pagliaccio« heißt auf Deutsch sinngemäß »Lach, du Clown!«). Mit Heine/Schumann (siehe 59. Grund) scheint uns Woody Allen zuzurufen: Ich trolle nicht, und wenn das Herz auch bricht. The show musst go on. Auf den ersten Blick ist diese Szene natürlich lustig und lächerlich. Haha, er singt auch auf der Bühne nur unter der Dusche. Sogar aus der Duschkabine heraus ersticht er seinen Widersacher! Gewiss ist das auf der einen Seite absurder Humor, auf der anderen aber ein wunderschönes Bild für die Kunst und die Kraft der klassischen Musik: Der Gesang legt nicht die Maske an, sondern die Seele frei.

94. Grund

Weil kein Werber darauf verzichten will

Die großen Zeiten der Fernsehwerbespots scheinen sich zwar langsam dem Ende zuzuneigen, doch immer noch wird kräftig zu klassischer Musik gegriffen, wenn es ans Verkaufen geht. So hören wir Saties *Gymnopédie* (für Versicherungen), *Also sprach Zarathustra* von Richard Strauss (für Bier), die *Morgenstimmung* aus Edvard Griegs *Peer-Gynt-Suite* (auch für Bier), den *Einzug der Gäste* aus Wagners *Tannhäuser* (für, äh, Bier), nochmal den *Zarathustra* (für ein anderes Bier!) oder einen langsamen Satz aus einem Klavierkonzert von Mozart (für Tee, geht doch!). Warum sind es meist Getränke? Soll die Klassik wieder beruhigen? »Kannste ruhig schlucken.«

Auch im Opernrepertoire finden Werbetreibende reichlich Material. Sie nehmen trotzdem immer dasselbe Stück. *Rigoletto* kann ich nicht mehr sehen oder hören, ohne an Pizza zu denken. Bei *La donna è mobile* erscheint vor dem inneren Auge statt des freundlichen Lächelns noch verführerischer schmelzender Mozzarella. Mit jener Donna, die so mobile sei, ist allerdings wohl kaum die sehnlich erhoffte Pizzabotin gemeint. Immerhin sind die Werber so ehrlich, dass sie dem deutschen Publikum die eigentliche Botschaft in der verbreiteten Übersetzung der Arie gleich mitliefern: »O wie so trügerisch«.

Die UEFA ging gleich noch einen Schritt weiter und bediente sich bei Händel, um ein eigenes »Werk«, die Champions-League-Hymne, in die Welt zu setzen. Musikalisch liegt Händels erstes *Coronation anthem* »Zadok the priest« zugrunde. Der neue UEFA-

Text ist mehrsprachig und, na ja, wie soll ich sagen, eigen? Er verzichtet mutig auf jede noch so kleine störende sprachliche Finesse und Doppelbödigkeit. Es wird gesagt, um was es geht. Selbst Bertolt Brecht wirkt da im Vergleich poetisch verkünstelt. Der Chor singt also: »eine grooo-ße, sport-li-che Ver-aaan-stal-tuuuuung« WTF? Da war wohl der UEFA-Lektor pinkeln. Liebe UEFA, ich weiß nicht, wie das Ding entstand, aber soweit ich mich als Rundleder-Ignorant hier überhaupt äußern darf, scheint auch hier letztlich die Wirkung, der Spielstand zu zählen – ist doch immer wieder von Fans wie von Spielern zu hören, wie sehr ihnen dieses Stück unter die Haut geht und von dort aus auf ihr Gänsehaut erzeugt. Ein »Meister-Werk«.

95. Grund

Weil man sich so schön wegträumen kann

Klassische Musik, das sind ja andere Zeiten und andere Sitten. Aber es sind auch andere Länder! Nicht erst im 19. Jahrhundert – aber zugegebenermaßen vor allem dort – nutzten Komponisten den exotischen Reiz ferner Gestade. Geht es mit Boccherini noch ins nahe Spanien (*La musica notturna delle strade di Madrid*, sehr zu empfehlen in der Aufnahme mit dem Carmina Quartet), wo sich verständlicherweise auch Emmanuel Chabrier wohlfühlte (*España*), so können wir über Mendelssohns *Schottische* und *Italienische Sinfonie* den Absprung von Europa wagen und mit Jacques Ibert in seinen *Escales* von Tunis nach Nefta fahren, mit Verdi (Aida) und Felicien David in Ägypten *Le Désert* besuchen, mit Puccinis chinesischer Prinzessin *Turandot* dem Mandarin Guten Tag sagen und schließlich mit Gershwin bei einer *Cuban Ouverture* abhängen. Kommen Sie mit?

96. Grund

Weil beim Konzert das Äußere zählt

Diesen Grund kann man gleich doppelt verstehen: Weil es erstens keine bessere Gelegenheit gibt, sich ordentlich aufzustylen und zu zeigen, was der Kleiderschrank hergibt, als ein Gala-Opernabend oder ein Festkonzert. Weil es zweitens keine bessere Gelegenheit gibt, sich als Revoluzzer zu zeigen, als in Jeans und Turnschuhen zum Gala-Opernabend oder zum Festkonzert zu gehen.

Ich sage aber: Wenn schon, denn schon! Tragen Sie den Anzug auch so, dass er nicht nach Einmal-im-Jahr-Verkleidung aussieht. Der Frack sieht am besten aus, wenn Sie ihn anscheinend ohnehin an dem Abend anhätten, auch wenn Sie nicht ins Konzert gehen. Dazu sollten Sie natürlich den Unterschied zwischen »white tie« und »black tie« kennen und wissen, dass man den untersten Knopf einer Anzugjacke nicht schließt sowie jene auch beim Essen nicht ablegt. Zumindest sind das so die Regeln, die man heutzutage in all jenen Anziehknigges liest, von denen der echte Knigge eher stirnrunzelnd abgeraten hätte. Letztlich ging es ihm ja nur darum, dass man den Menschen um einen herum das Leben leicht und angenehm macht. Und darum gilt auch die Maxime: Lieber sich gemeinsam mit allen andern blamieren, als der Einzige zu sein, der recht hat. An manchen deutschen Provinz- und Hauptstadttheatern mag also Overdressen als herablassendes Brüskieren empfunden werden. Wenn Sie trotzdem Lust drauf haben, kommen Sie nach München! Hier, wie wohl sonst kaum noch irgendwo in Deutschland, wird einem die italienische Freude am Rausputzen gelassen. Hier geht sogar noch Pelz. Aber egal, was Sie anziehen: Es darf nicht rascheln! (siehe 89. Grund) Essen Sie vorher gut, aber auch nicht zu viel!

Komponisten kleideten sich übrigens sehr unterschiedlich. Mozart war nach heutigen Maßstäben in Haute couture unterwegs und gab dafür Unsummen aus, der Dandy Ravel konnte über Bruckners

Hochwasserhosen nur lächeln, dabei hatten die einen ganz praktischen Grund: Beinfreiheit beim Pedalspiel an der Orgel.

Mir ist ansonsten doch völlig egal, wie Sie sich anziehen; ich komme ja wegen der Musik. Obwohl: eigentlich doch nicht. Eigentlich habe ich sogar eine sehr genaue Vorstellung davon, wie man sich kleiden soll. Bitte kommen Sie in sehr gedeckten, unauffälligen Farben, und frisieren Sie sich sehr zurückhaltend, keinesfalls ausladend. Keine Ohrringe! Keine quietschenden neuen Schuhe, keine klimpernden Behängsel, keine fiependen Hörgeräte! Ich möchte beim Blick nach vorne auf keinen Fall irgendwie abgelenkt werden. Und dazu zählen auch Parfums. Als ich zum ersten Mal ein postserielles Schlagzeugkonzert eines heute berühmten Komponisten hörte, dachte ich während des Stücks, es gefiele mir überhaupt nicht, bis das unerklärliche Parfum einer Sitznachbarin als Hauptverdächtiger für mein Unwohlsein entlarvt wurde. Seitdem kann ich keine Douglas-Filiale mehr betreten, ohne atonale Schlagzeugmusik im Ohr zu haben. Andererseits ein hübscher innerer Kontrast zu all der scheußlichen Wellnessbedudelung.

Da schlagen also wirklich zwei Seelen in meiner Brust: Ich lasse mich vom kleinsten Huster rausbringen, will aber selbst lieber aufspringen und mitdirigieren. Ich gestehe sogar, dass ich mir schon mal ein praktischerweise großes Programmheft über die Hand gelegt habe, die nicht mehr anders konnte, als vor Begeisterung mitzudirigieren. Deshalb ging ich eine Zeit lang auch gar nicht so gerne ins Konzert: weil man da so still rumsitzen muss. Aber in vielen Häusern kann man ja in der letzten Reihe so richtig loslegen, wie früher im Kino. Damit schließt sich der Kreis, denn früher ging man in die Oper wie heute ins Kino. Statt Popcorn gab es Schinkenbrot, statt Cola Wein, und statt nebenher aufs Handy zu starren, spielte man auch schon mal in der Loge Karten.

97. Grund

Weil Papierstückchen Herzen bewegen können und über den Tod hinausgehen

2006 war Mozartjahr. Nicht nur in Wien; da ist ja jedes Jahr Mozartjahr. 2006 wäre er jedenfalls 250 Jahre alt geworden. Sein früher Tod kam ihm dazwischen. Immerhin überlebte er damit statistisch gesehen seine Zunftschwestern und -brüder Lili Boulanger (24 Jahre), Giovanni Pergolesi (26) und Franz Schubert (31). Nur wenige zusätzliche Jahre waren Henry Purcell und Georges Bizet (36), Felix Mendelssohn Bartholdy und George Gershwin (38), Frédéric Chopin und Carl Maria von Weber (39) sowie Modest Mussorgski (42) vergönnt. Wobei das bei Letzterem vielleicht ohnehin der Lebenserwartung zu jener Zeit in Russland entsprach. Die Liste würde noch viel länger, führte ich all die vielversprechenden Talente an, die uns nur Frühstwerke aus der Ausbildungswerkstatt hinterlassen haben. Einer sei aber doch erwähnt: Julian Skrjabin, Sohn von Alexander Skrjabin. Er muss ein höchstbegabter Pianist gewesen sein, dessen Kompositionen sich auf dem Niveau seines bekannten Vaters bewegten. Er ertrank mit elf Jahren. Wirklich zu trösten vermag da auch jene *Ballade im Volkston* nicht, die Gotthilf August von Maltitz über jenen berühmt-berüchtigten »grauen Boten« dichtete, den einst Graf Walsegg-Stuppach zu Mozart schickte, damit dieser für ihn ein Requiem schreibe, das er dann als seines ausgeben könne. Die letzte der 27 Strophen lautet:

»Auf dem wahren – Künstlergange,
Lebt's hienieden sich nicht lange;
Trägt in sich des Todes Kern,
Wahre Künstler sterben gern.«

Aber ich schweife schon wieder ab; eigentlich wollte ich ja über das Jahr 2006 sprechen. Ein gutes Jahr, ein schönes Jahr, vor allem für Mozartfreunde. Und aus diesem Anlass begaben sich Musikwissenschaftsstudierende aus Freiburg für eine Exkursionswoche nach Wien. Ich war als »elder statesman« mit im Boot, vielleicht auch eher als Maskottchen. Wir meinten, in einer Woche in Wien alles abklappern zu können, was für die Musikgeschichte besonders wichtig war und immer noch ist. Na ja. Weit gefehlt.

Sonst bin ich kein Trophäenjäger. Auch fehlt mir der Sinn für Autogrammkarten. Doch was uns in einem kleinen Besprechungsraum in der Österreichischen Nationalbibliothek erwartete, darauf war ich innerlich nicht vorbereitet. Thomas Leibnitz, der Leiter der Musiksammlung, plauderte mit uns und stellte uns die Bibliothek und sein Ressort vor. Ihm schienen unsere leuchtenden Augen zu gefallen, denn am Ende verschwand er noch mal kurz mit einem spitzbübischen Blick (»Ach warten Sie kurz, ich habe da noch etwas.«) und kam mit ein paar flachen Schachteln und weißen Handschuhen zurück. Wir trauten kaum unseren Augen, als wir die originalen Noten – von denen Bruckners 7. Sinfonie und Haydns *Kaiserhymne* noch die unbekannteren Werke waren – in Niesentfernung inspizieren durften. Wie klein die Originale sind! Ich hatte mir die alten Noten viel größer vorgestellt. Und sie sahen nicht nach Museumsstücken aus, sondern nach lebendigen Notizen, von denen man auch jetzt noch mal eben ein paar Abschriften anfertigen könnte; eher wie ein Bündel Liebesbriefe der Großeltern, die man auf dem Dachboden findet. Es war weniger der Gedanke »Dieses Stück Papier hat ER in der Hand gehabt«, der mich so traf, als vielmehr der Gedanke an all jene, deren Leben ohne diese Papiere anders verlaufen wäre. Wer hat ihretwegen nicht alles gelacht und geweint, was haben sie nicht alles vermocht? Ehen geschlossen, Trost gespendet, Grenzen verschoben – ganz zu schweigen von all den Musikerkarrieren, die sie anzettelten. Alles nur wegen dieser Papierstückchen.

98. Grund

Weil man sich unblutig duellieren kann

»Kaum einige Tage in Wien anwesend, erhielt ich von Seiten des Kaisers eine Einladung, mich vor ihm auf dem Fortepiano hören zu lassen. In dessen Musiksaal eintretend fand ich da selbst jemand, den ich seines eleganten Äußeren wegen für einen kaiserlichen Kammerherrn hielt, allein kaum hatten wir eine Unterhaltung angeknüpft, als diese sofort auf musikalische Gegenstände überging, und wir uns bald als Kunstgenossen – als Mozart und Clementi – erkannten und freundlichst begrüßten.« So berichtet es Muzio Clementi. Ohne dass sie es wussten, hatte man ihn und Mozart zu einem künstlerischen Blind Date geladen. Wetten wurde abgeschlossen. Man setzte auf Clementi. Der hatte sich in vielen Rennen schon bewiesen und zeigte auch in jüngster Zeit keine Schwächen oder Ausfälle. Clementi führte bei den Buchmachern. Seine Jugend zeigte Parallelen zu der Mozarts: Jungkomponist, an Bach und Händel geschult, Konzerttourneen in Westeuropa.

Das Duell umfasste dann gleich mehrere Disziplinen: eigene Stücke, Improvisation, Blattspiel, Stegreifkomponieren. Clementi war begeistert von seinem Kontrahenten: »Ich hatte bis dahin niemand so geist- und so anmutsvoll vortragen gehört. Vorzugsweise überraschten mich ein Adagio und mehrere seiner extemporierten Variationen, wozu der Kaiser das Thema wählte.« Mozart zeigte sich nicht ganz so enthusiastisch: »Der Clementi spielt gut, wenn es auf Exekution der rechten Hand ankommt [...] Übrigens hat er um keinen Kreuzer Gefühl oder Geschmack. Mit einem Wort: ein bloßer Mechanikus.«

Viele Jahre später zitiert Mozart in der Ouvertüre zu seiner *Zauberflöte* aus dem ersten der von Clementi beim Duell gespielten Stücke, und zwar aus dessen Klaviersonate in B-Dur op. 47, Nr. 2. Hören Sie mal rein; das erkennt man sofort. Es ist der schnelle Teil nach der langsamen Einleitung. Und man kommt nicht umhin, hier an die Duellszene zwischen Mozart und Salieri im Film *Amadeus* zu denken und zu sagen: Mozart hat mal wieder was draus gemacht – und zwar eine Fuge. Ganz so, als wollte er Clementi zurufen: »Siehste, die Idee war ja nicht schlecht. Hättste aber auch so machen können, hast du nicht deinen Bach gelernt?« Urheberrechtsfragen waren seinerzeit allerdings noch nicht so ein großes Thema wie heute.

Es war weder das erste noch das letzte Musikerduell. 1709 traf Händel auf Scarlatti, 1717 sollte Johann Sebastian Bach auf Louis Marchand treffen. Der hatte aber, als er davon erfuhr, das Weite gesucht und Dresden mit der Frühkutsche verlassen. Die Geschichte hat ein G'schmäckle. Sie ist uns wohl nur von Bach selbst überliefert und erscheint erst 22 Jahre später. Wie das so war und immer noch ist: Was man nicht beweisen oder widerlegen kann, das kann man nach Herzenslust zum Marketing einsetzen; Bach wollte sich nämlich gerade mal wieder wegbewerben.

Ein anderes Duell fand ganz sicher statt. Franz Liszt wurde aus Genf nach Paris zurückgerufen, um am 31. März 1837 gegen Sigismund Thalberg, den neuen Stern am Pianistenhimmel, anzutreten. (Der hätte schon das Duell um den besseren Namen gewonnen.) Beide zeigten Stärken, Thalberg wurde Leichtigkeit, Liszt Zärtlichkeit zugesprochen. Am Ende trennte man sich mit einem »Unentschieden«. Aber damit war es natürlich noch lange nicht getan. Auf die persönlichen Duelle folgten die Duelle der Fans. Jahrzehntelang standen sich die Lager von Brahms und Wagner, später von Strauss und Mahler gegenüber. Man kämpfte allerdings selten mit Raffinesse und Elan, schon gar nicht mit Zärtlichkeit.

99. Grund

Weil der Orchestersport einfach Spaß macht

Blättert man in Zeitungen rum, hat man im Sportteil viel Handarbeit. Über Seiten und Seiten ziehen sich die Berichte und Informationen über Spiele, Spielerwechsel, Ranglisten und Gelder, welche zu all diesem Zwecke fließen. Warum nehmen Konzertkritiken im Vergleich dazu so wenig Platz ein? Oben habe ich ja schon bewiesen, dass für Klassikkonzerte mehr Tickets verkauft werden als für die Bundesliga (siehe 3. Grund). Vielleicht, weil die Fangesänge von Klassikkonzertgängern auf dem Heimweg nicht auffallen. Wir sollten lauter sein! Ich würde allerdings davon abraten, noch während des Konzerts fragwürdige Zeichengebungen des Spielleiters am Dirigentenpult lautstark gesanglich zu kommentieren (»Diri, wir wissen, wo dein Auto steht!«) Aber vielleicht könnten ja die Tageszeitungen wöchentlich aktualisierte Tabellen mit Auslastungs- und Zuschauerzahlen der einschlägigen Theater auf nationaler und regionaler Ebene veröffentlichen? »dpa. Das Landestheater Coburg wird den drohenden Abstieg in die Regionalliga nur über Relegationskonzerte stoppen können.« Ich gebe es ja zu; da bin ich nicht der Erste, der diesen Gedanken hatte. Und ich verrate auch, woher ich ihn habe, muss aber etwas ausholen. Gerade als ich frisch den Führerschein hatte und nur schnell als Fahrtraining einkaufen fuhr, machte ich einen Fehler, der mich mein weiteres Leben verfolgte. Ich schaltete NDR3 ein. Damals war das noch die Kulturwelle des NDR. Worauf ich innerlich nicht vorbereitet war, war der Beitrag *Kadenz in der Ostseehalle* (unter diesem Suchbegriff werden Beflissene auch heute noch leicht fündig).

Der nüchterne Befund: Eine Konzertkritik wird als Sportbericht parodiert. (Oder wird ein Sportbericht als Konzertkritik parodiert? Vielleicht beides.) Solche Parodien liegen nahe, und man meint sie zu kennen, aber diese ist außergewöhnlich gut getextet und umgesetzt. Konnte man doch keine Geringeren als die Sportreporterlegenden

Armin Hauffe und Gerd Schneider gewinnen: »Jameinedamenundherrn UNschöneSzenenhier geradeimehrwürdigenRrrrundderKlosterkirchezuBordesholm.«

Eine der Größen hinter dem Text scheint der großartige Harald Wehmeier gewesen zu sein, der Nordlichtern noch aus dem *Frühstyxradio* vertraut sein dürfte. Berichtet wird in der beliebten Form der Konferenzschaltung von parallel laufenden Veranstaltungen sowie in der Spielpause dann auch wie üblich von weiteren Begegnungen, beispielsweise von den »Internationalen offenen Festspielen« in Glyndebourne, auf denen die Weltranglisten-Erste Anne-Sophie Mutter Tschaikowskys Violinkonzert »glatt in drei Sätzen« besiegte. Ich konnte nicht mehr. Gänzlich verlor ich aber die Fassung, als sich der Pianist »zwanzig Takte vor Schluss vom Orchester löste und« … ach, hören Sie einfach selbst rein! Aber erst einen Parkplatz suchen!

100. Grund

Weil man Passanten aus dem Cabrio ungestraft beschallen darf

Man sagt mir nach, ich sei ein friedlicher Kerl. Stimmt aber nicht. Wenn ich nur könnte, wie ich wollte, und es nicht verboten wäre und auch gesellschaftlich nicht so verpönt und eigentlich ja auch moralisch verwerflich und falsch, dann, ja dann würde ich aber bestimmt manchem Umweltbedudler ein ganz schön freches Wort hinterherrufen, z. B. »Wüstling«. Es bleibt meist beim ungesunden inneren Ergrimmen ob dieser widerwärtigen Belästigung. Da stehen sie also mit ihren aufgemotzten Gefährten an der zornig erröteten Ampel. Sogar die Auspuffgeräusche sind durch den Verzerrer gejagt. Warum identifizieren sich diese Menschen so gerne mit Klängen, die in erster Linie an Verdauungsprobleme gemahnen? Ist da nicht was kaputt, mein Herr? Auch aus den Lautsprechern erreicht mich ungefragt ein kriegerisches Gewummer und Geschepper, dass mir fast das Monokel entgleitet. Und dabei könnte doch alles so schön sein. Entwerfen wir mal das Gegenbild. Statt Gewerbegebiet Landstraße, statt Siegen Siena, statt zehn Jahre altem 3er-BMW ein 50 Jahre altes Lancia-Cabrio. Und vor allem: *Dido* statt Sido. Wenn Janet Baker mit Henry Purcells Lamento der Dido *When I am laid in Earth* aus dem Armaturenbrett mahnt, fährt man doch gleich viel vorsichtiger. Und Wald und Auen freuen sich, wenn man zur ersten Krokusblüte das Verdeck öffnet und mit Lauritz Melchior mitsingt: »Winterstürme wichen dem Wonnemond, in mildem Lichte leuchtet der Lenz, auf linden Lüften leicht und lieblich, Wunder webend er sich wiegt.« Doch die Idylle des Cabriobelcanto ist natürlich ein Werbeversprechen, eine Legende, ein Urbild der Moderne – und hätte damit auch gut Platz gefunden bei Roland Barthes und seinen *Mythen des Alltags*.

101. Grund

Weil es dann nicht so wehtut

Mein Freund F. (er heißt eigentlich M., soll aber hier anonym bleiben, denn in Wirklichkeit heißt er auch nicht M.) mag Brahms. Und er versteht auch viel mehr von Brahms als ich. Ich erinnere mich mehr als gerne daran, wie wir uns Abend um Abend um die Ohren schlugen, um herauszufinden, welches denn nun die allerallerallerbeste Aufnahme von Brahms' erstem Klavierkonzert sei (damals überraschend weit vorne: Lazar Berman am Flügel vor dem Chicago Symphony Orchestra unter Erich Leinsdorf, 1979). Und es begab sich aber, dass besagter F. eine kleine Operation an seinem Kopf vornehmen lassen musste, die nur unter örtlicher Betäubung möglich war. Nicht gerade die entspannendste Situation, möchte man meinen. Obwohl das OP-Team nichts von der Brahmsvorliebe meines Freundes wusste, wurde während des Eingriffs eine CD mit

Stücken des beliebten Weihnachtsmannzwillings aufgelegt. Das war wohl so üblich dort. Denn – so die Antwort auf die verwunderte anschließende Frage – klassische Musik entspanne und beruhige ja bekannterweise. Gespielt wurden zum Schwunge des Skalpells die *Ungarischen Tänze*, das schmissigste und Mittanzermunterndste, was man sich in der deutschen Musik des 19. Jahrhunderts denken kann. Ja, Sie erinnern sich richtig: genau das Stück, zu dem Charlie Chaplin im *Großen Diktator* eine so virtuose Rasierpantomime hinlegt. Nichts zur Blutdrucksenkung. Oder doch? Forschungen ergaben, dass man Musik dann gut zur Schmerzbekämpfung einsetzen kann, wenn es ihr gelingt, das »Belohnungszentrum anzuregen«, wenn sie also gefällt. Dann tut es nicht so weh. Vielleicht war der Griff zu Brahms also doch nicht so falsch. Mir wäre allerdings lieber, wenn sich die Chirurgen wohlfühlen.

102. Grund

Weil Klassikhören den Status erhöht

Jaja, Klassikhören erhöht den gesellschaftlichen Status. Sagt man. Mag sein. Um so einen Quatsch kümmere ich mich hier nicht. Wenn Ihnen Ihr Status so wichtig ist, kaufen Sie sich halt ein zweites Paar Schuhe. Wider die Scheinheiligen!

103. Grund

Weil der Taktstock das Bajonetthafte verliert

Klassische Musiker sind nette, kluge Leute. Na klar, da sind auch einige doofe Griesgrame und chauvinistische Pulttyrannen dabei. Es mehren sich die Zeichen, dass in der klassischen Musik endlich die

Zeit der Machos mit besonders langem Dirigentenstab so langsam zum Ende kommt. Über viele Jahre galt der Taktstockdiktator als unumgängliches Konzept. Nur wer Macht hat, könne führen. Will man etwa jedes Crescendo, jede Fermate ausdiskutieren? Wo kommen wir denn da hin? Ach, das ist doch ein alter Hut; ich mag keine alten Hüte (siehe 104. Grund).

Gibt es einen neuen Weg? Ja, aber so neu ist der auch gar nicht. Fast immer gab es Musiker, die mit Einfühlungsvermögen, psychologischem Geschick, mit Mit- statt Gegeneinander, mit Überzeugen statt Verordnen ihre Mitspieler zu entzückenden Interpretationen verleiten konnten. Es gibt mittlerweile Orchester, in denen die Leitung rotiert, oder die auch mal eine Sinfonie ganz ohne Dirigenten, entweder vom Konzertmeisterbogen aus oder als gleichberechtigte Kammermusiker, spielen. Die Deutsche Kammerphilharmonie Bremen macht sich in dieser Richtung besondere Gedanken, wie Führung und Kommunikation gelingen können, und gibt sogar Kurse für Manager, in denen sie ihre Erfahrungen weitergibt.

104. Grund

Weil es Menschen weltweit verbindet

Dass Musik die Menschen zusammenbringt, ist ja ein alter Hut. Ich mag alte Hüte – und Musikertreffen. Auf der ganzen Welt kann man in Festivals und Meisterklassen, auf Probenfreizeiten und Wettbewerben Ähnlichgesinnten begegnen. Nur meine eigene Frau lernte ich beim Whisky-Tasting kennen. Dazu aber lieber mehr an anderer Stelle. Als wir vor Kurzem für ein Jahr von München nach Arizona zogen, musste ich mich nicht nur beim Einkaufen umstellen. So vieles war anders, vor allem auf den zweiten Blick. Man kennt die USA ja eigentlich aus unzähligen Fernsehstunden, doch vor Ort überraschte mich dann doch, wie sehr sich die Alltagskultur unterscheidet, gerade in den vielen kleinen Details, im menschlichen Miteinander, in Gesten und Mimik, in Kleidungs- und Tagesordnung usw. Wir wohnten ganz in der Nähe der dortigen Musikhochschule. Das war Zufall, mir aber natürlich sehr willkommen. Und da fiel es mir auf: Sobald ich die Musikhochschule betrat, dort zu einem Vorspiel oder in ein Konzert ging, fühlte ich mich zu Hause. Aber nicht wegen des »Themas«, der klassischen Musik, sondern weil die Menschen mir plötzlich viel vertrauter erschienen als die meisten Landsleute in Deutschland. Ist halt doch ein eigenes Milieu mit eigener Kleiderordnung, eigenen Gesten, eigenem Lächeln. Nicht nur in den USA. Selbst mit Musikern am anderen Ende der Welt, mit denen ich kaum eine Sprache teile, war schneller Verständigung möglich als im Allgäu beim Dorfmetzger (nichts gegen das Allgäu, liegt an mir!).

Klassische Musik bringt die Menschen zusammen, am schönsten auf der Bühne. Überhaupt sind Konzerte mit mehr beteiligten Musikern als Zuhörern nicht notwendigerweise ein Reinfall. Vor ein paar Jahren hat sich in Leipzig in einer Studenten-WG ein Adventskonzert, sagen wir mal, »ereignet«, das erfreulicherweise komplett mitgeschnitten im Netz zu finden ist. Unter der musikalischen Leitung von Felix Tillmann-Groth, der damals noch wie viele der Mitwirkenden in Leipzig studierte, erklang Bachs *Weihnachtsoratorium* in voller Besetzung. Da stehen sie also dicht gedrängt, die Streicher, Holzbläser und Sänger, bis in den Flur. Durch eine zweite Tür blickt man in ein weiteres Zimmer, aus dem Trompeten und Pauken zu hören sind. Die Solisten und der fantastisch gute Evangelist stehen inmitten des Volkes. Und in den Augen leuchtet es. Herrscher des Himmels, erhöre das Lallen! In der Pause zwischen den einzelnen Teilen wird »Bierkette« gerufen und ein Durchtauschen der Sänger aus dem Flur gefordert.

Kann ich mir freudvolleres Musizieren vorstellen? Nein. Ist dies für mich eine paradiesische Situation? Ja. Es gibt mittlerweile einige Nachahmeraktionen, doch was Stimmung, Spontaneität, Packdichte und musikalische Qualität angeht, kommt für mich nichts an diese »Einspielung« heran. Auf dem besten Weg, eine Adventstradition zu werden!

105. Grund

Weil klassische Musik eine Visitenkarte für Außerirdische ist

Als es darum ging, eine halbe Stunde Musik für die berühmte goldene Schallplatte der Voyager-Sonde zusammenzustellen, einigte man sich schließlich auf eine Mischung aus Musik verschiedenster Kulturen und einen Extraschwerpunkt europäischer Klassik. Beethoven steuert zwei Stücke bei, Mozart nur eines. Warum man von ihm ausgerechnet die Rachearie der Königin der Nacht ausgewählt hat, bleibt mir schleierhaft. Vielleicht, weil sie die Sternenkönigin ist? Ist es also als Drohung gemeint? Na ja. Als weitere europäische Klassiker im weitesten Sinn sind dann noch der englische Renaissancekomponist Anthony Holborne sowie Igor Strawinsky mit seinem Opfertanz aus *Le sacre du printemps* mit im Sternenboot. Einzig Bach sind drei Stücke vergönnt. Unter Wissenschaftlern und Menschheitsoptimisten hat er ohnehin einen guten Stand. Der Biologe Lewis Thomas klärt, warum es bei drei Stücken blieb: »Ich würde das Gesamtwerk von Johann Sebastian Bach mit dem Voyager-Flugkörper ins All schießen. – Aber man soll ja nicht angeben.« Auch Science-Fiction-Autor Douglas Adams war ein großer Bach-Fan: »Beethoven tells you what it's like to be Beethoven and Mozart tells you what it's like to be human. Bach tells you what it's like to be the universe.« In seinem Buch *Der elektrische Mönch*, dem ersten Band der Dirk-Gently-Reihe, lässt er (Vorsicht, spoiler!) sogar Bachs Musik am Ursprung des Lebens auf der Erde Schuld tragen. Das klingt jetzt etwas weit hergeholt. Ist aber bei Bach nicht übertrieben.

106. Grund

Weil die guten Gründe nicht ausgehen

Jetzt habe ich mich schon über so viele Seiten ausgelassen; aber was habe ich nicht alles unter den Tisch fallen lassen, was mich von da nun vorwurfsvoll anguckt: Wen habe ich nicht alles sträflich vernachlässigt? Liebe Orfffreunde, sehen Sie es mir nach! Ich habe nicht über Berlioz und seine Orchestrierungskniffe geschrieben und ganze Nationen übergangen. Alles aber nur, weil dieses Feld so unglaublich groß ist.

Als ich im Bekanntenkreis herumfragte, warum die- oder derjenige denn klassische Musik höre oder gar liebe, kam so viel zurück, dass ich wenigstens einen kleinen Teil davon noch erwähnen möchte, auch wenn mir manche Gründe persönlich weniger einleuchten mögen. Ich muss ehrlich sagen, dass ich ein wenig verblüfft war ob der Fülle bildungsbürgerlichen Anspruchs. Aber ich habe das Buch ja nicht für mich geschrieben und will hier niemandem was vorschreiben! Bereit? Okay, tief einatmen, jetzt geht es los. Man muss klassische Musik einfach lieben, weil man …

… so schön mutmaßen kann (Was meinte der Komponist?), … das komplexe Phänomen »Partitur« erfassen lernt, … sich so schön abheben kann von all den Banausen, die nur hören, »was so in den Charts ist«, … sich selbst zum Erlernen eines Instrumentes motivieren lässt, … sich der Vorliebe der Liebsten/des Liebsten anschließen möchte, … sich ganz und gar dem reinen Hörsinn widmen kann, … via Bilderwelten/Kopfkino die eigene Fantasie anregt, … sich dem jeweiligen »Genius« der Komponisten näher fühlt, … dem Alltagsstress und der allgemeinen Reizüberflutung entflieht, … die meditative Wirkung zu schätzen weiß, … darin neben dem E- womöglich auch einen musikalischen U-Wert entdeckt, … für besondere Aufführungen auf Reisen geht, … in gesellschaftlichen Kreisen mit dem eigenen Wissen »glänzen/imponieren« kann, … mathematisches

Gespür und Taktsinn schult, … die Funktion einzelner Instrumente im Zusammenspiel herauszuhören lernt, … eine kulturelle Bildung allgemein für wichtig erachtet, … sich beim Besuch von Konzerten/Veranstaltungen dem Publikum verbunden fühlt, … sich gedanklich in vergangene Epochen versetzen lassen kann, … diese Musik als etwas Universelles begreift, … seine Lieblingspassagen mitsummen kann, … mit der eigenen Begeisterung andere Menschen/Generationen ansteckt, … diese Beschäftigung als sinnvoller als vieles andere betrachtet, … damit ein Gefühl von Zeitlosigkeit/Unvergänglichkeit verbindet, … herausragende von weniger anspruchsvollen Komposition unterscheiden lernt, … mit der Zeit seine persönlichen Favoriten wählt und besonders zu schätzen weiß, … die eigene Musiksammlung gezielt erweitern kann, … als »Experte« anderen Menschen Empfehlungen gibt, … sich über Sprachgrenzen hinweg vielen anderen Menschen verbunden fühlt, … beim Hören sämtliche menschlichen Gefühle und Regungen gespiegelt sieht, … sich zur Beschäftigung mit dem Leben und der Zeit einzelner Komponisten anregen lässt, … einzigartige Glücksmomente und seelische Entspannung erfährt, … die Scheu vor komplex-anspruchsvolleren Werken endlich verliert, … beim Joggen keine Popmusik hören möchte, … allgemein seinen geistig-kulturellen Horizont erweitern will, … es als die Menschen weltweit verbindendes Moment betrachtet, … Gleichgesinnten begegnet und deshalb neue Freunde finden kann, … sich zum Geburtstag etc. von anderen gezielt Fehlendes wünschen kann, … sich zum Hobbydirigenten entwickelt, … ein (Sonntags-)Frühstück stilvoll untermalen will, … sich bewusst in unterschiedliche Stimmungen versetzen lassen oder diese verstärken will, … sich von »Kulturbanausen« charakterlich absetzen möchte, … von anderen um Rat gefragt das eigene Selbstbewusstsein stärken kann, … dieses künstlerische Erbe nicht in Vergessenheit geraten lassen möchte, … dadurch den Glauben an das Gute und Schöne im Menschen bestärkt/bewahrt sieht, … sich einem Göttlichen näher zu sein glaubt, … sein Geld in kulturell Wertvolles investieren möchte, … die Elbphilharmonie oder andere besondere Aufführungsorte einmal besuchen möchte, … den nächsten Konzertsommer mit Vorfreude planen kann, … es zum Einschlafen besser als anderes nutzen kann, … beim städtischen Sinfoniekonzert endlich die hübsche Garderobiere ansprechen möchte, … sein Gehör für die jeweilige Werk-Interpretation einzelner Musiker/Dirigenten schult, … eine Vorliebe für das Medium »Radio« besitzt, … der alten Schallplattensammlung wegen sich doch noch einen Plattenspieler kauft, … auf Flohmärkten und in Antiquariaten auf »Schatzsuche« gehen kann, … gezielt depressiven Stimmungen begegnen möchte, … für dieses Hobby nicht die eigenen vier Wände verlassen muss, … dies zur Muße auch noch im hohen Alter pflegen kann, … darin einen schier unerschöpflichen Gesprächsstoff sieht, … sich auf das nächste (katerfreie) Neujahrskonzert freut, … empfindsamer für die allgegenwärtige 08/15-Beschallung wird, … eine Musikerin/einen Musiker persönlich kennenlernen möchte, … allen anderen Musikstilen konsequent aus dem Weg gehen will, … auf diesem Weg auch »klassische Ohrwürmer« haben kann, … selbst ein professioneller Musiker ist oder werden will, … es als Statussymbol betrachtet, … darin Orientierung/Struktur in einer zunehmend unübersichtlicheren Welt findet, … eine grundsätzliche Faszination für große Virtuosität hegt, … sich von nichts anderem so tief bewegt fühlt, … die prägenden guten Kindheitserinnerungen wiederbeleben kann, … das musizierende eigene Kind sehr bewundert, … den jeweiligen Zeitungskritiken im Leserforum widersprechen/zustimmen möchte, … vielleicht auch gut dazu tanzen kann, … ein Chormitglied ist oder sein möchte, … Hören allgemein höher bewertet als Sehen.

107. Grund

Weil die Infoquellen heiter sprudeln

Sie sprudeln nicht nur, die Informationsquellen, sie tun dies auch bereits mit quelleigener Kohlensäure. Will man sich heutzutage auf ein Kammermusikkonzert einstimmen, muss man nicht mehr den drögen Konzertführer entstauben, irgendwas Langweiliges über Exposition, Coda, Themenentwicklung und Tonartwechsel lesen, das man sowieso sofort wieder vergisst.

Entweder greift man sich je eines jener kostenlosen Klassik-Magazine mit den leider etwas einfallslosen Namen, oder man greift ins Netz. Es gibt flott getextete Infoportale für klassische Musik (Sagt man noch »flott«?). Eines sei deshalb herausgegriffen, weil es mir gefällt und weil ich noch nie mit den Machern zu tun hatte: Auf der Nachwuchklassikjournalistenkaderschmiede *niusic* findet man auch schon mal Barock-Plattencoverkritiken. Wenn man dort keinen Appetit auf klassische Musik bekommt, ist man wohl einfach zu alt oder hat sich den musikalischen Magen verdorben. Vom englischen *sticky-notes*-Podcast kann man viel lernen; Moritz Eggerts *bad blog of musick* widmet sich vor allem zeitgenössischer klassischer Musik; Linda Shaver-Gleason hat es sich auf ihrem Blog *notanothermusichistorycliche* zur Aufgabe gemacht, uns lang geliebte falsche Anekdoten auszutreiben; der Komponist Benjamin Zander gibt sympathischste Meisterkurse der Interpretation. Das ist Belehrtwerden zum Wohlfühlen. Manche Streamingdienste bieten zudem eigene Einführungen zu klassischen Stücken an.

Viele Nutzer des *tamino-Klassikforums* (eine österreichische Seite) haben sich beeindruckende Plattensammlungen und ein unschätzbares Expertenwissen angeeignet. Sie ahnen schon: Es folgt ein »doch«. Und doch schaue ich mich da nicht so gerne um, denn erstens ist das ganz schön einschüchternd, zu jeder noch so unbekannten Sängerin und jedem Lautenisten jemanden zu finden, der viel, VIEL mehr über sie weiß und sagen kann. Die kenntnisreichen Nutzer sprechen oft in stärker nach Weihrauch duftenden Worten, als die Musiker selbst es tun. Die unterhalten sich lieber über Fußball. Ich glaube, viele Laien nehmen klassische Musik viel ernster als die Profis. Oder als diese das nach außen zugeben würden.

108. Grund

Weil manchmal ein Drittel Most fällig ist

Eigentlich haben wir es der Musikkritik zu verdanken, dass wir uns heute im Schulunterricht mit der *Sonatenhauptsatzform* herumschlagen müssen. Es waren nämlich Journalisten unter der väterlichen Führung eines Juristen, eines gewissen E. T. A. Hoffmann, die vor allem in den 1810er- und 1820er-Jahren Mittel und Wege suchten, den Lesern der *Allgemeinen musikalischen Zeitung* sowie der *Berliner allgemeinen musikalischen Zeitung* (damals musste man noch nicht kreativ beim Blattnamen sein) beizubringen, was denn nur so großartig an diesen neuen Stücken sei, beispielsweise den Sinfonien von Beethoven. Es ist für heutige Ohren nicht nachvollziehbar, wie viel diese Frühkritiker, allen voran Adolf Bernhard Marx, bereits beim ersten Hören eines neuen Werks erkennen konnten: Harmoniewechsel, Veränderungen im verwendeten Melodiematerial, Einsätze der Instrumente etc. pp. Zur Vorbereitung auf Premieren und zur Vorberichterstattung erhielten sie Partituren zugesendet, die sie sorgfältig sichteten, und druckten seitenlange Analysen und Empfehlungen ab, die sich – im Falle Beethovens – sogar über mehrere Ausgaben hinziehen konnten. Man fühlte sich an vorderster Front der Musik. Und wo die Musik Neues wagt, muss man sich auch neue Wege ausdenken, darüber zu reden. Der Musikkritiker wurde bald zur zentralen Figur. Sie hatte auch einen Namen: Eduard Hanslick. Der nahm kein Blatt vor den Mund. Verhältnismäßig freundlich noch sein Urteil über Mahlers erste Sinfonie: »Einer von uns Beiden muß verrückt sein – ich bin es nicht!« Da nehmen sich die Texte unseres erst kürzlich verstorbenen, langjährigen Kritikerpapstes Joachim Kaiser doch sehr gemäßigt aus. Mittlerweile traten als Kritikobjekte ja auch die Kompositionen in den Hinter- und ihre Interpreten in den Vordergrund. Und über Menschen kann man halt viel prosaischer schreiben.

Wenn Sie Lust haben, über den Tellerrand des doch recht überschaubaren deutschen Kritikfeldes hinauszublicken, und Ihnen das Englische nicht nur nicht fremd, sondern gar willkommener Genuss ist, lesen Sie mal bei den Konzertkritiken des klugen Alex Ross im Magazin *The New Yorker* rein! Oder bei dem reizenden Jay Nordlinger im *New York Chronicle* (wesentlich einfallsreicher scheinen die Magazinnamen da drüben jedenfalls auch nicht zu sein). Eine der sprachlich schönsten Kritiken des 19. Jahrhunderts verfasste aber Dirigent Hans von Bülow zu einer Inszenierung von Richard Wagners *Tristan und Isolde* unter der Leitung von Felix Mottl:

»Geh nur nicht in Mottls Tristan
Und hör dir des Trottels Mist an.
Schaff lieber dir ein Drittel Most an
Und trink dir mit dem Mittel Trost an.«

Der arme Felix Mottl erlitt wenig später mit nur 55 Jahren im zweiten Akt des *Tristan* einen Herzinfarkt, den er nicht überlebte. Dirigenten haben zwar ansonsten eine überraschend hohe Lebenserwartung (was viele Erklärungen provoziert: Freude an der Arbeit, atemfördernde Armbewegungen, Erfolgserlebnisse …), aber die Gefahr, am Pult zu sterben, scheint hoch: Giuseppe Sinopoli, Joseph Keilberth, Dimitri Mitropoulos, Giuseppe Patané erwischte es mitten in Konzert oder Probe. Meist ist es das Herz, meist in den gefährlichen Fünfzigern, wenn man Frühzeichen noch nicht ernst nimmt. Also bitte, liebe Kritiker: Immer schön nett sein!

109. Grund

Weil man noch so viel mehr lesen kann

Statt einfach eine dröge Literaturliste anzuhängen, möchte ich lieber ein paar ausgewählte Titel und Autoren nennen und Ihnen sagen, warum sich die Lektüre lohnen könnte. Es gibt natürlich unendlich viel über klassische Musik zu lesen, Sachliches und Erzählerisches. Umso stärker habe ich mich gewundert, dass selbst renommierteste Metropolen-Buchhandlungen ihre Regale mit entsprechenden Rubriken einstellen. Werden wirklich so wenige Klassik-Bücher gekauft? Dagegen muss etwas unternommen werden. Wenn Sie es bis hierher geschafft haben, können Sie bestimmt noch viel weiter lesen.

- Natürlich hat das Schreiben über Musik nicht erst bei Goethe angefangen, der ein paar kluge Gedanken, aber einen ansonsten etwas zögerlichen Griff zur Musik hatte. Die Vertonungen seiner Gedichte wollte er jedenfalls lieber nicht Franz Schubert anvertrauen, wohl aus Angst, dass dessen Musik seinen Worten die Schau stiehlt. Aber Größen wie Hugo von Hofmannsthal, E.T.A. Hoffmann, Wagner-Liebhaber Thomas Mann (siehe das Kapitel »Fülle des Wohllauts« im *Zauberberg*), Thomas Bernhard, Hans-Josef Ortheil und Peter Härtling ließen sich nicht lumpen. Erstaunlich viel hat auch Hermann Hesse über klassische Musik geschrieben. Nicht ganz mein Ding, aber ich sag ja nur!
- Herbert Rosendorfer, ein Schreiber vom alten Schlag und eigentlich ein Mann des 19. Jahrhunderts, der den meisten vielleicht für seine *Briefe in die chinesische Vergangenheit* bekannt ist, widmet ein Buch auch gerne mal dem kleinen Großkünstler aus Sachsen: »Richard Wagner in herzlicher Abneigung zugedacht.« Seine Texte sind unterhaltsam, manchmal im Dialogstil, mitunter surreal, aber immer geschichtsbegeistert.
- Mit welchem Feuereifer und musiktheoretischem Rüstzeug Kritiker im 19. Jahrhundert noch für oder gegen manche Komponisten zu

Felde zogen, lässt sich überaus ergötzlich bei Eduard Hanslick nachverfolgen (siehe 108. Grund). Damals waren aber auch die wichtigsten Stücke die gerade frisch komponierten. Man fühlte sich an vorderster Front, wollte wichtige Weichenstellungen nicht verpassen und die Klangkunst aufs richtige Gleis setzen. Das waren Zeiten!

- Christiane Tewinkels *Bin ich normal, wenn ich mich im Konzert langweile?* ist heiter-leichte Kost, zwischen deren Zeilen Wichtiges zur Sprache kommt.
- Die Musikermediziner Claudia Spahn und Bernhard Richter haben mit *Musik mit Leib und Seele* einen essayistischen Parforceritt für Nicht-Musikermediziner verfasst.
- Alternativ bietet sich Eckart Altenmüllers *Vom Neanderthal in die Philharmonie* an.
- Auch wer sich nicht in erster Linie für klassische Musik interessiert, dem sei Christoph Drössers Buch *Hast du Töne? Warum wir alle musikalisch sind* ans Herz gelegt: sehr gut lesbar, musikalisch weit aufgestellt; Beatles und Beethoven finden gleich viel Erwähnung in Drössers Füllhorn interessanter Gesichtspunkte.
- Unzählige Interpreten haben Bücher über Musik geschrieben: Friedrich Gulda, Glenn Gould, Yehudi Menuhin, Leonard Bernstein und Dietrich Fischer-Dieskau. Aber Klavierlegende Alfred Brendel ist nicht nur ein schreibender Interpret, sondern ein waschechter Schriftsteller, der sogar Gedichte wagt.
- Der britische Tenor Ian Bostridge hat erst anständig über Hexen promoviert, bevor er sich stärker aufs Singen verlegte. Aus der intensiven Arbeit an Schubert-Liedern erwuchs ein Buch über dessen Liederzyklus, das nun auch auf Deutsch vorliegt: *Schuberts Winterreise. Lieder von Liebe und Schmerz.*
- Dem viel schreibenden Ägyptologen Jan Assmann gelang mit *Die Zauberflöte. Oper und Mysterium* ein richtiger Bestseller.
- Um Nikolaus Harnoncourts *Musik als Klangrede* kommt kein Musikhochschulstudent herum. Ich wüsste auch wirklich nicht warum nicht. *Curios*!

- Man muss nicht jeden Gedanken von Constantin Floros in *Der Geist, die Liebe und die Musik* teilen, aber allein die innige Liebe zur Musik, die dieses Buch durchglüht, hat angesichts des bei diesem Thema recht drögen Tons etwas zutiefst Menschliches.
- Wolfgang Hildesheimers Mozart-Biografie (Titel: *Mozart*) gehört zu den meistzitierten ihrer Art. Vorsicht: Vieles ist wunderbar zu lesen, doch manches ist überholt.
- Entzückend und ganz im Sinne seines Untersuchungsobjekts ist Stefan Siegerts und N. F. Hoffmanns *Mozart, die einzige Bilderbiografie*. Bei allem heiteren Klamauk und neckischen Illustrationen bleibt sie authentisch und sachgerecht, trifft den Kern der Sache.
- Den entscheidenden Schritt weiter geht dann Eugen Egner in seinem Bändchen *Die Tagebücher des W. A. Mozart, illustriert von ihm selbst*. Mein liebster Tagebucheintrag findet sich auf Seite 31: »den 25:ten August / irgendwas war, hab aber vergessen, was.«
- Für Wagner-begeisterte Juristen DAS Weihnachtsgeschenk ist *Richard Wagners »Ring des Nibelungen« im Lichte des deutschen Strafrechts*. Hinter dem Pseudonym Ernst von Pidde steckt wohl ein anderer.
- Allein das Kapitel über die Körpergröße von Komponisten lohnt sich in *Mozart und ich* von Maarten 't Hart.
- Sollte ich nur ein einziges Buch über klassische Musik mit auf jene ominöse Insel der restriktiven Gepäckregeln mitnehmen dürfen, so griffe ich zu *Was ist Musik?* von Carl Dahlhaus und Hans Heinrich Eggebrecht. Die beiden Größen der Musikwissenschaft der 70er-/80er-Jahre stellen in diesem kleinen Band mehrere große, wichtige Fragen, die sie beide parallel und unabhängig voneinander mit einem Kapitel zu beantworten versuchen. Sehr erhellend und sehr anregend, aber nicht immer ganz einfach. Es empfiehlt sich auch deshalb als Urlaubslektüre, weil man mit dem kleinen Band mindestens so viele Hängemattenstunden füllen kann wie mit einem tausendseitigen Historienschmöker.

110. Grund

Weil man gar nicht so viel lesen muss und Loriot wieder mal recht hat

Hier noch drei Hauptlektüretipps, die die wichtigsten Wege der bisher genannten Gründe weiterverfolgen: Wenn Sie in der Grundrichtung dieses Buchs, aber mit mehr Substanz, weiterlesen möchten, so lege ich Ihnen die Bücher von Martin Geck ans Herz; der ist ein gestandener Musikwissenschaftsprofessor und kann trotzdem so schreiben, dass man was versteht und sogar Spaß beim Lesen hat. Wenn Sie richtig neugierig geworden sind und sich nicht nur mit klassischer Musik im Allgemeinen, sondern mit DER Klassik im Besonderen auseinandersetzen wollen, rate ich zu Bernhard Schrammek: *Die Musikwelt der Klassik*. Und für den Fall, dass Sie wirklich mal zum Kern des Pudels vorstoßen möchten, also verstehen wollen, was so besonders ist an der Musik der Klassik in ihrer Wiener Ausprägung und was sie stilistisch ausmacht: *Der klassische Stil* von Charles Rosen; eines der besten Musikbücher. Man sollte aber schon gut Noten lesen können.

Will man hingegen all das viel knapper, präziser in einem einzigen Zitat ausmessen, so kommt man um Vicco von Bülows Ansprache zum 100. Geburtstag der Berliner Philharmoniker nicht herum (siehe auch 5. Grund), der in dieser Rede den Komponisten und nach eigener Aussage nur nebenberuflichen Soziologen/Philosophen Theodor W. Adorno geringfügig verkürzend zitierte: »›Jaja, die Musik.‹«

111. Grund

Weil ich mich mal bedanken kann

Dass dieses Buch eigentlich ein großes Dankeschön an so viele Musikschöpfende und -ausführende vor und hinter den Bühnenvorhängen und Mischpulten sein soll, kam hoffentlich zwischen den Zeilen raus. Aber auch einigen sehr konkreten Menschen will ich herzlichst danken: Martin Brinkmann für Vertrauen und Rückendeckung sowie ganz besonders herzlich Christian Schaper, Thomas Seedorf und Agnes Kauer, ohne die ich andere Musikohren hätte, ganz speziell herzlich Christophe Fricker, Timothy J. Senior, Judith Wollstädter, Hermann Baumann, Kathrin Hasselbeck, Arne Muus, Katharina Burges, Catrin Kuhlmann, Lutz Tantow, Christian Seidler, Barbara Lucke und Cornelia Bluhm sowie Arvid, Christian, Johannes, Paola und meiner Schwester Julia fürs Anregen und gemeinsame Rumspinnen und Verzetteln und schließlich, aber keineswegs abschließend: ganz doll herzlich für all die Geduld und überhaupt und gewiss nicht nur für den Kaffee: Antje und meinen Eltern.

Alle im Buch genannten Personen gab es höchstwahrscheinlich wirklich. Keine Anekdote ist von mir erfunden – und falls doch, so ist sie hoffentlich wenigstens »ben trovato« (siehe 43. Grund).

Anmerkungen

1 *Vgl. die Konzertstatistik der Deutschen Orchestervereinigung auf www.dov.org/klassikland-deutschland/dov-konzertstatistik.*

2 *Stangels Gastbeitrag im Merkur können Sie hier nachlesen: www.merkur.de/kultur/warum-es-eine-gute-idee-ist-klassische-musik-zu-hoeren-6998690.html.*

3 *Vgl. www.br-klassik.de/themen/klassik-entdecken/starke-stuecke-mozart-divertimento-100.html.*

4 *Vgl. Los Angeles Times, 27. April 2009.*

5 *Vgl. www.zeit.de/2010/35/Musik-Wissenschaft/seite-3.*

111 GRÜNDE, ENGLAND ZU LIEBEN

EINE LIEBESERKLÄRUNG AN DAS SCHÖNSTE LAND DER WELT,
DAS WIR AUCH IN UNSICHEREN ZEITEN BEWUNDERN

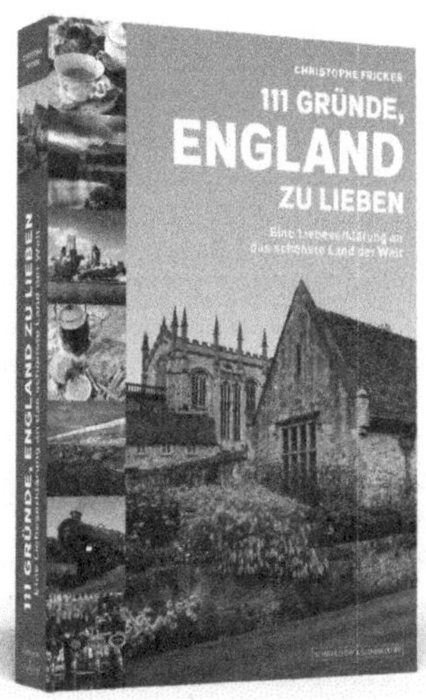

111 GRÜNDE, ENGLAND ZU LIEBEN
EINE LIEBESERKLÄRUNG AN DAS SCHÖNSTE LAND DER WELT
Von Christophe Fricker
248 Seiten | Premium-Paperback
mit zwei farbigen Bildteilen
ISBN 978-3-86265-714-8 | Preis 14,99 €

Wir lieben England halt. Die Metropole London begeistert uns, und die Cotswolds, Cornwall oder der Lake District sind ein idyllischer Sehnsuchtsort. Und das Heilmittel für alle Leiden haben die Engländer auch: die gemeinsam getrunkene Tasse Tee, mit Milch.

Dieses Buch eröffnet den Lesern Einblicke in kleine Eigenheiten und Ausblicke auf große Landschaften. Es gibt vieles, was wir über das vermeintlich bekannte Nachbarland noch nicht wissen.

Christophe Fricker jedenfalls kommt aus dem Staunen nicht heraus, wenn seine englischen Schwäger sich absurde Wortspiele um die Ohren hauen oder wenn er plötzlich merkt, dass ein gutes Ale ein wirklich gutes Bier ist.

Eine Liebeserklärung auch für unsichere Zeiten!

WWW.SCHWARZKOPF-SCHWARZKOPF.DE

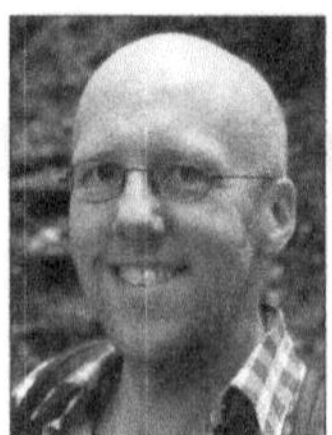

JENS BERGER, geboren 1974, hat sein Herz an die klassische Musik verloren. Er organisiert Konzerte, schreibt Programmhefte, wühlt in Archiven, vergleicht für Dirigenten alte Partituren und fürs Radio neue CDs, setzt Noten und übersetzte das Lehrbuch, das erklärt, wie man Noten überhaupt am besten setzen sollte. Und er singt nicht nur unter der Dusche Tenor. Leider.

Jens Berger
111 GRÜNDE, KLASSISCHE MUSIK ZU LIEBEN
Von Sonate, Sinfonie und Serenade, von Unisono bis Zwölftonmusik – ein Akkord aus 111 Tönen

ISBN 978-3-86265-765-0

BILDNACHWEIS
Bilder im Innenteil des Buches – Privatarchiv des Autors: S. 13, 37, 73, 115 | www.adobe.stock.com: S. 61 (© benchart), S. 95 (© jackfrog), S. 115 (© Jenny Sturm) | www.wikipedia.org: S. 105 | www.depositphotos.com: S. 175 (© everett225), S. 191 (© volkovslava)

VERLAG
Schwarzkopf & Schwarzkopf Verlag GmbH
Kastanienallee 32, 10435 Berlin
Telefon: 030 – 44 33 63 00
Fax: 030 – 44 33 63 044

INTERNET | E-MAIL
www.schwarzkopf-schwarzkopf.de
www.facebook.com/schwarzkopfverlag
info@schwarzkopf-schwarzkopf.de